Sherlock Holmes

By Sir Arthur Conan Doyle

Dual Language Reader
English – German

The Hound of the Baskervilles
Der Hund von Baskerville

Translator: Robert Lutz

Editor: Jason Bradley

Study Pubs LLC

For more language learning with literature classics, visit our website:

www.StudyPubs.com

Compilation and derivative work(s) for this title were adapted from: "The Hound of the Baskervilles", by Sir Arthur Conan Doyle, 1902; "Der Hund von Baskerville", Robert Lutz translation, 1907; Sidney Paget Illustration(s) 'All Afternoon He Sat in the Stalls" from "The Adventures of Sherlock Holmes", 1892 and Sidney Paget Illustration "The Hound of the Baskervilles" from literary work of the same title, 1902; Illustrations by J. Allen St. John from photographs by Victor Georg of Chicago from "Alice in Wonderland: A Dramatization of Lewis Carroll's 'Alice's Adventures in Wonderland' and 'Through the Looking Glass'", 1915.

First Edition
Compilation, Derivative Work(s) Copyright © 2011 Study Pubs LLC – *All rights reserved*. With the exception of those elements in the public domain, this publication may not be reproduced, stored, or transmitted by any means, electronic or mechanical, including photocopying, recording, or by any information storage and retrieval system, without prior consent of the publisher. All inquiries should be addressed to admin@StudyPubs.com

ISBN-10: 1936939061
ISBN-13: 9781936939060
Library of Congress Control Number: 2011927063

Editors Note
==========

I attempted to organize this book in the most user-friendly manner, and hopefully after reading it you will agree.

Simply read the text of your own language first and then read the page containing the text in the language you are studying.

On all odd numbered pages (left side), you'll find the English text and on all even numbered pages (right side) the German text, each side containing a corresponding translation of the other. Thus, any idea being expressed on either the left or right page will have a corresponding expression, in the other language, on the facing page next to it.

Assume conflicts in grammar, if any, are resolved in English. Please notify admin@studypubs.com should you catch any errors.

-Jason Bradley, Editor

TABLE OF CONTENTS

Chapter One: Mr. Sherlock Holmes	1
Chapter Two: The Curse of the Baskervilles	17
Chapter Three: The Problem	41
Chapter Four: Sir Henry Baskerville	63
Chapter Five: Three Broken Threads	91
Chapter Six: Baskerville Hall	115
Chapter Seven: The Stapletons of Merripit House	137
Chapter Eight: First Report of Dr. Watson	169
Chapter Nine: The Light upon the Moor	185
Chapter Ten: Extract from the Diary of Dr. Watson	227
Chapter Eleven: The Man on the Tor	253
Chapter Twelve: Death on the Moor	281
Chapter Thirteen: Fixing the Nets	311
Chapter Fourteen: The Hound of the Baskervilles	339

INHALTSVERZEICHNIS

Kapitel Eins: Mr. Sherlock Holmes	2
Kapitel Zwei: Der Fluch der Baskervilles	18
Drittes Kapitel: Das Problem	42
Viertes Kapitel: Sir Henry Baskerville	64
Kapitel Fünf: Drei Broken Themen	92
Kapitel Sechs: Baskerville Hall	116
Kapitel Sieben: Die Stapletons von Merripit House	138
Achtes Kapitel: Erster Bericht von Dr. Watson	170
Neuntes Kapitel: Das Licht auf dem	186
Zehntes Kapitel: Auszug aus dem Tagebuch des Dr Watson	228
Elftes Kapitel: Der Mann auf dem Tor	254
Kapitel Zwölf: Tod auf dem Moor	282
Kapitel Dreizehn: Befestigung der Netze	312
Kapitel Vierzehn: Der Hund von Baskerville	340

Chapter 1. Mr. Sherlock Holmes

Mr. Sherlock Holmes, who was usually very late in the mornings, save upon those not infrequent occasions when he was up all night, was seated at the breakfast table. I stood upon the hearth-rug and picked up the stick which our visitor had left behind him the night before. It was a fine, thick piece of wood, bulbous-headed, of the sort which is known as a "Penang lawyer." Just under the head was a broad silver band nearly an inch across. "To James Mortimer, M.R.C.S., from his friends of the C.C.H.," was engraved upon it, with the date "1884." It was just such a stick as the old-fashioned family practitioner used to carry—dignified, solid, and reassuring.

"Well, Watson, what do you make of it?"

Holmes was sitting with his back to me, and I had given him no sign of my occupation.

"How did you know what I was doing? I believe you have eyes in the back of your head."

"I have, at least, a well-polished, silver-plated coffee-pot in front of me," said he. "But, tell me, Watson, what do you make of our visitor's stick? Since we have been so unfortunate as to miss him and have no notion of his errand, this accidental souvenir becomes of importance. Let me hear you reconstruct the man by an examination of it."

"I think," said I, following as far as I could the methods of my companion, "that Dr. Mortimer is a successful, elderly medical man, well-esteemed since those who know him give him this mark of their appreciation."

"Good!" said Holmes. "Excellent!"

"I think also that the probability is in favour of his being a country practitioner who does a great deal of his visiting on foot."

"Why so?"

Erstes Kapitel.

Sherlock Holmes, der für gewöhnlich morgens sehr spät aufstand, wenn er nicht — was allerdings nicht selten vorkam — die ganze Nacht aufgewesen war . . . Sherlock Holmes saß am Frühstückstisch. Ich stand auf dem Kaminteppich und nahm den Stock zur Hand, den unser Besucher gestern abend zurückgelassen hatte. Es war ein schönes, dickes Stück Holz mit rundem Knauf — ein sogenannter Polizistenknüppel. Unmittelbar unter dem Knopf befand sich ein fast zollbreiter silberner Reif mit einer Inschrift: James Mortimer, M.R.C.S. von seinen Freunden vom C.C.H. 1884.

Es war fo recht ein altmodischer Hausdoktorstock — würdig, derb, vertrauenerweckend.

"Nun, Watson, was machft du daraus?"

Holmes saß mit dem Rücken gegen mich, ich hatte nichts gethan, woraus er auf meine Beschäftigung hätte schließen können.

"Woher wußtest du, was ich machte? Ich glaube wahrhaftig, du hast ein paar Augen im Hinterkopf."

"Wenn auch das nicht, so habe ich doch eine blitzblanke, silberplattierte Kaffeekanne vor mir," antwortete er. "Aber sage mir, Watson, was machst du aus unseres Besuchers Stock? Da er uns unglücklicherweise nicht angetroffen hat und wir keine Ahnung haben, was er von uns will, so erhält dieses zufällig hier gebliebene Andenken eine gewisse Bedeutung. Laß mal hören, wie du dir nach dem Spazierstock den Mann vorstellst."

"Ich denke," sagte ich, nach besten Kräften mich der Methode bedienend, die mein Freund bei seinen Forschungen anzuwenden pflegte, "Dr. Mortimer ist ein älterer Arzt mit guter Praxis. Er ist ein angesehener Mann, da seine Bekannten ihm ein solches Zeichen ihrer Wertschätzung geben."

"Gut!" sagte Holmes. "Ausgezeichnet!'

"Ferner dürfte die Wahrscheinlichkeit dafür sprechen, daß er ein Landarzt ist, der einen guten Teil seiner Krankenbesuche zu Fuß macht."

"Warum?"

"Because this stick, though originally a very handsome one has been so knocked about that I can hardly imagine a town practitioner carrying it. The thick-iron ferrule is worn down, so it is evident that he has done a great amount of walking with it."

"Perfectly sound!" said Holmes.

"And then again, there is the 'friends of the C.C.H.' I should guess that to be the Something Hunt, the local hunt to whose members he has possibly given some surgical assistance, and which has made him a small presentation in return."

"Really, Watson, you excel yourself," said Holmes, pushing back his chair and lighting a cigarette. "I am bound to say that in all the accounts which you have been so good as to give of my own small achievements you have habitually underrated your own abilities. It may be that you are not yourself luminous, but you are a conductor of light. Some people without possessing genius have a remarkable power of stimulating it. I confess, my dear fellow, that I am very much in your debt."

He had never said as much before, and I must admit that his words gave me keen pleasure, for I had often been piqued by his indifference to my admiration and to the attempts which I had made to give publicity to his methods. I was proud, too, to think that I had so far mastered his system as to apply it in a way which earned his approval. He now took the stick from my hands and examined it for a few minutes with his naked eyes. Then with an expression of interest he laid down his cigarette, and carrying the cane to the window, he looked over it again with a convex lens.

"Interesting, though elementary," said he as he returned to his favourite corner of the settee. "There are certainly one or two indications upon the stick. It gives us the basis for several deductions."

"Has anything escaped me?" I asked with some self-importance. "I trust that there is nothing of consequence which I have overlooked?"

"Weil sein Stock, obwohl er ursprünglich sehr schön war, so mitgenommen ist, daß ich mir kaum vorstellen kann, ein städtischer Arzt habe ihn gebraucht. Die starke eiserne Zwinge ist sehr abgenutzt, es ist also klar, daß der Stock tüchtige Märsche mitgemacht hat."

"Vollkommen vernünftig gedacht!" bemerkte Holmes.

"Und weiter — da sind ‚die Freunde vom C.C.H. Ich möchte annehmen, es handelt sich da um irgend einen ‚Hetzjagdverein', dessen Mitgliedern er vielleicht ärztlichen Beistand geleistet hat, wofür sie ihm dann ein kleines Andenken bescherten."

"Wirklich, Watson, du übertriffst dich selbst," sagte Holmes, seinen Stuhl zurückschiebend und sich eine Zigarette anzündend. "Ich fühle mich verpflichtet, zu sagen, daß du bei den Berichten, in denen du meine bescheidenen Leistungen so freundlich geschildert hast, deine eigenen Fähigkeiten weit unterschätzt hast. Du bist vielleicht nicht selber ein großes Licht, aber du bringst anderen Erleuchtung. Es giebt Leute, die, ohne selbst Genies zu sein, eine bemerkenswerte Gabe besitzen, das Genie anderer anzuregen. Ich gestehe, mein lieber Junge, ich bin sehr tief in deiner Schuld."

So großes Lob hatte er noch nie vorher ausgesprochen, und ich muß gestehen, seine Worte machten mir ein inniges Vergnügen, denn ich hatte mich oftmals ein bißchen darüber geärgert, daß er gegen meine Bewunderung und meine Versuche, die öffentliche Aufmerksamkeit auf seine Leistungen zu lenken, sich so gleichgültig zeigte. Auch machte es mich nicht wenig stolz, sein System in einer Weise mir zu eigen gemacht zu haben, daß er mir zu der Anwendung desselben seinen Beifall aussprach. Holmes nahm mir nun den Stock aus der Hand und prüfte ihn ein paar Minuten lang mit bloßen Augen. Dann legte er mit einem Ausdruck großen Interesses die Zigarette weg, trat mit dem Stock ans Fenster und untersuchte ihn noch einmal mittels einer Lupe.

"Interessant, wenngleich sehr einfach," sagt er, als er sich wieder in seine Lieblingssofaecke setzte. "Sicherlich giebt der Stock ein oder zwei Andeutungen. Er liefert uns den Ausgangspunkt für mehrere Schlußfolgerungen."

"Ist mir irgend etwas entgangen?" fragte ich, ein wenig mich in die Brust werfend. "Ich denke doch, ich habe nichts von Bedeutung übersehen?"

"I am afraid, my dear Watson, that most of your conclusions were erroneous. When I said that you stimulated me I meant, to be frank, that in noting your fallacies I was occasionally guided towards the truth. Not that you are entirely wrong in this instance. The man is certainly a country practitioner. And he walks a good deal."

"Then I was right."

"To that extent."

"But that was all."

"No, no, my dear Watson, not all—by no means all. I would suggest, for example, that a presentation to a doctor is more likely to come from a hospital than from a hunt, and that when the initials 'C.C.' are placed before that hospital the words 'Charing Cross' very naturally suggest themselves."

"You may be right."

"The probability lies in that direction. And if we take this as a working hypothesis we have a fresh basis from which to start our construction of this unknown visitor."

"Well, then, supposing that 'C.C.H.' does stand for 'Charing Cross Hospital,' what further inferences may we draw?"

"Do none suggest themselves? You know my methods. Apply them!"

"I can only think of the obvious conclusion that the man has practised in town before going to the country."

"I think that we might venture a little farther than this. Look at it in this light. On what occasion would it be most probable that such a presentation would be made? When would his friends unite to give him a pledge of their good will? Obviously at the moment when Dr. Mortimer withdrew from the service of the hospital in order to start a practice for himself. We know there has been a presentation. We believe there has been a change from a town hospital to a country practice. Is it, then, stretching our inference too far to say that the presentation was on the occasion of the change?"

"It certainly seems probable."

"Ich fürchte, mein lieber Watson, deine Folgerungen waren größtenteils falsch. Wenn ich sagte, du regst mich an, so meinte ich damit — um offen zu sein —, daß ich durch deine Trugschlüsse gelegentlich auf die Wahrheit gebracht wurde. Indessen bist du in diesem Fall doch nicht ganzlich auf dem Holzwege. Der Mann ist ganz gewiß ein Landarzt. Und er geht viel zu Fuß."

"Also hatte ich recht!"

"Insoweit, ja."

"Aber das war doch alles!"

"Nein, nein, mein lieber Watson, nicht alles —' durchaus nicht alles. Ich möchte zum Beispiel annehmen, daß ein Doktor ein Geschenk wohl eher von einem Hospital als von einem Hetzjagdverein erhält, und daß, wenn vor dem H. des ‚Hospital' die Anfangsbuchstaben ‚0. O.' stehen, sich ganz ungezwungen die Auslegung ‚Charing-Croß' darbietet."

"Du könntest recht haben."

"Die Wahrscheinlichkeit spricht dafür. Und wenn wir davon ausgehen wollen, so haben wir eine frische Grundlage, worauf wir eine Vorstellung von unserem unbekannten Besucher uns aufbauen können."

"Nun, also angenommen, C.C.H. bedeute ‚Charing-Croß-Hospital', was können wir für weitere Schlüsse aus diesem Umstande ziehen?"

"Kannst du nicht selber darauf kommen? Du kennst meine Methoden. Wende sie an!"

"Mir fällt bloß die sehr einfache Schlußfolgerung ein, daß der Mann in der Stadt praktiziert hat, bevor er aufs Land zog."

"Ich denke, wir dürfen uns in unseren Schlüssen ruhig ein bißchen weiter wagen. Betrachte mal den Fall vom folgenden Standpunkt aus: Bei was für einer Gelegenheit wird ein solches Geschenk höchstwahrscheinlich gemacht worden sein? Wann werden seine Freunde zusammengetreten sein, um ihm diese Gabe zu stiften? Offenbar in dem Augenblick, als Dr. Mortimer das Hospital verließ, um sich eine eigene Praxis zu gründen. Wir wissen, ein Geschenk ist gemacht worden. Wir glauben, der Mann ist vom Hospital aufs Land gezogen. Gehen wir denn also in unseren Mutmaßungen zu weit, wenn wir sagen, das Geschenk wurde ihm gelegentlich seines Fortganges dargebracht?"

"Das klingt allerdings wahrscheinlich."

"Now, you will observe that he could not have been on the staff of the hospital, since only a man well-established in a London practice could hold such a position, and such a one would not drift into the country. What was he, then? If he was in the hospital and yet not on the staff he could only have been a house-surgeon or a house-physician—little more than a senior student. And he left five years ago—the date is on the stick. So your grave, middle-aged family practitioner vanishes into thin air, my dear Watson, and there emerges a young fellow under thirty, amiable, unambitious, absent-minded, and the possessor of a favourite dog, which I should describe roughly as being larger than a terrier and smaller than a mastiff."

I laughed incredulously as Sherlock Holmes leaned back in his settee and blew little wavering rings of smoke up to the ceiling.

"As to the latter part, I have no means of checking you," said I, "but at least it is not difficult to find out a few particulars about the man's age and professional career." From my small medical shelf I took down the Medical Directory and turned up the name. There were several Mortimers, but only one who could be our visitor. I read his record aloud.

> "Mortimer, James, M.R.C.S., 1882, Grimpen, Dartmoor, Devon. House-surgeon, from 1882 to 1884, at Charing Cross Hospital. Winner of the Jackson prize for Comparative Pathology, with essay entitled 'Is Disease a Reversion?' Corresponding member of the Swedish Pathological Society. Author of 'Some Freaks of Atavism' (Lancet 1882). 'Do We Progress?' (Journal of Psychology, March, 1883). Medical Officer for the parishes of Grimpen, Thorsley, and High Barrow."

"Nun wird es dir klar sein, daß er nicht dem ärztlichen ‚Stabe' des Krankenhauses angehört haben kann, denn eine derartige Stellung bekommt Nur ein Arzt, der bereits eine gute Londoner Praxis hat, und ein solcher würde nicht aufs Land ziehen. Wer war er also? Wenn er zum Hospital und doch nicht zum Stabe desselben gehörte, so kann er nur Assistent gewesen sein — wenig mehr als ein älterer Kandidat der Medizin. Sein Fortgang fand vor fünf Jahren statt — das Datum steht auf dem Stock. So geht also dein ernster Familiendoktor reiferen Alters in Luft auf, mein lieber Watson, und heraus kommt ein junger Burfch unter dreißig Jahren, liebenswürdig, ohne Ehrgeiz, zerstreut — und Besitzer eines von ihm sehr geliebten Hundes, von welchem ich so ganz im allgemeinen nur sagen möchte, daß er größer als ein Teckel und kleiner als eine Dogge ist."

Ich lachte ungläubig, während Sherlock Holmes sich auf seinem Sofa zurücklehnte und kleine Rauchringe in die Luft blies.

"Gegen deine letzte Versicherung vermag ich nichts einzuwenden," sagte ich, "aber zum mindesten ist es nicht schwierig, ein paar Angaben über des Mannes Alter und bisherige Berufsthatigkeit zu erlangen." Ich nahm von dem Bücherbrettchen, worauf meine medizinischen Werke standen, den Medizinalkalender herunter und schlug den Namen auf. Es waren mehrere Mortimers aufgeführt, aber was wir von unserem Besucher bereits wußten, paßte nur auf einen einzigen von diesen. Ich las die betreffende Stelle vor:

"Mortimer, James, M. R. C. S, 1882, Grimpen, Dartmoor, Devonshire. Von 1882 bis 1884 Assistent am Sharing - Croß - Hospital. Erhielt den ‚Iackson-Preis für vergleichende Pathologie' für seine Abhandlung: ‚Ist Krankheit ein Atavismus? Korrespondierendes Mitglied der Schwedischen pathologischen Gesellschaft. Verfaßte: ‚Einfälle über Atavismus' (Lancet, 1882), Machen wir Fortschritte?' Journal of Psychology, März 1883). Gemeindearzt für Grimpen, Thorsley und High Barrow."

"No mention of that local hunt, Watson," said Holmes with a mischievous smile, "but a country doctor, as you very astutely observed. I think that I am fairly justified in my inferences. As to the adjectives, I said, if I remember right, amiable, unambitious, and absent-minded. It is my experience that it is only an amiable man in this world who receives testimonials, only an unambitious one who abandons a London career for the country, and only an absent-minded one who leaves his stick and not his visiting-card after waiting an hour in your room."

"And the dog?"

"Has been in the habit of carrying this stick behind his master. Being a heavy stick the dog has held it tightly by the middle, and the marks of his teeth are very plainly visible. The dog's jaw, as shown in the space between these marks, is too broad in my opinion for a terrier and not broad enough for a mastiff. It may have been—yes, by Jove, it is a curly-haired spaniel."

He had risen and paced the room as he spoke. Now he halted in the recess of the window. There was such a ring of conviction in his voice that I glanced up in surprise.

"My dear fellow, how can you possibly be so sure of that?"

"For the very simple reason that I see the dog himself on our very door-step, and there is the ring of its owner. Don't move, I beg you, Watson. He is a professional brother of yours, and your presence may be of assistance to me. Now is the dramatic moment of fate, Watson, when you hear a step upon the stair which is walking into your life, and you know not whether for good or ill. What does Dr. James Mortimer, the man of science, ask of Sherlock Holmes, the specialist in crime? Come in!"

"Von dem Hetzjagdverein steht nichts darin, Watson," sagte Holmes mit einem boshaften Lächeln, "aber ein Landarzt ist er, wie du sehr scharfsinnig geschlossen hast. Mir scheint, meine Annahmen finden sich völlig bestätigt. Nun zum Charakter unseres Mannes! Ich sagte, wenn ich mich nicht irre, er sei liebenswürdig, ohne Ehrgeiz, und zerstreut. Meine Erfahrung lehrt mich, daß auf dieser Welt nur ein liebenswürdiger Mensch solche Freundschaftsgaben empfängt, daß nur einer ohne Ehrgeiz London verläßt, um aufs Land zu gehen, und daß nur ein Zerstreuter statt einer Visitenkarte seinen Spazierstock zurückläßt, nachdem er eine Viertelstunde im Wartezimmer gesessen hat."

"Und der Hund?"

"Hat die Gewohnheit gehabt, seinem Herrn den Stock nachzutragen. Da der Stock schwer ist, so hat der Hund ihn fest an der Mitte gepackt, und die Eindrücke seiner Zähne sind sehr deutlich sichtbar. Die Kinnlade des Hundes ist, nach dem Abstand der Zahnspuren zu schließen, zu breit für einen Teckel und nicht breit genug für eine Dogge. Vielleicht war es — ja, beim Zeus! — es ist ein brauner Jagdhund!"

Holmes war während des Sprechens aufgestanden und im Zimmer auf und ab gegangen. Dann war er in der Fensternische stehen geblieben. In dem Klang seiner Stimme lag eine solche Ueberzeugung, daß ich überrascht aufblickte.

"Aber, lieber Junge, wie kannst du bloß so etwas mit solcher Bestimmtheit behaupten?"

"Aus dem sehr einfachen Grunde, weil ich den Hund selber auf der Straßentreppe sehe, und da klingelt auch schon sein Herr. Bitte, bleibe hier, Watson. Er ist ein Kollege von dir, und deine Gegenwart kann mir vielleicht von Nutzen sein. Nun, Watson, kommt der dramatische Schicksalsaugenblick, — du hörst einen Schritt auf der Treppe — er tritt in dein Leben hinein, und du weißt nicht, bringt er dir Gutes oder Böses. Was will Dr. James Mortimer, der Mann der Wissenschaft, von Sherlock Holmes, dem Spezialisten des Verbrechens? . . . Herein!"

The appearance of our visitor was a surprise to me, since I had expected a typical country practitioner. He was a very tall, thin man, with a long nose like a beak, which jutted out between two keen, gray eyes, set closely together and sparkling brightly from behind a pair of gold-rimmed glasses. He was clad in a professional but rather slovenly fashion, for his frock-coat was dingy and his trousers frayed. Though young, his long back was already bowed, and he walked with a forward thrust of his head and a general air of peering benevolence. As he entered his eyes fell upon the stick in Holmes's hand, and he ran towards it with an exclamation of joy. "I am so very glad," said he. "I was not sure whether I had left it here or in the Shipping Office. I would not lose that stick for the world."

"A presentation, I see," said Holmes.

"Yes, sir."

"From Charing Cross Hospital?"

"From one or two friends there on the occasion of my marriage."

"Dear, dear, that's bad!" said Holmes, shaking his head.

Dr. Mortimer blinked through his glasses in mild astonishment. "Why was it bad?"

"Only that you have disarranged our little deductions. Your marriage, you say?"

"Yes, sir. I married, and so left the hospital, and with it all hopes of a consulting practice. It was necessary to make a home of my own."

"Come, come, we are not so far wrong, after all," said Holmes. "And now, Dr. James Mortimer—"

"Mister, sir, Mister—a humble M.R.C.S."

"And a man of precise mind, evidently."

Die äußere Erscheinung unseres Besuchers war eine Ueberraschung für mich, denn ich hatte den Typus eines Landarztes erwartet. Es war ein fehr großer, dünner Mann mit einer großen schnabelförmigen Nase, die zwischen zwei scharfen, dicht zusammenstehenden grauen Augen hervorsprang. Diese Augen sah man durch die Gläser einer goldenen Brille funkeln. Die Kleidung war im Schnitt seinem Stande entsprechend, jedoch ziemlich abgetragen; der Gehrock hatte blanke Nähte und die Hosen ware n unten ausgefranzt. Trotz seiner Jugend hielt er den langen Rücken bereits gekrümmt; beim Gehen streckte er mit einem wohlwollenden Ausdruck den Kopf vor. Beim Eintreten fiel sein Blick auf den Stock, den Holmes noch in der Hand hielt, und er lief mit einem freudigen Ausruf auf ihn zu. "Ich bin wirklich so froh!" sagte er. "Ich wußte nicht genau, ob ich ihn hier oder auf der Schiffsagentur vergessen hatte. Nicht um alles in der Welt möchte ich diesen Stock verlieren!"

"Ein Geschenk, wie ich sehe!" bemerkte Holmes.

"Ia."

"Vom Charing-Croß-Hospital?"

"Von ein paar Freunden dort bei Gelegenheit meiner Heirat."

"Ach herrje, das ist schade!" rief Holmes kopfschüttelnd.

Dr. Mortimer blinzelte in gelindem Erstaunen Holmes durch die Brillengläser hindurch an. "Warum ist das schade?"

"Ach, Sie haben nur unsere kleinen Mutmaßungen ein bißchen in Unordnung gebracht. Bei Ihrer Heirat, sagten Sie?"

"Iawohl. Ich heiratete und ging deshalb vom Hospital weg und gab damit alle Hoffnungen auf eine bequeme Praxis auf. Ich mußte mir aber meinen eigenen Haushalt einrichten."

"Ei sieh, da sind wir im großen und ganzen ja doch nicht so sehr auf dem Holzwege!" sagte Holmes. "Und nun, Herr Doktor Iames Mortimer . . ."

"Kein Doktor, mein lieber Herr — ein bescheidener praktischer Arzt nur!"

"Und augenscheinlich ein Mann von scharfem Geiste."

"A dabbler in science, Mr. Holmes, a picker up of shells on the shores of the great unknown ocean. I presume that it is Mr. Sherlock Holmes whom I am addressing and not—"

"No, this is my friend Dr. Watson."

"Glad to meet you, sir. I have heard your name mentioned in connection with that of your friend. You interest me very much, Mr. Holmes. I had hardly expected so dolichocephalic a skull or such well-marked supra-orbital development. Would you have any objection to my running my finger along your parietal fissure? A cast of your skull, sir, until the original is available, would be an ornament to any anthropological museum. It is not my intention to be fulsome, but I confess that I covet your skull."

Sherlock Holmes waved our strange visitor into a chair. "You are an enthusiast in your line of thought, I perceive, sir, as I am in mine," said he. "I observe from your forefinger that you make your own cigarettes. Have no hesitation in lighting one."

The man drew out paper and tobacco and twirled the one up in the other with surprising dexterity. He had long, quivering fingers as agile and restless as the antennae of an insect.

Holmes was silent, but his little darting glances showed me the interest which he took in our curious companion. "I presume, sir," said he at last, "that it was not merely for the purpose of examining my skull that you have done me the honour to call here last night and again today?"

"No, sir, no; though I am happy to have had the opportunity of doing that as well. I came to you, Mr. Holmes, because I recognized that I am myself an unpractical man and because I am suddenly confronted with a most serious and extraordinary problem. Recognizing, as I do, that you are the second highest expert in Europe—"

"Ein Lehrling auf dem Gebiet der Wissenschaft, Herr Holmes, ein Anfänger, der am Strande des großen unbekannten Weltmeeres Muscheln aufliest! Ich vermute, daß ich mit Herrn Sherlock Holmes spreche und nicht mit..."

"Nein — der Herr hier ist mein Freund Dr. Watson."

"Freut mich, Sie kennen zu lernen, Herr Doktor. Ich habe Ihren Namen in Verbindung mit dem Ihres Freundes erwähnen hören. Sie interessieren mich außerordentlich, Herr Holmes. Ich hatte an Ihnen kaum einen solchen dolichocephalen Schädel und eine derartig ausgeprägte supraorbitale Stirnentwickelung erwartet. Würden Sie etwas dagegen haben, wenn ich mal mit dem Finger über Ihre Scheitelnaht fahre? Ein Gipsmodell Ihres Schädels, werter Herr, würde, so lange das Original nicht zu haben ist, eine Zierde jedes anthropologischen Museums bilden. Ich beabsichtige nichts Unziemliches zu sagen, aber ich gestehe: mich gelüstet's nach Ihrem Schädel."

Sherlock Holmes lud mit einer Handbewegung unseren sonderbaren Besucher ein, sich's in einem Stuhl bequem zu machen. Dann sagte er:

"Sie sind, wie ich bemerke, ein Enthusiast in Ihren Gedankengängen wie ich in den meinigen. Ich sehe an Ihren Fingerspitzen, daß Sie sich Ihre Zigaretten selber drehen. Zünden Sie sich ohne Bedenken eine an."

Der Mann holte Tabak und Papier aus der Tasche und rollte mit überraschender Geschicklichkeit eine Zigarette. Seine langen zuckenden Finger waren so beweglich und unruhig wie die Fühler eines Insekts.

Holmes saß schweigend da, aber ich sah an den kurzen, scharfen Blicken, womit er ab und zu unseren eigentümlichen Gesellschafter beobachtete, daß er sich für denselben sehr interessierte. "Ich nehme an, Herr Mortimer," sagte er endlich, "daß Sie nicht lediglich in der Absicht, meinen Schädel zu befühlen, mir die Ehre erwiesen haben, gestern abend und wieder heute früh hier vorzusprechen?"

"Nein, Herr Holmes, nein — ich bin jedoch glücklich, daß ich gleichzeitig auch dazu Gelegenheit gehabt habe. Ich kam zu Ihnen, Herr Holmes, weil ich mir eingestehe, daß ich selbst ein unpraktischer Mann bin, und weil ich mich plötzlich einem sehr ernsthaften und außerordentlichen Problem gegenüber befinde. Und in Anbetracht, daß Sie, wie ich anerkenne, die zweithöchste europäische Autorität in..."

"Indeed, sir! May I inquire who has the honour to be the first?" asked Holmes with some asperity.

"To the man of precisely scientific mind the work of Monsieur Bertillon must always appeal strongly."

"Then had you not better consult him?"

"I said, sir, to the precisely scientific mind. But as a practical man of affairs it is acknowledged that you stand alone. I trust, sir, that I have not inadvertently—"

"Just a little," said Holmes. "I think, Dr. Mortimer, you would do wisely if without more ado you would kindly tell me plainly what the exact nature of the problem is in which you demand my assistance."

"Wirklich, Herr Doktor? Darf ich mich erkundigen, wer die Ehre hat, die erste zu sein?" fragte Holmes in etwas kurzem Ton.

"Auf einen streng wissenschaftlich denkenden Gelehrten muß Monsieur Bertillons Methode einen außerordentlich starken Reiz ausüben."

"Thäten Sie dann vielleicht nicht besser, diesen um Rat zu fragen?"

"Ich sagte, werter Herr: für den streng wissenschaftlich Denkenden. Aber in der praktischen Betätigung Ihrer Kunst stehen Sie allein da, das ist allgemein anerkannt. Ich denke doch, ich habe nicht etwa unabsichtlich . . ."

"Kaum der Rede wert!" antwortete Holmes. "Ich denke, Herr Doktor Mortimer, Sie thäten gut, wenn Sie ohne weitere Umschweife mir klar und deutlich vortrügen, welcher Art das Problem ist, zu dessen Lösung Sie meinen Beistand zu erhalten wünschen."

Chapter 2. The Curse of the Baskervilles

"I have in my pocket a manuscript," said Dr. James Mortimer.

"I observed it as you entered the room," said Holmes.

"It is an old manuscript."

"Early eighteenth century, unless it is a forgery."

"How can you say that, sir?"

"You have presented an inch or two of it to my examination all the time that you have been talking. It would be a poor expert who could not give the date of a document within a decade or so. You may possibly have read my little monograph upon the subject. I put that at 1730."

"The exact date is 1742." Dr. Mortimer drew it from his breast-pocket. "This family paper was committed to my care by Sir Charles Baskerville, whose sudden and tragic death some three months ago created so much excitement in Devonshire. I may say that I was his personal friend as well as his medical attendant. He was a strong-minded man, sir, shrewd, practical, and as unimaginative as I am myself. Yet he took this document very seriously, and his mind was prepared for just such an end as did eventually overtake him."

Holmes stretched out his hand for the manuscript and flattened it upon his knee. "You will observe, Watson, the alternative use of the long s and the short. It is one of several indications which enabled me to fix the date."

I looked over his shoulder at the yellow paper and the faded script. At the head was written: "Baskerville Hall," and below in large, scrawling figures: "1742."

"It appears to be a statement of some sort."

"Yes, it is a statement of a certain legend which runs in the Baskerville family."

Zweites Kapitel.

"Ich habe in meiner Tasche ein Manuskript!" sagte Doktor Iames Mortimer.

"Ich bemerkte es, als Sie das Zimmer betraten," antwortete Holmes.

"Es ist eine alte Handschrift."

"Aus dem Anfang des achtzehnten Jahrhunderts — falls nicht etwa eine Fälschung vorliegt."

"Wie können Sie das so bestimmt sagen?"

Sie haben mich die ganze Zeit über ein paar Zollbreit davon sehen lassen, so daß ich es prüfen konnte. Das wäre ein armseliger Sachverständiger, der nicht auf ein Jahrzehnt oder so das Datum eines Dokuments bestimmen könnte. Vielleicht haben Sie meine Abhandlung über diesen Gegenstand gelesen. Ich schätze, daß das Manuskript um das Jahr 1730 geschrieben ist."

"Die genaue Jahreszahl ist 1742."

Dr. Mortimer zog das Manuskript aus der Brust» tasche hervor und fuhr fort: "Dieses Familienpapier wurde mir von Sir Charles Baskerville anvertraut, dessen plötzlicher, tragischer Tod vor etwa drei Monaten in der Grafschaft Devon so großes Aufsehen machte. Ich darf wohl sagen, daß ich nicht nur sein ärztlicher Berater, sondern auch sein persönlicher Freund war. Er war ein starkgeistiger Mann, schlau, weltklug und so wenig zu Einbildungen geneigt, wie ich selber. Trotzdem nahm er es mit diesem Schriftstück sehr ernst, und er war innerlich auf genau so einen Tod vorbereitet, wie er ihn schließlich erlitt."

Holmes streckte die Hand nach dem Manuskript aus und breitete es auf seinem Knie aus.

"Du wirst bemerken, Watson, daß der Buchstabe s abwechselnd lang oder kurz geschrieben ist. Das ist eines von mehreren Anzeichen, die es mir ermöglichten, die Entstehungszeit zu bestimmen."

Ich betrachtete über seine Schulter hinweg das vergilbte Papier und die verblaßte Schrift. Am Kopfende stand geschrieben: "Baskerville Hall" und unten in großen kritzeligen Zahlen: "1742".

"Es scheint so eine Art von Erzählung zu sein."

"Ia, es ist die Erzählung einer Sage, die in der Familie Baskerville im Schwunge ist."

"But I understand that it is something more modern and practical upon which you wish to consult me?"

"Most modern. A most practical, pressing matter, which must be decided within twenty-four hours. But the manuscript is short and is intimately connected with the affair. With your permission I will read it to you."

Holmes leaned back in his chair, placed his finger-tips together, and closed his eyes, with an air of resignation. Dr. Mortimer turned the manuscript to the light and read in a high, cracking voice the following curious, old-world narrative:

> "Of the origin of the Hound of the Baskervilles there have been many statements, yet as I come in a direct line from Hugo Baskerville, and as I had the story from my father, who also had it from his, I have set it down with all belief that it occurred even as is here set forth. And I would have you believe, my sons, that the same Justice which punishes sin may also most graciously forgive it, and that no ban is so heavy but that by prayer and reprentance it may be removed. Learrn from this story, not to fear the fruits of the past, but rather to be circumspect in the future that those foul passions whereby whereby our family has suffered so grievously may not again be loosed to our undoing.

"Aber ich verstehe Sie doch recht — Sie wünschen mich doch in einer etwas moderneren Angelegenheit des wirklichen Lebens um Rat zu fragen?"

"In einer höchst modernen! Und in einer sehr dringlichen Angelegenheit, die binnen vierundzwanzig Stunden zur Entscheidung gebracht werden muß. Aber das Manuskript ist nur kurz und steht in innigem Zusammenhang mit der Geschichte. Mit Ihrer Erlaubnis will ich's Ihnen vorlesen."

Holmes lehnte sich in seinen Stuhl zurück, faltete die Hände und schloß die Augen mit der Miene eines Mannes, der sich in sein Schicksal ergiebt. Dr. Mortimer hielt das Manuskript so, daß er gutes Licht hatte, und las mit lauter piepsiger Stimme die nachstehende Geschichte aus alter Zeit:

"Von dem Ursprung des Hetzrüden der Baskervilles hat man gar vielerlei erzählt, aber da ich in gerader Linie von Hugo Baskerville abstamme, und da ich die Geschichte von meinem Vater habe, der sie von dem seinigen überliefert erhielt, so habe ich sie hier niedergeschrieben und bin des festen Glaubens, sie hat sich so zugetragen, wie ich nunmehr berichten will. Und ich bitte Euch, meine Söhne, Ihr wollet glauben, daß eben diefelbige Gerechtigkeit, so die Sünde bestrafet, wohl auch in überreicher Gnade sie vergeben möge, und daß kein Fluch so schwer sei, er könne nicht durch Gebet und Reue gesühnet werden. Entnehmet also aus dieser Geschichte die Lehre, daß ihr Euch nicht fürchtet, die Verbrechen der Vergangenheit möchten für Euch schlimme Früchte zeitigen, sondern daß Ihr vielmehr inskünftig wollet recht bedachtsam sein, auf daß die verruchten Leidenschaften, die unserer Familie so schweren Harm zugefüget, nicht abermals zu unserem Schaden mögen entfesselt werden.

"Know then that in the time of the Great Rebellion (the history of which by the learned Lord Clarendon I most earnestly commend to your attention) this Manor of Baskerville was held by Hugo of that name, nor can it be gainsaid that he was a most wild, profane, and godless man. This, in truth, his neighbours might have pardoned, seeing that saints have never flourished in those parts, but there was in him a certain wanton and cruel humour which made his name a by-word through the West. It chanced that this Hugo came to love (if, indeed, so dark a passion may be known under so bright a name) the daughter of a yeoman who held lands near the Baskerville estate. But the young maiden, being discreet and of good repute, would ever avoid him, for she feared his evil name.

So it came to pass that one Michaelmas this Hugo, with five or six of his idle and wicked companions, stole down upon the farm and carried off the maiden, her father and brothers being from home, as he well knew.

When they had brought her to the Hall the maiden was placed in an upper chamber, while Hugo and his friends sat down to a long carouse, as was their nightly custom. Now, the poor lass upstairs was like to have her wits turned at the singing and shouting and terrible oaths which came up to her from below, for they say that the words used by Hugo Baskerville, when he was in wine, were such as might blast the man who said them.

At last in the stress of her fear she did that which might have daunted the bravest or most active man, for by the aid of the growth of ivy which covered (and still covers) the south wall she came down from under the eaves, and so homeward across the moor, there being three leagues betwixt the Hall and her father's farm.

"Wisset also, daß zu den Zeiten der großen Revolution — deren Geschichte, wie der gelehrte Lord Clarendon sie beschrieben, ich Euch recht angelegentlich zum Lesen empfehle — dieses Herrenhaus Baskerville bewohnt wurde von Herrn Hugo desselbigen Namens; und es kann nicht verschwiegen werden, daß er ein sehr wilder, verruchter und gottloser Mann war. Dieses hätten nun wohl seine Nachbarn ihm verzeihen mögen, sintemalen in hiesiger Gegend Heilige niemals haben gedeihen wollen; aber es war an feiner Wildheit ein gewisser mutwilliger und grausamer Humor, und dadurch wurde sein Name im ganzen Westen bekannt. Nun begab es sich, daß dieser Hugo zu der Tochter eines Landmanns, der an der Grenze der Baskervilleschen Güter seinen Bauernhof hatte, in Liebe entbrannte — wenn man eine so finstere Leidenschaft wie die seinige mit einem so leuchtenden Worte bezeichnen darf. Aber die junge Maid, die züchtig und von gutem Rufe war, wich ihm stets aus, denn sie fürchtete seinen bösen Namen.

"Es begab sich aber, daß am Michaelistag dieser Hugo nebst fünf oder sechs von den verruchten Genossen seiner Schwelgereien sich in das Bauernhaus schlich und das Mädchen entführte; ihr Vater aber und ihre Brüder waren nicht zu Hause, wie er sehr wohl wußte.

"Und sie brachten sie ins Schloß, und die Jungfrau wurde in ein Zimmer im obersten Stockwerk eingeschlossen; Hugo aber und seine Freunde saßen nieder zu einem langen Zechgelage, wie sie allnächtlich zu thun pflegten. Da mochten wohl der armen Dirne da oben die Sinne schwinden, als sie das Singen und Toben und fürchterliche Fluchen hörte, das von unten heraufscholl — Venn man sagt, solche Worte, wie Hugo Baskerville sie im Weinrausch äußerte, die brächten den Mann, der sie spräche, sicherlich in die Hölle.

"Und zuletzt that sie in der Verzweiflung ihrer Angst etwas, wovor wohl der tapferste und gewandteste Mann möchte zurückgeschaudert sein; denn mit Hilfe des Epheugerankes, das die Mauer bedeckte — und noch bedeckt — klomm sie von der Höhe dicht unter dem Dache hinunter zum festen Boden, und dann rannte sie nach Hause quer über das Moor. Der Weg aber von dem Schloß bis zu ihres Vaters Hof war drei Stunden weit.

"It chanced that some little time later Hugo left his guests to carry food and drink—with other worse things, perchance—to his captive, and so found the cage empty and the bird escaped. Then, as it would seem, he became as one that hath a devil, for, rushing down the stairs into the dining-hall, he sprang upon the great table, flagons and trenchers flying before him, and he cried aloud before all the company that he would that very night render his body and soul to the Powers of Evil if he might but overtake the wench. And while the revelers stood aghast at the fury of the man, one more wicked or, it may be, more drunken than the rest, cried out that they should put the hounds upon her. Whereupon Hugo ran from the house, crying to his grooms that they should saddle his mare and unkennel the pack and giving the hounds a kerchief of the maid's, he swung them to the line and they were off with loud barking into the moonlight of the moor.

"Now, for some space the revellers stood agape, unable to understand all that had been done in such haste. But anon their bemused wits awoke to the nature of the deed which was like to be done upon the moorlands. Everything was now in an uproar, some calling for their pistols, some for their horses, and some for another flask of wine. But at length some sense came back to their crazed minds, and the whole of them, thirteen in number, took horse and started in pursuit. The moon shone clear above them, and they rode swiftly abreast, taking that course which the maid must needs have taken if she were to reach her own home.

"Und es begab sich, daß kurze Zeit darauf Hugo seine Gäste verließ, um seiner Gefangenen Speise und Trank zu bringen — und vielleicht wollte er noch Schlimmeres —, und daß er den Käfig leer und den Vogel entflohen fand. Da war es gleich, als käme der Teufel über ihn, denn er lief die Treppen hinunter in den Speisesaal und sprang auf den großen Tisch, daß Flaschen und Teller herunterfielen, und schrie laut vor der ganzen Gesellschaft, er wolle noch in selbiger Nacht Leib und Seele den bösen Mächten zu eigen geben, wenn er nur die Dirne wieder einholte. Entsetzt starrten die Zechbrüder auf den rasenden Mann, einer aber, der noch verruchter oder vielleicht auch nur trunkener war als die anderen, rief, sie sollten die Hunde auf sie hetzen. Und Hugo lief aus dem Hause und rief seinen Stallknechten zu, sie sollten seine Stute satteln und die Hunde aus dem Zwinger lassen; er zeigte diesen ein Halstuch des Mädchens, und mit lautem Gekläff ging es im Mondschein über das Moor.

"Eine Zeit lang waren die Zechkumpane ganz starr vor Verblüffung; sie vermochten die Vorgänge, die sich mit solcher Schnelligkeit abgespielt hatten, nicht zu begreifen. Aber allmählich dämmerte ihnen in ihren umnebelten Schädeln eine Ahnung auf, was wohl auf dem Moor sich begeben würde. Und es erhob sich ein gewaltiger Lärm, die einen riefen nach ihren Pistolen, andere nach ihren Pferden, noch wieder andere schrien, es sollten neue Weinflaschen gebracht werden. Endlich jedoch wurden sie etwas vernünftiger, und die ganze Gesellschaft, dreizehn an der Zahl, stieg zu Pferde und ritt Herrn Hugo nach. Der Mond schien klar über ihren Häuptern, und sie sprengten in schnellem Lauf den Weg entlang, den das Mädchen genommen haben mußte, um ihr Haus zu erreichen.

"They had gone a mile or two when they passed one of the night shepherds upon the moorlands, and they cried to him to know if he had seen the hunt. And the man, as the story goes, was so crazed with fear that he could scarce speak, but at last he said that he had indeed seen the unhappy maiden, with the hounds upon her track. 'But I have seen more than that,' said he, 'for Hugo Baskerville passed me upon his black mare, and there ran mute behind him such a hound of hell as God forbid should ever be at my heels.' So the drunken squires cursed the shepherd and rode onward. But soon their skins turned cold, for there came a galloping across the moor, and the black mare, dabbled with white froth, went past with trailing bridle and empty saddle. Then the revellers rode close together, for a great fear was on them, but they still followed over the moor, though each, had he been alone, would have been right glad to have turned his horse's head. Riding slowly in this fashion they came at last upon the hounds. These, though known for their valour and their breed, were whimpering in a cluster at the head of a deep dip or goyal, as we call it, upon the moor, some slinking away and some, with starting hackles and staring eyes, gazing down the narrow valley before them.

"The company had come to a halt, more sober men, as you may guess, than when they started. The most of them would by no means advance, but three of them, the boldest, or it may be the most drunken, rode forward down the goyal. Now, it opened into a broad space in which stood two of those great stones, still to be seen there, which were set by certain forgotten peoples in the days of old.

"Sie waren eine oder zwei Meilen geritten, als sie einem jener Hirten begegneten, die nachts ihre Schafe über das Moor treiben; und sie riefen ihm zu, ob er den Reiter mit den Hunden gesehen hätte. Und der Mann, so berichtet die Ueberlieferung, war so von Furcht gelähmt, daß er kaum sprechen konnte; schließlich aber sagte er, er habe wirklich die unglückliche Jungfrau gesehen, und die Hunde seien ihr auf der Spur gewesen. "Aber ich habe noch mehr gesehen als das!" sagte er. "Denn Hugo Baskerville ritt an mir vorüber auf seiner schwarzen Stute, und hinter ihm rannte stumm solch ein Höllenhund, wie Gott ihn niemals mir auf die Fersen hetzen wolle!" Die trunkenen Herren aber fluchten auf den Schafer und ritten weiter. Bald jedoch ging es ihnen kalt über die Haut, denn es galoppierte etwas über das Moor herüber, und die schwarze Stute raste, mit weißem Schaum bedeckt, mit schleifendem Zügel und leerem Sattel an ihnen vorüber. Da drängten die Zechbrüder sich eng aneinander, denn eine große Angst kam über sie; trotzdem ritten sie noch weiter, obwohl jeder von ihnen, wäre er allein gewesen, herzlich gern sein Pferd würde herumgeworfen haben. Langsam weiter reitend, trafen sie schließlich die Hunde. Diese lagen, obwohl berühmt wegen ihres edlen Geblüts und ihrer Tapferkeit, winselnd zu einem Klumpen zusammengedrängt am Eingang einer tiefen Schlucht; einige von ihnen schlichen sich gar zur Seite, die anderen starrten mit gesträubten Haaren und stieren Augen in das schmale Thal hinein, das vor ihnen lag.

"Die Gesellschaft hatte Halt gemacht; die Herren waren, wie Ihr Euch denken könnt, jetzt nüchterner als beim Fortreiten. Die Meisten wollten durchaus nicht weiter, aber drei von ihnen, die Kühnsten — oder auch die Betrunkensten — ritten in die Schlucht hinein. Diese öffnete sich allmählich zu einem breiten Raum, wo zwei große Steine standen; sie stehen auch jetzo noch dorten und sind von Menschen gesetzt worden, deren Gedenken seit langen Zeiten verschollen ist.

The moon was shining bright upon the clearing, and there in the centre lay the unhappy maid where she had fallen, dead of fear and of fatigue. But it was not the sight of her body, nor yet was it that of the body of Hugo Baskerville lying near her, which raised the hair upon the heads of these three dare-devil roysterers, but it was that, standing over Hugo, and plucking at his throat, there stood a foul thing, a great, black beast, shaped like a hound, yet larger than any hound that ever mortal eye has rested upon. And even as they looked the thing tore the throat out of Hugo Baskerville, on which, as it turned its blazing eyes and dripping jaws upon them, the three shrieked with fear and rode for dear life, still screaming, across the moor. One, it is said, died that very night of what he had seen, and the other twain were but broken men for the rest of their days.

"Such is the tale, my sons, of the coming of the hound which is said to have plagued the family so sorely ever since. If I have set it down it is because that which is clearly known hath less terror than that which is but hinted at and guessed. Nor can it be denied that many of the family have been unhappy in their deaths, which have been sudden, bloody, and mysterious. Yet may we shelter ourselves in the infinite goodness of Providence, which would not forever punish the innocent beyond that third or fourth generation which is threatened in Holy Writ. To that Providence, my sons, I hereby commend you, and I counsel you by way of caution to forbear from crossing the moor in those dark hours when the powers of evil are exalted.

"[This from Hugo Baskerville to his sons Rodger and John, with instructions that they say nothing thereof to their sister Elizabeth.]"

When Dr. Mortimer had finished reading this singular narrative he pushed his spectacles up on his forehead and stared across at Mr. Sherlock Holmes. The latter yawned and tossed the end of his cigarette into the fire.

"Der Mond schien hell auf den freien Platz, und in der Mitte lag das Mädchen auf der Stelle, wo sie vor Angst und Ermattung tot hingesunken war. Doch nicht der Anblick ihres Leichnams, auch nicht der Anblick des Leichnams von Hugo Baskerville war es, was diesen drei gottlosen Wüstlingen das Haar emporsträubte. Aber über Hugo, dessen Kehle zerfleischend, stand ein grausiges Wesen, eine große schwarze Bestie von der Gestalt eines Hundes, nur viel größer als ein Hund, den je eines Sterblichen Auge erschaut hat. Und vor ihren entsetzten Augen riß das Tier dem Hugo Baskerville die Kehle auf, dann sah es mit triefenden Lefzen und glühenden Augen auf die Reiter; diese aber stießen ein gellendes Geschrei aus und sprengten, als gälte es das Leben, fortwährend schreiend über das Moor zurück. Einer, so erzählt man, starb noch in selbiger Nacht von dem Anblick, die anderen zwo aber waren gebrochene Männer für den Rest ihrer Tage.

"Dieses ist, meine Söhne, die Geschichte von der Herkunft des Hundes, der, wie man sagt, seitdem unsere Familie so grimmig verfolgt hat. Ich habe sie aber niedergeschrieben, weil etwas Bekanntes offenbarlich weniger Grauen einflößt als etwas, was nur mit Winken und Andeutungen einem zugetragen wird. Es läßt sich freilich nicht leugnen, daß mancher von unserer Familie eines unseligen Todes gestorben ist, daß viele plötzlich geheimnisvoll und auf eine blutige Art verschieden sind. Und doch mögen wir uns der unendlichen Güte der Vorsehung ruhig anheimgeben; sie wird niemals die Unschuldigen bestrafen über das dritte oder vierte Glied hinaus, wie die Drohung in der Heiligen Schrift lautet.

"Dieser Vorsehung, meine Söhne, empfehle ich Euch hiermit, und ich rate Euch, vorsichtig zu sein und dem Moor fern zu bleiben in jenen finsteren Stunden, da die bösen Mächte ihr Spiel treiben.

["Dies schrieb Hugo Baskerville für seine Söhne Rodger und John. Und sie sollen ihrer Schwester Elisabeth nichts davon sagen."]

Dr. Mortimer war mit dem Vorlesen der seltsamen Geschichte fertig; er schob seine Brille auf die Stirn hinauf und warf einen erwartungsvollen Blick auf Sherlock Holmes. Dieser gähnte, warf das Stümpfchen seiner Zigarette ins Feuer und sagte:

"Do you not find it interesting?"

"To a collector of fairy tales."

Dr. Mortimer drew a folded newspaper out of his pocket.

"Now, Mr. Holmes, we will give you something a little more recent. This is the Devon County Chronicle of May 14th of this year. It is a short account of the facts elicited at the death of Sir Charles Baskerville which occurred a few days before that date."

My friend leaned a little forward and his expression became intent. Our visitor readjusted his glasses and began:

> "The recent sudden death of Sir Charles Baskerville, whose name has been mentioned as the probable Liberal candidate for Mid-Devon at the next election, has cast a gloom over the county. Though Sir Charles had resided at Baskerville Hall for a comparatively short period his amiability of character and extreme generosity had won the affection and respect of all who had been brought into contact with him. In these days of nouveaux riches it is refreshing to find a case where the scion of an old county family which has fallen upon evil days is able to make his own fortune and to bring it back with him to restore the fallen grandeur of his line. Sir Charles, as is well known, made large sums of money in South African speculation. More wise than those who go on until the wheel turns against them, he realized his gains and returned to England with them. It is only two years since he took up his residence at Baskerville Hall, and it is common talk how large were those schemes of reconstruction and improvement which have been interrupted by his death. Being himself childless, it was his openly expressed desire that the whole countryside should, within his own lifetime, profit by his good fortune, and many will have personal reasons for bewailing his untimely end. His generous donations to local and county charities have been frequently chronicled in these columns.

"Nun?"

"Finden Sie die Geschichte nicht interessant?"

"O ja, für einen Sammler von Märchen."

Dr. Mortimer zog ein zusammengelegtes Zeitungsblatt aus der Tasche und sagte:

"Nun, Herr Holmes, so wollen wir Ihnen jetzt etwas Moderneres vorlegen. Dies hier ist die ‚Devon Country Chronicle' vom 14. Mai dieses Jahres. Sie enthält einen kurzen Bericht über den etliche Tage vorher eingetretenen Tod Sir Charles Baskervilles."

Mein Freund beugte sich ein wenig vor, und seine Züge nahmen einen Ausdruck gespannter Aufmerksamkeit an. Unser Besucher schob seine Brille zurecht und begann:

"Der soeben erfolgte plötzliche Tod Sir Charles Baskervilles, von dem als vermutlichen Kandidaten der liberalen Partei für Mitteldevon bei der nächsten Wahl die Rede war, ist ein trauriges Ereignis für die ganze Grafschaft. Wenngleich Sir Charles erst seit verhältnismäßig kurzer Zeit Baskerville Hall bewohnte, so hatten ihm doch sein liebenswürdiger Charakter und seine außerordentliche Freigebigkeit die Zuneigung und Achtung aller gewonnen, die mit ihm in Berührung kamen. In unseren Tagen reicher Emporkömmlinge freut man sich, wenn es einmal dem Sprößling einer altansässigen Familie gelungen ist, aus eigener Kraft ein Vermögen zu erwerben und damit den verblichenen Glanz seines durch böse Zeitläufte gegangenen Geschlechtes wieder aufzufrischen. Wie wohl allgemein bekannt ist, gewann Sir Charles große Summen durch Spekulationen in Südafrika. Er war weise genug, nicht so lange zu warten, bis das Glück sich gegen ihn kehrte, sondern machte seinen Gewinn zu Gelde und kehrte damit nach England zurück. Es sind erst zwei Jahre vergangen, seit er wieder Baskerville Hall bezog, und die von ihm geplanten großen Neubauten und Verbesserungen bildeten bekanntlich das allgemeine Gespräch in der ganzen Gegend; nun sind sie durch seinen Tod unterbrochen worden! Da er selbst keine Kinder hatte, so war es sein offen ausgesprochener Wunsch, die ganze Gegend solle von dem ihm beschiedenen gewesenen Glück Vorteil haben. Gar mancher wird daher ganz persönliche Veranlassung haben, den vorzeitigen Tod des Wohlthäters zu beweinen. Von seinen hochherzigen Schenkungen zu milden Zwecken ist in unseren Spalten oft die Rede gewesen.

"The circumstances connected with the death of Sir Charles cannot be said to have been entirely cleared up by the inquest, but at least enough has been done to dispose of those rumours to which local superstition has given rise. There is no reason whatever to suspect foul play, or to imagine that death could be from any but natural causes. Sir Charles was a widower, and a man who may be said to have been in some ways of an eccentric habit of mind. In spite of his considerable wealth he was simple in his personal tastes, and his indoor servants at Baskerville Hall consisted of a married couple named Barrymore, the husband acting as butler and the wife as housekeeper. Their evidence, corroborated by that of several friends, tends to show that Sir Charles's health has for some time been impaired, and points especially to some affection of the heart, manifesting itself in changes of colour, breathlessness, and acute attacks of nervous depression. Dr. James Mortimer, the friend and medical attendant of the deceased, has given evidence to the same effect.

"The facts of the case are simple. Sir Charles Baskerville was in the habit every night before going to bed of walking down the famous yew alley of Baskerville Hall. The evidence of the Barrymores shows that this had been his custom. On the fourth of May Sir Charles had declared his intention of starting next day for London, and had ordered Barrymore to prepare his luggage. That night he went out as usual for his nocturnal walk, in the course of which he was in the habit of smoking a cigar. He never returned. At twelve o'clock Barrymore, finding the hall door still open, became alarmed, and, lighting a lantern, went in search of his master. The day had been wet, and Sir Charles's footmarks were easily traced down the alley. Halfway down this walk there is a gate which leads out on to the moor. There were indications that Sir Charles had stood for some little time here. He then proceeded down the alley, and it was at the far end of it that his body was discovered

"Die Umstände, unter denen der Tod erfolgt ist, sind freilich durch die Untersuchung nicht gänzlich aufgeklärt worden, doch ist immerhin genug festgestellt, um gewissen Gerüchten entgegenzutreten, die durch den Aberglauben der Bevölkerung in Umlauf gesetzt sind. Nicht der geringste Grund spricht für ein Verbrechen oder läßt darauf schließen, daß übernatürliche Mächte im Spiel sein könnten. Sir Charles war Witwer und galt für einen Mann von etwas sonderbarer Geistesanlage. Trotz seinem beträchtlichen Reichtum war er einfach in seinen Lebensgewohnheiten, und die im Hause selbst wohnende Dienerschaft von Baskerville Hall bestand nur aus dem Ehepaar Barrymore. Ihre Aussage, die durch das Zeugnis mehrerer Freunde des Verstorbenen bestätigt wird, lautet dahin, daß Sir Charles schon seit einiger Zeit bei schwacher Gesundheit gewesen sei und besonders an einer Herzkrankheit gelitten habe, die sich in plötzlichen Veränderungen der Gesichtsfarbe, in Atemnot und in Anfällen von Gemütsverstimmung kundgegeben. Dr. Mortimer, der Freund und ärztliche Berater des Verschiedene,«, hat sein Zeugnis in demselben Sinne abgelegt.

"Die Thatsachen des Falles sind einfach. Sir Charles Baskerville hatte die Gewohnheit, jede Nacht vor dem Zubettgehen noch einen Gang in der berühmten Taxusallee von Baskerville Hall zu machen. Dies geht aus dem Zeugnis der Barrymores hervor. Am 4. Mai hatte Sir Charles die Absicht ausgesprochen, am nächsten Tage nach London zu fahren und hatte Barrymore beauftragt, sein Gepäck zurecht zu machen. Am Abend ging er wie immer aus, um seiner Gewohnheit gemäß auf seinem nächtlichen Spaziergang eine Zigarre zu rauchen. Er kam nicht wieder zurück. Um 12 Uhr fand Barrymore die Hausthür noch offen, wurde unruhig und ging mit einer brennenden Laterne auf die Suche nach seinem Herrn. Es hatte tagsüber geregnet, und Sir Charles' Fußspuren waren leicht die Taxusallee hinunter zu verfolgen. Auf halbem Wege befindet sich eine Pforte, die nach dem Moor hinausführt. Aus gewissen Anzeichen läßt sich schließen, daß Sir Charles dort eine Zeit lang gestanden hatte. Dann hatte er seinen Weg den Gang hinunter fortgesetzt, und an dem äußersten Ende dieses Ganges wurde seine Leiche aufgefunden.

"One fact which has not been explained is the statement of Barrymore that his master's footprints altered their character from the time that he passed the moor-gate, and that he appeared from thence onward to have been walking upon his toes. One Murphy, a gipsy horse-dealer, was on the moor at no great distance at the time, but he appears by his own confession to have been the worse for drink. He declares that he heard cries but is unable to state from what direction they came. No signs of violence were to be discovered upon Sir Charles's person, and though the doctor's evidence pointed to an almost incredible facial distortion—so great that Dr. Mortimer refused at first to believe that it was indeed his friend and patient who lay before him—it was explained that that is a symptom which is not unusual in cases of dyspnoea and death from cardiac exhaustion. This explanation was borne out by the post-mortem examination, which showed long-standing organic disease, and the coroner's jury returned a verdict in accordance with the medical evidence. It is well that this is so, for it is obviously of the utmost importance that Sir Charles's heir should settle at the Hall and continue the good work which has been so sadly interrupted. Had the prosaic finding of the coroner not finally put an end to the romantic stories which have been whispered in connection with the affair, it might have been difficult to find a tenant for Baskerville Hall. It is understood that the next of kin is Mr. Henry Baskerville, if he be still alive, the son of Sir Charles Baskerville's younger brother. The young man when last heard of was in America, and inquiries are being instituted with a view to informing him of his good fortune."

Dr. Mortimer refolded his paper and replaced it in his pocket. "Those are the public facts, Mr. Holmes, in connection with the death of Sir Charles Baskerville."

"I must thank you," said Sherlock Holmes, "for calling my attention to a case which certainly presents some features of interest. I had observed some newspaper comment at the time, but I was exceedingly preoccupied by that little affair of the Vatican cameos, and in my anxiety to oblige the Pope I lost touch with several interesting English cases. This article, you say, contains all the public facts?"

"Noch unaufgeklärt ist der von Barrymore bezeugte Umstand, daß die Fußspuren von der Heckenpforte an sich änderten, und daß er augenscheinlich von dieser Stelle an auf den Fußspitzen weitergegangen war. Ein Zigeunerpferdehändler, Namens Murphy, war um jene Stunde nicht weit davon auf dem Moor, jedoch in etwas angetrunkenem Zustande, wie er selber angiebt. Er erklärt, er habe mehrere Schreie gehört, könne aber nicht sagen, aus welcher Richtung diese gekommen seien. Zeichen von Gewalt waren an Sir Charles' Leiche nicht zu entdecken; allerdings waren nach Aussage des Arztes seine Gesichtszüge auf fast unglaubliche Weise verzerrt — Doktor Mortimer wollte anfangs gar nicht glauben, daß es sein Freund und Klient war, der da als Leiche vor ihm lag — indessen ist dies ein Symptom, das man an Toten, die an Herzschlag gestorben sind, nicht selten beobachtet. Diese Erklärung wurde bestätigt durch den Sektionsbefund, der eine weit vorgeschrittene, langjährige Entartung des Herzens ergab. Der Wahrspruch der zur Leichenschau berufenen Geschworenen lautete daher in Uebereinstimmung mit der Meinung des Arztes. Dies ist gut so; denn selbstverständlich ist es von allergrößter Wichtigkeit, daß auch Sir Charles' Erbe sich auf Baskerville Hall niederläßt und die so traurig unterbrochene nutzbringende Arbeit wieder aufnimmt. Hätte der prosaische Befund der Leichenschau nicht die von Ohr zu Ohr geflüsterten romantischen Geschichten endgültig zum Schweigen gebracht, so möchte es wohl schwer gehalten haben, einen neuen Bewohner nach Baskerville Hall zu bringen. Wie wir vernehmen, ist der nächste Verwandte Herr Henry Baskerville, — falls er noch am Leben ist — der Sohn von Sir Charles' jüngerem Bruder. Der junge Herr befand sich nach den letzten Nachrichten, die von ihm eingingen, in Amerika; es sind bereits Nachforschungen nach ihm angestellt, um ihn von der ihm zugefallenen Erbschaft in Kenntnis zu setzen."

Doktor Mortimer faltete seine Zeitung zusammen und steckte sie wieder in die Tasche. "Dies, Herr Holmes, sind die öffentlich feststehenden Thatsachen mit Bezug auf den Tod Sir Charles Baskervilles."

"Ich muß Ihnen meinen Dank aussprechen," sagte Sherlock Holmes, "daß Sie meine Aufmerksamkeit auf einen Fall gelenkt haben, der sicherlich manche interessante Züge darbietet. Mir waren seinerzeit bereits einige darauf bezügliche Zeitungsartikel aufgefallen, aber gerade damals beschäftigte mich ganz außerordentlich der kleine Fall mit den vatikanischen Kameen, und in meinem Eifer, dem Papst gefällig zu sein, verlor ich die Fühlung mit verschiedenen interessanten englischen Fällen. Sie sagten doch, dieser Artikel enthalte alle öffentlich feststehenden Thatsachen?"

"It does."

"Then let me have the private ones." He leaned back, put his fingertips together, and assumed his most impassive and judicial expression.

"In doing so," said Dr. Mortimer, who had begun to show signs of some strong emotion, "I am telling that which I have not confided to anyone. My motive for withholding it from the coroner's inquiry is that a man of science shrinks from placing himself in the public position of seeming to indorse a popular superstition. I had the further motive that Baskerville Hall, as the paper says, would certainly remain untenanted if anything were done to increase its already rather grim reputation. For both these reasons I thought that I was justified in telling rather less than I knew, since no practical good could result from it, but with you there is no reason why I should not be perfectly frank.

"The moor is very sparsely inhabited, and those who live near each other are thrown very much together. For this reason I saw a good deal of Sir Charles Baskerville. With the exception of Mr. Frankland, of Lafter Hall, and Mr. Stapleton, the naturalist, there are no other men of education within many miles. Sir Charles was a retiring man, but the chance of his illness brought us together, and a community of interests in science kept us so. He had brought back much scientific information from South Africa, and many a charming evening we have spent together discussing the comparative anatomy of the Bushman and the Hottentot.

"Ja."

"Dann lassen Sie mich wissen, welches die geheimen Thatsachen sind." Damit lehnte Holmes sich zurück, faltete wieder seine Hände und nahm die unbeweglichen Gesichtszüge an, die bei ihm ein Zeichen waren, daß er seine ganze Urteilskraft anspannte.

Dr. Mortimer war augenscheinlich von einer starken Erregung ergriffen; endlich sagte er: "Ich will es thun; aber ich sage Ihnen damit etwas, was ich bisher keinem Menschen anvertraut habe. Ich habe es vor den Geschworenen der Leichenschau verschwiegen, — das that ich, weil ein Mann der Wissenschaft davor zurückscheut, den Anschein zu erwecken, als ob er einen Volksaberglauben unterstützen wolle. Ferner hatte ich den Grund, daß, wie auch die Zeitung bemerkt, Baskerville Hall ganz gewiß keine neuen Bewohner erhalten würde, wenn der ohnehin schon grausige Ruf, worin das Haus steht, noch verschlimmert würde. Aus diesen beiden Gründen glaubte ich ein Recht zu haben, nicht alles zu sagen, was ich wußte; denn irgend ein Nutzen war dabei nicht zu erreichen. Aber Ihnen gegenüber habe ich keine Ursache, nicht vollständig offen zu sein.

"Das Moor ist sehr dünn bevölkert; die Nachbarn sind daher sehr aufeinander angewiesen. So verkehrte ich denn auch sehr viel mit Sir Charles Baskerville. Mit Ausnahme von Herrn Frankland auf Laster Hall und einem Naturforscher Herrn Stapleton giebt es auf Meilen im Umkreis keine wissenschaftlich gebildeten Männer. Sir Charles suchte die Zurückgezogenheit; aber seine Krankheit brachte uns zusammen, und da wir gemeinsame wissenschaftliche Interessen hatten, so wurde unser Verkehr ein dauernder. Er hatte viele wissenschaftliche Kenntnisse aus Südafrika mitgebracht, und manchen köstlichen Abend verlebten wir zusammen in Gesprächen über die anatomischen Eigentümlichkeiten der Buschmänner und der Hottentotten.

"Within the last few months it became increasingly plain to me that Sir Charles's nervous system was strained to the breaking point. He had taken this legend which I have read you exceedingly to heart—so much so that, although he would walk in his own grounds, nothing would induce him to go out upon the moor at night. Incredible as it may appear to you, Mr. Holmes, he was honestly convinced that a dreadful fate overhung his family, and certainly the records which he was able to give of his ancestors were not encouraging. The idea of some ghastly presence constantly haunted him, and on more than one occasion he has asked me whether I had on my medical journeys at night ever seen any strange creature or heard the baying of a hound. The latter question he put to me several times, and always with a voice which vibrated with excitement.

"I can well remember driving up to his house in the evening some three weeks before the fatal event. He chanced to be at his hall door. I had descended from my gig and was standing in front of him, when I saw his eyes fix themselves over my shoulder and stare past me with an expression of the most dreadful horror. I whisked round and had just time to catch a glimpse of something which I took to be a large black calf passing at the head of the drive. So excited and alarmed was he that I was compelled to go down to the spot where the animal had been and look around for it. It was gone, however, and the incident appeared to make the worst impression upon his mind. I stayed with him all the evening, and it was on that occasion, to explain the emotion which he had shown, that he confided to my keeping that narrative which I read to you when first I came. I mention this small episode because it assumes some importance in view of the tragedy which followed, but I was convinced at the time that the matter was entirely trivial and that his excitement had no justification.

"It was at my advice that Sir Charles was about to go to London. His heart was, I knew, affected, and the constant anxiety in which he lived, however chimerical the cause of it might be, was evidently having a serious effect upon his health. I thought that a few months among the distractions of town would send him back a new man. Mr. Stapleton, a mutual friend who was much concerned at his state of health, was of the same opinion. At the last instant came this terrible catastrophe.

"In den letzten Monaten bestärkte sich immer mehr meine Ueberzeugung, daß Sir Charles' Nerven bis zum Zerreißen angespannt waren. Er nahm es mit der Sage, die ich Ihnen vorlas, außerordentlich ernst; dies ging so weit, daß er unter keinen Umständen nachts das Moor betrat, obwohl es zu seinem eigenen Grund und Boden gehörte. Es mag Ihnen unglaublich erscheinen, Herr Holmes, aber er war allen Ernstes überzeugt, daß ein grausiges Verhängnis über seinem Geschlecht schwebte, und allerdings klang, was er von seinen Vorfahren zu erzählen wußte, nicht gerade ermutigend. Der Gedanke, von irgendwelchen bösen Geistern umgeben zu sein, verfolgte ihn beständig, und mehr als einmal fragte er mich, ob ich nicht auf den nächtlichen Fahrten, die mein Beruf nötig machte, eine seltsame Erscheinung gesehen oder Hundegebell gehört hätte. Diese letztere Frage richtete er mehrmals an mich, und stets zitterte dabei seine Stimme vor Erregung.

"Eines Abends — ich erinnere mich des Vorfalls noch sehr gut; es war ungefähr drei Wochen vor dem traurigen Ereignis — fuhr ich bei seinem Hause vor. Er stand zufällig vor seiner Thür. Ich war von meinem Wägelchen abgestiegen und stand vor ihm; plötzlich sah ich, wie seine Augen in furchtbarstem Entsetzen über meine Schulter hinweg starrten. Ich drehte mich um und konnte gerade noch am Ende des Weges eine Gestalt bemerken, die ich für ein großes schwarzes Kalb hielt. Er war so entsetzlich aufgeregt, daß ich nach der Stelle, wo das Tier gewesen war, hingehen und Umschau halten mußte. Es war jedoch verschwunden. Die Erscheinung hatte augenscheinlich einen sehr schlimmen Eindruck auf ihn gemacht. Ich blieb den ganzen Abend bei ihm, und bei dieser Gelegenheit gab er mir, um mir seine Aufregung zu erklären, die geschriebene Erzählung, die ich Ihnen vorhin vorlas. Ich erwähne diesen kleinen Vorfall, weil er durch die darauffolgende Tragödie eine gewisse Bedeutung gewonnen hat; aber damals war ich überzeugt, die Erscheinung werde eine sehr hausbackene Ursache haben, und seine Aufregung sei völlig unbegründet.

"Zu der Reise nach London entschloß Sir Charles sich auf mein Anraten. Ich kannte seinen gefährlichen Herzfehler; die beständige Aufregung, worin er lebte, griff offenbar in ernstlicher Weise seine Gesundheit an, mochten es auch reine Hirngespinste sein. Ich dachte, ein paar Monate unter den Zerstreuungen der Großstadt würden einen neuen Menschen aus ihm machen. Unser gemeinsamer Freund Stapleton, der sich ebenfalls große Sorge um Sir Charles' Gesundheit machte, teilte meine Ansicht. Im letzten Augenblick vor der Reise trat das traurige Ereignis ein.

"On the night of Sir Charles's death Barrymore the butler, who made the discovery, sent Perkins the groom on horseback to me, and as I was sitting up late I was able to reach Baskerville Hall within an hour of the event. I checked and corroborated all the facts which were mentioned at the inquest. I followed the footsteps down the yew alley, I saw the spot at the moor-gate where he seemed to have waited, I remarked the change in the shape of the prints after that point, I noted that there were no other footsteps save those of Barrymore on the soft gravel, and finally I carefully examined the body, which had not been touched until my arrival. Sir Charles lay on his face, his arms out, his fingers dug into the ground, and his features convulsed with some strong emotion to such an extent that I could hardly have sworn to his identity. There was certainly no physical injury of any kind. But one false statement was made by Barrymore at the inquest. He said that there were no traces upon the ground round the body. He did not observe any. But I did—some little distance off, but fresh and clear."

"Footprints?"

"Footprints."

"A man's or a woman's?"

Dr. Mortimer looked strangely at us for an instant, and his voice sank almost to a whisper as he answered.

"Mr. Holmes, they were the footprints of a gigantic hound!"

"In der Todesnacht schickte Barrymore, der den Leichnam auffand, den Stallknecht Perkins als reitenden Boten zu mir, und da ich trotz der späten Stunde noch auf war, so war es mir möglich, binnen einer Stunde nach Barrymores Entdeckung auf Baskerville Hall einzutreffen. Ich stellte alle bei der Untersuchung vorgebrachten Einzelheiten fest. Ich verfolgte die Fußspuren im Taxusgang, ich sah die Stelle an der Moorpforte, wo er gewartet zu haben schien, ich bemerkte die Veränderung der Fußspuren von jener Stelle an, ich stellte fest, daß auf dem weichen Boden keine anderen Spuren vorhanden waren als die von Barrymore hinterlassenen. Endlich untersuchte ich sorgfaltig den Leichnam, der bis zu meiner Ankunft unberührt liegen geblieben war. Sir Charles lag mit dem Gesicht nach unten, die Finger in das Erdreich eingekrallt, und seine Züge waren von irgend einer ungeheuren Erregung so furchtbar verzerrt, daß ich kaum darauf hätte schwören können, es sei wirklich mein Freund. Ganz bestimmt war keine körperliche Ver

letzung irgend welcher Art vorhanden. Aber eine falsche Angabe hat Barrymore vor der Iury gemacht. Er behauptete, es seien auf dem Boden in der Nähe der Leiche keine Spuren vorhanden gewesen. Er bemerkte allerdings keine. Aber ich sah welche — ein kleines Stück entfernt, aber frisch und deutlich." "Fußspuren?"

"Fußspuren."

"Von einem Mann oder von einer Frau?"

Dr. Mortimer sah uns einen Augenblick lang mit sonderbarem Ausdruck an; dann sagte er leise, fast flüsternd:

"Herr Holmes, es waren die Spuren eines riesengroßen Hundes."

Chapter 3. The Problem

I confess at these words a shudder passed through me. There was a thrill in the doctor's voice which showed that he was himself deeply moved by that which he told us. Holmes leaned forward in his excitement and his eyes had the hard, dry glitter which shot from them when he was keenly interested.

"You saw this?"

"As clearly as I see you."

"And you said nothing?"

"What was the use?"

"How was it that no one else saw it?"

"The marks were some twenty yards from the body and no one gave them a thought. I don't suppose I should have done so had I not known this legend."

"There are many sheep-dogs on the moor?"

"No doubt, but this was no sheep-dog."

"You say it was large?"

"Enormous."

"But it had not approached the body?"

"No."

"What sort of night was it?'

"Damp and raw."

"But not actually raining?"

"No."

"What is the alley like?"

"There are two lines of old yew hedge, twelve feet high and impenetrable. The walk in the centre is about eight feet across."

"Is there anything between the hedges and the walk?"

"Yes, there is a strip of grass about six feet broad on either side."

"I understand that the yew hedge is penetrated at one point by a gate?"

"Yes, the wicket-gate which leads on to the moor."

"Is there any other opening?"

Drittes Kapitel.

Ich gestehe, daß bei diesen Worten ein Schauder mich überrieselte; es lag ein eigenartiger Klang in des Doktors Stimme; offenbar war er selber tief ergriffen von seinen Worten. Holmes hatte sich erregt vorgebeugt; seine Augen hatten jenen trockenen Glanz, der stets aus ihnen sprühte, wenn ein Fall ihm besonders nahe ging.

"Sie sahen es?"

"So deutlich, wie ich Sie vor mir habe." "Und Sie sagten nichts?" "Was für einen Zweck hätte das haben sollen?" "Wie kam es, daß sonst niemand die Spuren sah?"

"Sie waren einige zwanzig Schritte vom Leichnam entfernt, und kein Mensch dachte an eine solche Möglichkeit. Ich glaube nicht, daß ich selber sie beobachtet hätte, wenn ich nicht die Sage gekannt hätte."

"Es giebt viele Schäferhunde auf dem Moor?"

"Ganz gewiß, aber die Spuren waren nicht von einem Schäferhunde."

"Sie sagten, sie wären groß gewesen?"

"Ungeheuer."

"Aber das Tier war nicht an den Leichnam herangekommen?" "Nein."

"Wie war die Nacht?"
"Feucht und rauh."
"Aber es regnete nicht?"
"Nein."

"Wie sieht die Allee aus?"

"Sie besteht aus zwei undurchdringlichen, zwölf Fuß hohen Taxushecken. Der Weg, der die Mitte des Ganges einnimmt, ist etwa acht Fuß breit."

"Ist etwas zwischen den Hecken und dem Wege?"

"Ja, an jeder Seite ein ungefähr sechs Fuß breiter Grasstreifen."

"Wenn ich Sie recht verstand, ist die Taxushecke an einer Stelle von einer Pforte durchbrochen?"

"Ja, von der Lattenpforte, die auf das Moor hinausführt."

"Ist noch eine andere Oeffnung vorhanden?"

"None."

"So that to reach the yew alley one either has to come down it from the house or else to enter it by the moor-gate?"

"There is an exit through a summer-house at the far end."

"Had Sir Charles reached this?"

"No; he lay about fifty yards from it."

"Now, tell me, Dr. Mortimer—and this is important—the marks which you saw were on the path and not on the grass?"

"No marks could show on the grass."

"Were they on the same side of the path as the moor-gate?"

"Yes; they were on the edge of the path on the same side as the moor-gate."

"You interest me exceedingly. Another point. Was the wicket-gate closed?"

"Closed and padlocked."

"How high was it?"

"About four feet high."

"Then anyone could have got over it?"

"Yes."

"And what marks did you see by the wicket-gate?"

"None in particular."

"Good heaven! Did no one examine?"

"Yes, I examined, myself."

"And found nothing?"

"It was all very confused. Sir Charles had evidently stood there for five or ten minutes."

"Keine."

"Man muß also, um in die Taxusallee zu gelangen, entweder vom Hause herkommen, oder durch die Moorpforte eintreten?"

"Es giebt noch einen Zugang: durch ein Gartenhaus, das am äußersten Ende des Ganges steht."

"War Sir Charles so weit gekommen?"

"Nein, er lag ungefähr fünfzig Schritt weit davon ab."

"Nun sagen Sie mir, Herr Doktor — und dies ist wichtig! — waren die Spuren, die Sie sahen, auf dem Wege und nicht auf dem Grase?"

"Auf dem Grase wären Spuren überhaupt nicht zu sehen gewesen."

"Waren sie auf der Seite des Weges, wo sich die Moorpforte befindet?"

"Ja; sie waren am Rande des Weges, auf derselben Seite wie die Lattenpforte."

"Sie interessieren mich über alle Maßen. Noch eins: war die Lattenpforte geschlossen?"

"Geschlossen und verriegelt."

"Wie hoch ist sie?"

"Ungefähr vier Fuß."

"Dann konnte also, wer wollte, hinübersteigen?"
"Ja."

"Und was für Spuren bemerkten Sie an der Pforte?"

"Keine besonderen."

"Grundgütiger Himmel! Haben Sie denn die Stelle nicht untersucht?"

"Ja, ich untersuchte sie selbst."

"Und Sie fanden nichts?"

Der Boden war sehr zertreten. Sir Charles hatte offenbar fünf oder zehn Minuten lang da gestanden."

"Woher wissen Sie das?"

"Weil er zweimal die Asche von seiner Cigarre abgestrichen hatte."

"How do you know that?"

"Because the ash had twice dropped from his cigar."

"Excellent! This is a colleague, Watson, after our own heart. But the marks?"

"He had left his own marks all over that small patch of gravel. I could discern no others."

Sherlock Holmes struck his hand against his knee with an impatient gesture.

"If I had only been there!" he cried. "It is evidently a case of extraordinary interest, and one which presented immense opportunities to the scientific expert. That gravel page upon which I might have read so much has been long ere this smudged by the rain and defaced by the clogs of curious peasants. Oh, Dr. Mortimer, Dr. Mortimer, to think that you should not have called me in! You have indeed much to answer for."

"I could not call you in, Mr. Holmes, without disclosing these facts to the world, and I have already given my reasons for not wishing to do so. Besides, besides—"

"Why do you hesitate?"

"There is a realm in which the most acute and most experienced of detectives is helpless."

"You mean that the thing is supernatural?"

"I did not positively say so."

"No, but you evidently think it."

"Since the tragedy, Mr. Holmes, there have come to my ears several incidents which are hard to reconcile with the settled order of Nature."

"For example?"

"Ausgezeichnet! Das ist ein Kollege nach unserem Herzen, Watson. Aber die Spuren?"

"Seine eigenen Fußspuren befanden sich überall auf dem kleinen Fleck Erde; andere konnte ich nicht entdecken."

Sherlock Holmes schlug sich in einer Aufwallung von Ungeduld mit der Hand aufs Knie und rief:

"Wäre ich doch nur dort gewesen! Augenscheinlich liegt ein ganz besonders interessanter Fall vor, aus dem ein wissenschaftlich geschulter Sachverständiger ungeheuer viel hätte machen können. Das Stückchen Erdreich, worauf ich wie auf einem Blatt Papier soviel hätte lesen können, es ist jetzt seit langer Zeit vom Regen durchweicht und von den Holzschuhen neugieriger Bauern bis zur Unkenntlichkeit zertrampelt. O, Dr. Mortimer, Dr. Mortimer! Daß Sie mich nicht hinzugezogen haben! Sie haben vielleicht eine große Verantwortlichkeit auf sich geladen!"

"Ich konnte Sie nicht hinzuziehen, Herr Holmes, ohne meine Entdeckung vor den Augen aller Welt zu enthüllen, und ich habe Ihnen bereits die Gründe angegeben, warum ich das nicht wünsche. Außerdem . . . außerdem . . ."

"Warum stocken Sie?"

"Es giebt ein Gebiet, auf welchem auch der scharfsichtigste und erfahrenste Detektiv machtlos ist."

"Sie meinen, es handle sich um etwas Uebernatürliches?"

"Das habe ich nicht so bestimmt ausgesprochen."

"Nein, aber offenbar ist das Ihr Gedanke."

"Seit jener tragischen Nacht, Herr Holmes, sind mehrere Vorfälle zu meiner Kenntnis gekommen, die sich schwer mit dem ordnungsmäßigen Gang der Natur zusammenreimen lassen."

"Zum Beispiel?"

"I find that before the terrible event occurred several people had seen a creature upon the moor which corresponds with this Baskerville demon, and which could not possibly be any animal known to science. They all agreed that it was a huge creature, luminous, ghastly, and spectral. I have cross-examined these men, one of them a hard-headed countryman, one a farrier, and one a moorland farmer, who all tell the same story of this dreadful apparition, exactly corresponding to the hell-hound of the legend. I assure you that there is a reign of terror in the district, and that it is a hardy man who will cross the moor at night."

"And you, a trained man of science, believe it to be supernatural?"

"I do not know what to believe."

Holmes shrugged his shoulders. "I have hitherto confined my investigations to this world," said he. "In a modest way I have combated evil, but to take on the Father of Evil himself would, perhaps, be too ambitious a task. Yet you must admit that the footmark is material."

"The original hound was material enough to tug a man's throat out, and yet he was diabolical as well."

"I see that you have quite gone over to the supernaturalists. But now, Dr. Mortimer, tell me this. If you hold these views, why have you come to consult me at all? You tell me in the same breath that it is useless to investigate Sir Charles's death, and that you desire me to do it."

"I did not say that I desired you to do it."

"Then, how can I assist you?"

"By advising me as to what I should do with Sir Henry Baskerville, who arrives at Waterloo Station"—Dr. Mortimer looked at his watch—"in exactly one hour and a quarter."

"He being the heir?"

"Ehe noch das schreckliche Ereignis eintrat, hatten verschiedene Leute auf dem Moor eine Kreatur gesehen, die der Beschreibung nach dem Baskervilleschen Höllengeist entspricht; es ist ausgeschlossen, daß es sich um ein der menschlichen Wissenschaft bekanntes Tier handelt. Alle stimmen darin überein, es wäre ein riesiges Geschöpf gewesen, eine grausig gespensterhafte Erscheinung. Ich habe die Leute scharf ins Verhör genommen; einer von ihnen war ein hartköpfiger Landmann, der zweite ein Hufschmied, der dritte ein Moorbauer. Alledrei erzählten sie die gleiche Geschichte von der fürchterlichen Erscheinung, die genau so ausgesehen hatte, wie der sagenhafte Höllenhund. Ich kann Sie versichern, es herrscht eine wahre Todesangst in der Gegend, und es muß einer schon ein sehr beherzter Mann sein, um nachts über das Moor zu gehen."

"Und Sie, ein wissenschaftlich gebildeter Mann, glauben, die Erscheinung gehöre dem Gebiet des Uebernatürlichen an?"

"Ich weiß nicht, was ich glauben soll."

Holmes zuckte die Achseln und sagte:

"Ich habe bis jetzt meine Nachspürungen auf diese Welt beschränkt. Nach meinen bescheidenen Kräften habe ich das Böse bekämpft; aber mich an den Vater alles Bösen selber heranzuwagen, das wäre vielleicht ein zu ehrgeiziges Unterfangen .... So viel aber müssen Sie doch zugeben, daß die Fußspur etwas Wirkliches ist."

"Der Höllenhund war auch wirklich, denn er riß einem Menschen die Kehle auf; und doch war er zugleich ein Teufelsgeschöpf."

"Ich sehe, Sie sind ganz und gar zu den SuperNaturalisten übergegangen. Nun sagen Sie mir aber mal eins, Herr Dr. Mortimer: Wenn Sie sich zu solchen Ansichten bekennen, warum sind Sie dann überhaupt zu mir gekommen, um mich um Rat zu fragen? Sie sagen mir, es sei zwecklos, nach der Ursache von Sir Charles' Tod zu forschen, und bitten mich in demselben Atemzuge, es doch zu thun."

«Ich sagte nicht, daß ich das von Ihnen wünschte."

"Wie kann ich Ihnen denn sonst helfen?"

"Indem Sie mir Ihren Rat geben, was ich mit Sir Henry Baskerville machen soll; er kommt" — hier sah Dr. Mortimer auf seine Uhr — "genau in ein und ein viertel Stunden auf dem Waterloo-Bahnhof an."

"Er ist der Erbe?"

"Yes. On the death of Sir Charles we inquired for this young gentleman and found that he had been farming in Canada. From the accounts which have reached us he is an excellent fellow in every way. I speak now not as a medical man but as a trustee and executor of Sir Charles's will."

"There is no other claimant, I presume?"

"None. The only other kinsman whom we have been able to trace was Rodger Baskerville, the youngest of three brothers of whom poor Sir Charles was the elder. The second brother, who died young, is the father of this lad Henry. The third, Rodger, was the black sheep of the family. He came of the old masterful Baskerville strain and was the very image, they tell me, of the family picture of old Hugo. He made England too hot to hold him, fled to Central America, and died there in 1876 of yellow fever. Henry is the last of the Baskervilles. In one hour and five minutes I meet him at Waterloo Station. I have had a wire that he arrived at Southampton this morning. Now, Mr. Holmes, what would you advise me to do with him?"

"Why should he not go to the home of his fathers?"

"It seems natural, does it not? And yet, consider that every Baskerville who goes there meets with an evil fate. I feel sure that if Sir Charles could have spoken with me before his death he would have warned me against bringing this, the last of the old race, and the heir to great wealth, to that deadly place. And yet it cannot be denied that the prosperity of the whole poor, bleak countryside depends upon his presence. All the good work which has been done by Sir Charles will crash to the ground if there is no tenant of the Hall. I fear lest I should be swayed too much by my own obvious interest in the matter, and that is why I bring the case before you and ask for your advice."

Holmes considered for a little time.

"Put into plain words, the matter is this," said he. "In your opinion there is a diabolical agency which makes Dartmoor an unsafe abode for a Baskerville—that is your opinion?"

"At least I might go the length of saying that there is some evidence that this may be so."

"Ja. Nach Sir Charles' Tode sahen wir uns nach dem jungen Herrn um und erfuhren, daß er sich in Kanada als Landmann niedergelassen hätte. Nach den uns zugegangenen Auskünften ist er in jeder Beziehung ein ausgezeichneter junger Mann. Ich spreche jetzt nicht als Arzt, sondern als Sir Charles' Testamentsvollstrecker."

"Sonst ist wohl niemand da, der auf die Erbschaft Anspruch macht?"

"Niemand. Der einzige Verwandte, den wir außer ihm noch ausfindig machen konnten, war Rodger Baskerville, der jüngste der drei Brüder, von denen der arme Sir Charles der älteste war. Der zweite Bruder, der schon in frühem Alter starb, war der Vater unseres jungen Henry. Der dritte, Rodger, war das räudige Schaf der Familie. Er war ein echter Baskerville von der tollen Sorte und zwar, so erzählte man mir, das leibhaftige Konterfei von dem Ahnenbild des alten Hugo. Als der englische Boden ihm zu heiß unter den Füßen wurde, floh er nach Mittelamerika; dort starb er im Jahre 1876 am gelben Fieber. Henry ist der Letzte der Baskervilles. In einer Stunde und fünf Minuten treffe ich ihn auf dem Waterloo-Bahnhof. Er hat mir gedrahtet, daß er heute früh in Southampton eintreffe. Nun, Herr Holmes, was soll ich Ihrer Meinung nach mit ihm anfangen?"

"Warum soll er nicht in das Haus seiner Väter ziehen?"

"Das scheint das Natürliche zu fein, nicht wahr? Und doch, bedenken Sie, daß jedem Baskerville, der dorthin geht, ein furchtbares Schicksal beschieden ist. Ich bin überzeugt, wenn Sir Charles mit mir vor seinem Tode hätte sprechen können, er hätte mich davor gewarnt, den Letzten des alten Geschlechtes, den Erben so großen Reichtums, in dieses Haus des Todes zu bringen. Andererseits läßt sich nicht leugnen, daß die Wohlfahrt jenes ganzen armseligen, dürren Landstriches von seiner Anwesenheit abhängt. Alles Gute, das Sir Charles gethan, wird verlorene Mühe sein, wenn Baskerville Hall keinen Bewohner hat. Ich fürchte, das natürliche Interesse, das ich selber an der Sache habe, könnte mich beeinflussen, und deshalb trage ich Ihnen den Fall vor und bitte um Ihren Rat."

Holmes dachte eine kleine Weile nach; dann sagte er:

"In klare Worte gefaßt, liegt also die Sache so: Nach Ihrer Meinung ist eine höllische Macht am Werke und macht Dartmoor zu einem unsicheren Aufenthaltsort für einen Baskerville. So denken Sie doch?"

"Jedenfalls möchte ich so weit gehen, zu sagen, daß einige Anzeichen vorhanden sind, es könnte so sein."

"Exactly. But surely, if your supernatural theory be correct, it could work the young man evil in London as easily as in Devonshire. A devil with merely local powers like a parish vestry would be too inconceivable a thing."

"You put the matter more flippantly, Mr. Holmes, than you would probably do if you were brought into personal contact with these things. Your advice, then, as I understand it, is that the young man will be as safe in Devonshire as in London. He comes in fifty minutes. What would you recommend?"

"I recommend, sir, that you take a cab, call off your spaniel who is scratching at my front door, and proceed to Waterloo to meet Sir Henry Baskerville."

"And then?"

"And then you will say nothing to him at all until I have made up my mind about the matter."

"How long will it take you to make up your mind?"

"Twenty-four hours. At ten o'clock tomorrow, Dr. Mortimer, I will be much obliged to you if you will call upon me here, and it will be of help to me in my plans for the future if you will bring Sir Henry Baskerville with you."

"I will do so, Mr. Holmes." He scribbled the appointment on his shirt-cuff and hurried off in his strange, peering, absent-minded fashion. Holmes stopped him at the head of the stair.

"Only one more question, Dr. Mortimer. You say that before Sir Charles Baskerville's death several people saw this apparition upon the moor?"

"Three people did."

"Did any see it after?"

"I have not heard of any."

"Thank you. Good-morning."

"Ganz recht. Aber so viel ist doch sicher: Wenn Ihre Annahme, daß übernatürliche Kräfte im Spiel seien, richtig ist, so könnten diese dem jungen Mann in London ebenso leicht Böses anthun wie in Devonshire. Einen Teufel mit örtlich beschränkter Macht, die etwa nur in einem bestimmten Kirchspiel gilt, den kann ich mir gar nicht vorstellen."

"Sie nehmen die Sache etwas scherzhaft, Herr Holmes; Sie würden das wohl nicht thun, wenn Sie mit diesen Dingen in persönliche Berührung kämen. Wenn ich Sie recht verstand, so sprachen Sie also Ihre Meinung dahin aus, der junge Mann werde in Devonshire ebenso sicher sein wie in London. In fünfzig Minuten kommt er. Was würden Sie mir empfehlen?"

"Ich empfehle Ihnen, werter Herr, eine Droschke zu nehmen, Ihren Hund abzurufen, der an meiner Hausthür kratzt, und nach dem Waterloo-Bahnhof zu fahren, um Sir Henry Baskerville abzuholen."

"Und dann?"

"Und dann werden Sie ihm durchaus nichts sagen, bis ich mir über die Sache klar geworden bin."

"Wie lange brauchen Sie, um sich darüber klar zu werden?"

"Vierundzwanzig Stunden. Morgen früh um zehn, Herr Doktor Mortimer, werde ich Ihnen sehr verbunden sein, wenn Sie mich hier aufsuchen wollen, und es wird mir in meinen Plänen eine wesentliche Hilfe sein, wenn Sie Sir Henry Baskerville mitbringen."

"So werde ich's machen, Herr Holmes." Er kritzelte die Verabredung auf seine Handstulpe und rannte in seiner sonderbaren, zerstreuten Art aus der Thür. Oben an der Treppe rief Holmes ihn aber zurück.

"Nur noch eine Frage, Herr Doktor. Sie sagen, vor Sir Charles Baskerville's Tode hätten mehrere Leute das Gespenst auf dem Moor gesehen?"

"Ja, drei."

"Sah jemand es nachher?"

"Ich habe durchaus nichts davon gehört."

"Danke. Guten Morgen.".

Holmes returned to his seat with that quiet look of inward satisfaction which meant that he had a congenial task before him.

"Going out, Watson?"

"Unless I can help you."

"No, my dear fellow, it is at the hour of action that I turn to you for aid. But this is splendid, really unique from some points of view. When you pass Bradley's, would you ask him to send up a pound of the strongest shag tobacco? Thank you. It would be as well if you could make it convenient not to return before evening. Then I should be very glad to compare impressions as to this most interesting problem which has been submitted to us this morning."

I knew that seclusion and solitude were very necessary for my friend in those hours of intense mental concentration during which he weighed every particle of evidence, constructed alternative theories, balanced one against the other, and made up his mind as to which points were essential and which immaterial. I therefore spent the day at my club and did not return to Baker Street until evening. It was nearly nine o'clock when I found myself in the sitting-room once more.

My first impression as I opened the door was that a fire had broken out, for the room was so filled with smoke that the light of the lamp upon the table was blurred by it. As I entered, however, my fears were set at rest, for it was the acrid fumes of strong coarse tobacco which took me by the throat and set me coughing. Through the haze I had a vague vision of Holmes in his dressing-gown coiled up in an armchair with his black clay pipe between his lips. Several rolls of paper lay around him.

"Caught cold, Watson?" said he.

"No, it's this poisonous atmosphere."

"I suppose it is pretty thick, now that you mention it."

"Thick! It is intolerable."

Holmes setzte sich wieder auf seinen Stuhl. Sein ruhiger Blick voll innerer Befriedigung zeigte an, daß er eine seiner würdige Aufgabe vor sich sah.

"Gehst du aus, Watson?"

"Ja, das heißt, wenn ich dir helfen kann . .."

"Nein, mein lieber Junge; erst wenn es zu handeln gilt, wende ich mich an dich um Hilfe. Na, dieser Fall ist prachtvoll, in mancher Hinsicht geradezu einzig. Wenn du bei Bradleys Laden vorbeikommst, willst du ihm, bitte, sagen, er möchte mir ein Pfund von seinem stärksten Schnitttabak zuschicken? Danke. Es wäre recht gut, wenn du's so einrichten könntest, daß du nicht vor Abend zurückkommst. Dann würde es mir viel Vergnügen machen, unsere Ansichten über das höchst interessante Problem von heute früh zu vergleichen."

Ich wußte, Abgeschlossenheit und Einsamkeit waren meinem Freund sehr notwendig in jenen Stunden schärfster Denkarbeit, in denen er jedes Beweisteilchen nach seinem Werte maß, verschiedene Theorien gegen einander abwog und sich schlüssig darüber machte, welche wesentlich und welche unbedeutend waren. Ich verbrachte daher den Tag in meinem Klub und kam erst abends nach der Bakerstraße zurück. Es war fast neun Uhr, als ich wieder unser Wohnzimmer betrat.

Als ich die Thür öffnete, war mein erster Gedanke, es sei Feuer ausgebrochen, denn das Zimmer war so voll Qualm, daß kaum das Licht der auf dem Tisch stehenden Lampe hindurchschien. Als ich jedoch im Zimmer war, erkannte ich, daß ich mich geirrt hatte; es war nur der beizende Rauch starken Tabaks, der mir die Kehle zuschnürte, so daß ich husten mußte. Durch den Dunst hindurch sah ich in undeutlichen Umrissen die Gestalt von Sherlock Holmes, der mit seiner schwarzen Thonpfeife zwischen den Lippen, mit seinem Schlafrock bekleidet, sich's in einem Lehnstuhl bequem gemacht hatte. Mehrere Papierrollen lagen um ihn herum.

"Hast du dich erkältet, Watson?" fragte er.
"Nein, 's ist nur diese vergiftete Luft."

"Hm, nun da du davon sprichst, so glaube ich selber, sie ist wirklich ziemlich dick."

"Dickes?! ... Sie ist unerträglich!"

"Open the window, then! You have been at your club all day, I perceive."

"My dear Holmes!"

"Am I right?"

"Certainly, but how?"

He laughed at my bewildered expression. "There is a delightful freshness about you, Watson, which makes it a pleasure to exercise any small powers which I possess at your expense. A gentleman goes forth on a showery and miry day. He returns immaculate in the evening with the gloss still on his hat and his boots. He has been a fixture therefore all day. He is not a man with intimate friends. Where, then, could he have been? Is it not obvious?"

"Well, it is rather obvious."

"The world is full of obvious things which nobody by any chance ever observes. Where do you think that I have been?"

"A fixture also."

"On the contrary, I have been to Devonshire."

"In spirit?"

"Exactly. My body has remained in this armchair and has, I regret to observe, consumed in my absence two large pots of coffee and an incredible amount of tobacco. After you left I sent down to Stamford's for the Ordnance map of this portion of the moor, and my spirit has hovered over it all day. I flatter myself that I could find my way about."

"A large-scale map, I presume?"

"Very large."

He unrolled one section and held it over his knee. "Here you have the particular district which concerns us. That is Baskerville Hall in the middle."

"With a wood round it?"

"Dann mach doch das Fenster auf! Du bist, wie ich bemerke, den ganzen Tag in deinem Klub gewesen?"

"Bester Holmes!"

"Habe ich recht?"

"Gewiß, aber wie . . .?"

Er lachte über mein verblüfftes Gesicht.

"Du hast so eine entzückende Unschuld an dir, Watson. Es ist ein wahres Vergnügen für mich, meine schwachen Fähigkeiten ein bißchen an dir zu üben. Ein Herr geht an einem trüben, regnerischen Tage aus. Am Abend, als er zurückkommt, sieht er aus wie aus dem Ei gepellt; Hut und Stiefel sind noch tadellos glänzend. Also ist er den ganzen Tag an einem Ort gewesen. Intime Freunde hat er nicht. Wo kann er also gewesen sein? Ist es nicht selbstverständlich?"

"Allerdings, ziemlich selbstverständlich."

"Die Welt ist voll von selbstverständlichen Dingen, auf die kein Mensch je achtet. Wo, glaubst du, bin ich gewesen?"

"Ebenfalls den ganzen Tag zu Hause."
"Im Gegenteil, ich war in Devonshire."
"Im Geiste?"

"Ganz recht. Mein Leib ist in diesem Lehnstuhl geblieben und hat, wie ich mit Bedauern bemerke, in meiner Abwesenheit zwei große Kannen Kaffee und eine unglaubliche Menge Tabak vertilgt. Als du weg warst, ließ ich mir von Stamford die Generalstabskarte von diesem Teil des Moores besorgen, und mein Geist hat den ganzen Tag über jenem Erdenfleck geschwebt. Ich schmeichle mir, ich könnte dort jetzt meinen Weg allein finden."

"Die Karte ist wohl in großem Maßstabe gehalten?"

"In sehr großem!" Er rollte eins von den Blättern auf und breitete es auf seinem Knie aus. "Hier hast du die Gegend, um die es sich für uns handelt. Da in der Mitte ist Baskerville Hall."

"Das mit dem Walde rund herum?"

"Exactly. I fancy the yew alley, though not marked under that name, must stretch along this line, with the moor, as you perceive, upon the right of it. This small clump of buildings here is the hamlet of Grimpen, where our friend Dr. Mortimer has his headquarters. Within a radius of five miles there are, as you see, only a very few scattered dwellings. Here is Lafter Hall, which was mentioned in the narrative. There is a house indicated here which may be the residence of the naturalist—Stapleton, if I remember right, was his name. Here are two moorland farmhouses, High Tor and Foulmire. Then fourteen miles away the great convict prison of Princetown. Between and around these scattered points extends the desolate, lifeless moor. This, then, is the stage upon which tragedy has been played, and upon which we may help to play it again."

"It must be a wild place."

"Yes, the setting is a worthy one. If the devil did desire to have a hand in the affairs of men—"

"Then you are yourself inclining to the supernatural explanation."

"The devil's agents may be of flesh and blood, may they not? There are two questions waiting for us at the outset. The one is whether any crime has been committed at all; the second is, what is the crime and how was it committed? Of course, if Dr. Mortimer's surmise should be correct, and we are dealing with forces outside the ordinary laws of Nature, there is an end of our investigation. But we are bound to exhaust all other hypotheses before falling back upon this one. I think we'll shut that window again, if you don't mind. It is a singular thing, but I find that a concentrated atmosphere helps a concentration of thought. I have not pushed it to the length of getting into a box to think, but that is the logical outcome of my convictions. Have you turned the case over in your mind?"

"Yes, I have thought a good deal of it in the course of the day."

"Ganz recht. Ich nehme an, daß der Taxusgang, obwohl er nicht unter diesem Namen auf der Karte eingetragen ist, sich in dieser Richtung entlang erstreckt; wie du siehst, ist rechts davon das Moor. Dieser kleine Häuserklumpen ist das Dörfchen Grimpen, wo unser Freund Dr. Mortimer sein Hauptquartier hat. In einem Kreise mit einem Radius von fünf Meilen sind, wie du siehst, nur ein Paar ganz weit verstreute Gebäude vorhanden. Hier ist Laster Hall, wovon in der Geschichte die Rede war. Da ist ein Haus eingezeichnet, das vielleicht der Wohnsitz des Naturforschers ist — Stapleton ist sein Name, wenn ich mich recht erinnere. Dann hier zwei Moorbauernhäuser, High Tor und Foulmir. Dann in einer Entfernung von vierzehn Meilen das große Zuchthaus von Princetown. Zwischen diesen weit verstreuten Punkten und rund um sie herum erstreckt sich das trostlose, unbelebte Moor. Dies also ist der Schauplatz, auf welchem die Tragödie sich abgespielt hat und vielleicht mit unserer Hilfe sich weiter entwickeln wird."

"Es muß eine schaurige Gegend sein."

"Ja, sie paßt zu einem großen Verbrechen. Wenn je der Teufel den Wunsch hätte, sich in menschliche Angelegenheiten einzumischen. . . ."

"Du neigst also selber zu einer übernatürlichen Erklärung?"

"Des Teufels Werkzeuge können wohl von Fleisch und Blut sein, nicht wahr? Wir müssen von zwei Fragen ausgehen: Erstens, ob überhaupt ein Verbrechen begangen ist; zweitens, worin bestand das Verbrechen, und wie wurde es vollbracht? Natürlich, wenn Dr. Mortimers Vermutung richtig ist, wenn wir es mit Mächten zu thun haben, die außerhalb der gewöhnlichen Naturgesetze stehen, so hat unser Suchen ein Ende. Aber wir haben die Pflicht, alle anderen Hypothesen bis zu Ende zu verfolgen, ehe wir diese eine gelten lassen. Wenn's dir recht ist, so können wir wohl das Fenster wieder schließen. Es ist sonderbar genug, aber ich finde, eine konzentrierte Atmosphäre hilft mit zum Konzentrieren der Gedanken. Ich bin noch nicht so weit, daß ich zum Zweck des Nachdenkens in eine Kiste krieche, aber das wäre allerdings die logische Verwirklichung meiner Ueberzeugungen. . . .Hast du dir mal den Fall durch den Kopf gehen lassen?"

"Ja, ich habe den Tag über viel daran gedacht. Der Fall ist sehr dazu angethan, einem die Gedanken zu verwirren."

"What do you make of it?"

"It is very bewildering."

"It has certainly a character of its own. There are points of distinction about it. That change in the footprints, for example. What do you make of that?"

"Mortimer said that the man had walked on tiptoe down that portion of the alley."

"He only repeated what some fool had said at the inquest. Why should a man walk on tiptoe down the alley?"

"What then?"

"He was running, Watson—running desperately, running for his life, running until he burst his heart—and fell dead upon his face."

"Running from what?"

"There lies our problem. There are indications that the man was crazed with fear before ever he began to run."

"How can you say that?"

"I am presuming that the cause of his fears came to him across the moor. If that were so, and it seems most probable, only a man who had lost his wits would have run from the house instead of towards it. If the gipsy's evidence may be taken as true, he ran with cries for help in the direction where help was least likely to be. Then, again, whom was he waiting for that night, and why was he waiting for him in the yew alley rather than in his own house?"

"You think that he was waiting for someone?"

"The man was elderly and infirm. We can understand his taking an evening stroll, but the ground was damp and the night inclement. Is it natural that he should stand for five or ten minutes, as Dr. Mortimer, with more practical sense than I should have given him credit for, deduced from the cigar ash?"

"But he went out every evening."

"Ia, er ist von ganz eigener Art. Er bietet etliche außerordentliche Punkte: die Veränderung der Fußspuren zum Beispiel. Wie erklärst du dir diesen Umstand?"

"Mortimer sagte, der Mann sei in jenem Teile der Allee auf den Fußspitzen gegangen."

"Er sprach nur nach, was ein Dummkopf bei der Untersuchung gesagt hatte. Warum sollte ein Mann auf den Fußspitzen die Allee hinuntergehen?"

"Was war's also?"

"Er rannte, Watson — rannte voll Verzweiflung, rannte in Todesangst, rannte, bis ihn der Herzschlag traf, und er tot auf sein Antlitz fiel."

"Er rannte — vor was denn?"

"Da liegt unser Problem. Gewisse Anzeichen sprechen dafür, daß er vor Angst die Besinnung verloren hatte, schon ehe er zu laufen anfing."

"Wie kannst du das sagen?"

"Ich setze voraus, daß die Ursache seines Schreckens über das Moor auf ihn zukam. Wenn dies der Fall war — und alle Wahrscheinlichkeit spricht dafür — so konnte nur ein Mann, der die Besinnung verloren hatte, vom Haufe weglaufen, anstatt darauf zu. Wenn man die Aussage des Zigeuners als wahr annehmen darf, so rannte er, nach Hilfe schreiend, gerade in diejenige Richtung, wo Hilfe am allerwenigsten zu erwarten war. Und weiter, auf wen wartete er in jener Nacht, und warum wartete er auf ihn in der Taxusallee anstatt in seinem Hause?"

"Du glaubst, er wartete auf jemand?"

"Der Mann war ältlich und kränklich. Es läßt sich wohl begreifen, daß er abends einen Spaziergang zu machen Pflegte, aber der Boden war naß und die Nacht rauh. Ist es natürlich, daß er fünf oder zehn Minuten lang auf derselben Stelle stand, wie Doktor Mortimer mit mehr Beobachtungsgabe, als ich ihm zugetraut hätte, aus der Cigarrenasche folgerte?"

"Aber er ging doch jeden Abend aus."

"I think it unlikely that he waited at the moor-gate every evening. On the contrary, the evidence is that he avoided the moor. That night he waited there. It was the night before he made his departure for London. The thing takes shape, Watson. It becomes coherent. Might I ask you to hand me my violin, and we will postpone all further thought upon this business until we have had the advantage of meeting Dr. Mortimer and Sir Henry Baskerville in the morning."

"Ich halte es für unwahrscheinlich, daß er jeden Abend an der Moorpforte gewartet haben sollte. Im Gegenteil, die Zeugen haben bekundet, daß er das Moor vermied. An jenem Abend wartete er. Es war der Abend vor seiner Abreise nach London. Das Ding nimmt Gestalt an, Watson. Es kommt Zusammenhang hinein. Darf ich dich bitten, mir meine Geige herüberzureichen? Wir wollen alles weitere Nachdenken über die Angelegenheit bis morgen früh verschieben; dann werden ja Doktor Mortimer und Sir Henry Baskerville uns mit ihrem Besuch zu Hilfe kommen."

Chapter 4. Sir Henry Baskerville

Our breakfast table was cleared early, and Holmes waited in his dressing-gown for the promised interview. Our clients were punctual to their appointment, for the clock had just struck ten when Dr. Mortimer was shown up, followed by the young baronet. The latter was a small, alert, dark-eyed man about thirty years of age, very sturdily built, with thick black eyebrows and a strong, pugnacious face. He wore a ruddy-tinted tweed suit and had the weather-beaten appearance of one who has spent most of his time in the open air, and yet there was something in his steady eye and the quiet assurance of his bearing which indicated the gentleman.

"This is Sir Henry Baskerville," said Dr. Mortimer.

"Why, yes," said he, "and the strange thing is, Mr. Sherlock Holmes, that if my friend here had not proposed coming round to you this morning I should have come on my own account. I understand that you think out little puzzles, and I've had one this morning which wants more thinking out than I am able to give it."

"Pray take a seat, Sir Henry. Do I understand you to say that you have yourself had some remarkable experience since you arrived in London?"

"Nothing of much importance, Mr. Holmes. Only a joke, as like as not. It was this letter, if you can call it a letter, which reached me this morning."

He laid an envelope upon the table, and we all bent over it. It was of common quality, grayish in colour. The address, "Sir Henry Baskerville, Northumberland Hotel," was printed in rough characters; the post-mark "Charing Cross," and the date of posting the preceding evening.

"Who knew that you were going to the Northumberland Hotel?" asked Holmes, glancing keenly across at our visitor.

"No one could have known. We only decided after I met Dr. Mortimer."

"But Dr. Mortimer was no doubt already stopping there?"

Viertes Kapitel.

Unser Frühstückstisch war schon zeitig abgeräumt, und Holmes wartete in seinem Schlafrock auf den angekündigten Besuch. Seine Klienten waren pünktlich, denn die Uhr hatte gerade zwölf geschlagen, als Doktor Mortimer mit dem jungen Baronet eintrat. Dieser war ein kleiner, lebhafter, dunkelhaariger Mann von ungefähr dreißig Jahren, sehr stämmig gewachsen, mit buschigen schwarzen Augenbrauen und einem scharfgeschnittenen Gesicht, aus dem Kampflust sprach. Er trug einen graurötlichen Sommeranzug und hatte die wetterbraune Gesichtsfarbe eines Mannes, der sich fast immer im Freien aufgehalten hat; trotzdem lag in seinem festen Blick und in der ruhigen Sicherheit seines Auftretens ein gewisses Etwas, was den Gentleman verriet.

"Dies ist Sir Henry Baskerville," sagte Dr. Mortimer.

"Ia, da bin ich, Herr Holmes, und das Seltsame dabei ist, daß ich aus eigenem Antriebe Sie aufgesucht haben würde, wenn mein Freund hier mir nicht den Vorschlag gemacht hätte. Ich höre, Sie sind ein berühmter Rätselrater, und mir ist heute morgen eins aufgegeben worden, zu dessen Lösung ich nicht die Gabe besitze."

"Bitte, nehmen Sie Platz, Sir Henry. Wenn ich Sie recht verstehe, so sagen Sie, Sie haben seit Ihrer Ankunft in London ein seltsames Erlebnis gehabt?"

"Nichts von großer Bedeutung, Herr Holmes. Höchstwahrscheinlich nur ein schlechter Spaß. Es handelt sich um diesen Brief — wenn Sie es überhaupt einm Brief nennen wollen; ich bekam ihn heute früh."

Er legte einen Briefumschlag auf den Tisch, und wir traten alle heran, um ihn uns näher anzusehen. Es war ein Umschlag von geringer Güte und von grauweißer Farbe. Die Adresse ‚Sir Henry Baskerville. Northumberland-Hotel' war von einer ungelenken Hand geschrieben; der Poststempel lautete ‚Charing Croß', und die Marke war am Abend vorher, abgestempelt.

"Wer wußte, daß Sie ins Northumberland-Hotel gehen wollten?" fragte Holmes mit einem scharfen Blick auf unseren Besucher.

"Kein Mensch kann das gewußt haben. Wir entschieden uns für dies Hotel erst, nachdem ich Doktor Mortimer getroffen hatte."

"Aber Doktor Mortimer wohnte ohne Zweifel bereits dort?"

"No, I had been staying with a friend," said the doctor.

"There was no possible indication that we intended to go to this hotel."

"Hum! Someone seems to be very deeply interested in your movements." Out of the envelope he took a half-sheet of foolscap paper folded into four. This he opened and spread flat upon the table. Across the middle of it a single sentence had been formed by the expedient of pasting printed words upon it. It ran:

As you value your life or your reason keep away from the moor.

The word "moor" only was printed in ink.

"Now," said Sir Henry Baskerville, "perhaps you will tell me, Mr. Holmes, what in thunder is the meaning of that, and who it is that takes so much interest in my affairs?"

"What do you make of it, Dr. Mortimer? You must allow that there is nothing supernatural about this, at any rate?"

"No, sir, but it might very well come from someone who was convinced that the business is supernatural."

"What business?" asked Sir Henry sharply. "It seems to me that all you gentlemen know a great deal more than I do about my own affairs."

"You shall share our knowledge before you leave this room, Sir Henry. I promise you that," said Sherlock Holmes. "We will confine ourselves for the present with your permission to this very interesting document, which must have been put together and posted yesterday evening. Have you yesterday's Times, Watson?"

"It is here in the corner."

"Might I trouble you for it—the inside page, please, with the leading articles?" He glanced swiftly over it, running his eyes up and down the columns. "Capital article this on free trade. Permit me to give you an extract from it.

"Nein, ich hatte bei einem Bekannten logiert," sagte der Doktor. "Nichts konnte einen Menschen auf die Vermutung bringen, daß wir in dieses Hotel zu gehen beabsichtigten."

"Hm, irgend jemand scheint ein sehr tiefes Interesse an Ihren Handlungen zu nehmen."

Aus dem Umschlag zog Holmes einen doppelt zusammengelegten halben Bogen Konzeptpapier hervor. Er faltete ihn auseinander und legte ihn flach auf den Tisch. In der Mitte des Blattes stand ein einziger Satz, der durch aufgeklebte gedruckte Wörter gebildet war. Er lautete: "Wenn Sie Wert auf Ihr Leben oder Ihren Verstand legen, so bleiben Sie dem Moor fern."

Nur das Wort ‚Moor' war mit Tinte geschrieben.

"Nun," sagte Sir Henry Baskerville, "vielleicht können Sie mir sagen, was zum Kuckuck das bedeutet, und wer der Mensch ist, der sich so eifrig um meine Angelegenheiten bekümmert?"

"Was halten Sie davon, Dr. Mortimer? Sie müssen zugeben, daß es bei diesem Brief sich jedenfalls nicht um etwas Übernatürliches handelt."

"Nein, das nicht, aber er könnte sehr wohl von jemand herrühren, der davon überzeugt ist, daß die Geschichte übernatürlich ist."

"Was für 'ne Geschichte?" fragte Sir Henry in scharfem Ton. "Mir scheint, meine Herren, Sie alle wissen viel mehr von meinen Angelegenheiten als ich selber."

"Sie sollen in unser Wissen eingeweiht sein, bevor Sie aus diesem Zimmer gehen, Sir Henry," sagte Holmes. "Das verspreche ich Ihnen. Für den Augenblick wollen wir, mit Ihrer Erlaubnis, unsere Aufmerksamkeit auf dieses sehr interessante Dokument begrenzen. Es muß gestern abend verfaßt und auf die Post gegeben sein. Hast du die ‚Times' von gestern, Watson?"

"Sie liegt da in der Ecke!"

"Darf ich dich darum bitten — das innere Blatt, wenn du so gut sein willst, mit den Leitartikeln!" Er überflog mit schnellem Blick die Spalten. "Ein famoser Artikel über Freihandel! Erlauben Sie mir, Ihnen einiges daraus vorzulesen:

'You may be cajoled into imagining that your own special trade or your own industry will be encouraged by a protective tariff, but it stands to reason that such legislation must in the long run keep away wealth from the country, diminish the value of our imports, and lower the general conditions of life in this island.'

"What do you think of that, Watson?" cried Holmes in high glee, rubbing his hands together with satisfaction. "Don't you think that is an admirable sentiment?"

Dr. Mortimer looked at Holmes with an air of professional interest, and Sir Henry Baskerville turned a pair of puzzled dark eyes upon me.

"I don't know much about the tariff and things of that kind," said he, "but it seems to me we've got a bit off the trail so far as that note is concerned."

"On the contrary, I think we are particularly hot upon the trail, Sir Henry. Watson here knows more about my methods than you do, but I fear that even he has not quite grasped the significance of this sentence."

"No, I confess that I see no connection."

"And yet, my dear Watson, there is so very close a connection that the one is extracted out of the other. 'You,' 'your,' 'your,' 'life,' 'reason,' 'value,' 'keep away,' 'from the.' Don't you see now whence these words have been taken?"

"By thunder, you're right! Well, if that isn't smart!" cried Sir Henry.

"If any possible doubt remained it is settled by the fact that 'keep away' and 'from the' are cut out in one piece."

"Well, now—so it is!"

"Wenn manche Leute sich auch mit der Einbildung schmeicheln, der Wert unseres Handels und unserer Industrie werde durch einen Schutzzoll erhöht, so bleiben doch derartige Maßregeln dem Gemeinwesen stets gefährlich. Es handelt sich geradezu um unser wirtschaftliches Leben oder Sterben, und wir hoffen, unseres Volkes gesunder Verstand sieht es ein, daß eine solche Wirtschaftspolitik auf die Dauer sogar in den englischen Wohlstand Bresche legen müßte"

"Was meinst du dazu, Watson?" rief Holmes, in hellem Entzücken sich die Hände reibend. "Hältst du die darin ausgesprochene Ansicht nicht für bewunderungswürdig?"

Dr. Mortimer sah Holmes mit einem ärztlich prüfenden Blick an, und Sir Henry Baskerville richtete ganz verblüfft seine dunklen Augen auf mich und sagte:

"Ich verstehe nicht viel vom Zolltarif und solchem Zeug; aber mir scheint, wir sind in Bezug auf meinen Brief ein bißchen von der Spur abgekommen."

"Im Gegenteil, ich bin der Meinung, wir sind ganz besonders scharf auf der Spur. Watson hier weiß besser mit meinen Methoden Bescheid als Sie; aber ich fürchte, auch er hat die Bedeutung des Zeitungsartikels nicht ganz begriffen."

"Nein, ich gestehe, daß ich keinen Zusammenhang entdecken kann."

"Und doch, mein lieber Watson, ist eine sehr nahe Beziehung vorhanden, denn der Brief ist aus dem Zeitungsartikel herausgeschnitten: ‚wenn — Wert — so bleiben — dem — Leben oder — Verstand — auf — legen.' Sehen Sie jetzt nicht, woher diese Worte stammen?"

"Donnerwetter, Sie haben recht! Na, das nenne ich aber Fixigkeit!" rief Sir Henry.

"Wenn überhaupt noch ein Zweifel bestände, so würde er durch die Thatsache behoben, daß ‚so bleiben' und >Leben oder' in einem Stück ausgeschnitten sind."

"Wahrhaftig, ja, so ist es."

"Really, Mr. Holmes, this exceeds anything which I could have imagined," said Dr. Mortimer, gazing at my friend in amazement. "I could understand anyone saying that the words were from a newspaper; but that you should name which, and add that it came from the leading article, is really one of the most remarkable things which I have ever known. How did you do it?"

"I presume, Doctor, that you could tell the skull of a negro from that of an Esquimau?"

"Most certainly."

"But how?"

"Because that is my special hobby. The differences are obvious. The supra-orbital crest, the facial angle, the maxillary curve, the—"

"But this is my special hobby, and the differences are equally obvious. There is as much difference to my eyes between the leaded bourgeois type of a Times article and the slovenly print of an evening half-penny paper as there could be between your negro and your Esquimau. The detection of types is one of the most elementary branches of knowledge to the special expert in crime, though I confess that once when I was very young I confused the Leeds Mercury with the Western Morning News. But a Times leader is entirely distinctive, and these words could have been taken from nothing else. As it was done yesterday the strong probability was that we should find the words in yesterday's issue."

"So far as I can follow you, then, Mr. Holmes," said Sir Henry Baskerville, "someone cut out this message with a scissors—"

"Nail-scissors," said Holmes. "You can see that it was a very short-bladed scissors, since the cutter had to take two snips over 'keep away.'"

"That is so. Someone, then, cut out the message with a pair of short-bladed scissors, pasted it with paste—"

"Gum," said Holmes.

"Wirklich, Herr Holmes, das geht weit über mein Begriffsvermögen hinaus," sagte Dr. Mortimer mit einem erstaunten Blick auf meinen Freund. "Ich könnte verstehen, wenn mir jemand sagte, die Wörter seien aus einer Zeitung; aber daß Sie den Namen dieser Zeitung nannten und hinzufügten, die Stelle befände sich im Leitartikel, das ist sicherlich eins der merkwürdigsten Dinge, die mir je begegnet sind. Wie haben Sie das angefangen?"

"Ich vermute, Herr Doktor, Sie könnten auf den ersten Blick den Schädel eines Negers von dem eines Eskimos unterscheiden?"

"Natürlich!"

"Aber wie kommt das?"

"Weil das mein besonderes Steckenpferd ist! Die Unterschiede sind augenfällig. Die Erhöhung über den Augenhöhlungen, der Gesichtswinkel, die Krümmung der Kinnbacken, der . . ."

"Nun, dies hier ist m ein besonderes Steckenpferd, und die Unterschiede sind ebenfalls augenfällig. Für meine Augen ist zwischen der durchschossenen Borgis eines Leitartikels der ‚Times' und der unsauberen Schrift eines Halfpenny-Abendblattes ebensoviel Unterschied wie für Sie zwischen einem Neger- und einem Eskimoschädel. Die Unterscheidung der verschiedenen Drucktypen gehört zu den Anfangsgründen für einen wissenschaftlich denkenden Sachverständigen; ich muß jedoch zugeben, daß ich in meiner ganz frühen Jugend einmal den ‚Leeds Mercury mit den ‚Western Morning News' verwechselt habe. Aber ein ‚Times'-Leitartikel ist gar nicht zu verkennen; diese Wörter konnten keiner anderen Zeitung entnommen sein. Da der Brief gestern angefertigt war, so sprach eine starke Wahrscheinlichkeit dafür, daß wir die Wörter in der gestrigen Nummer finden würden."

"So weit ich Ihnen folgen kann, Herr Holmes," bemerkte Sir Henry Baskerville, "hat jemand diese Wörter mit einer Schere . . ."

"Mit einer Nagelschere ausgeschnitten, ja. Wie Sie sehen können, war es eine Schere mit sehr kurzer Klinge, denn es war für die Wörter: ‚so bleiben' ein zweimaliges Zuschneiden nötig."

"Richtig. Es schnitt also jemand den Text des Briefes mit einer kurzklingigen Schere aus, klebte ihn mit Kleister . . ."

"Mit Gummi!" sagte Holmes.

"With gum on to the paper. But I want to know why the word 'moor' should have been written?"

"Because he could not find it in print. The other words were all simple and might be found in any issue, but 'moor' would be less common."

"Why, of course, that would explain it. Have you read anything else in this message, Mr. Holmes?"

"There are one or two indications, and yet the utmost pains have been taken to remove all clues. The address, you observe is printed in rough characters. But the Times is a paper which is seldom found in any hands but those of the highly educated. We may take it, therefore, that the letter was composed by an educated man who wished to pose as an uneducated one, and his effort to conceal his own writing suggests that that writing might be known, or come to be known, by you. Again, you will observe that the words are not gummed on in an accurate line, but that some are much higher than others. 'Life,' for example is quite out of its proper place. That may point to carelessness or it may point to agitation and hurry upon the part of the cutter. On the whole I incline to the latter view, since the matter was evidently important, and it is unlikely that the composer of such a letter would be careless. If he were in a hurry it opens up the interesting question why he should be in a hurry, since any letter posted up to early morning would reach Sir Henry before he would leave his hotel. Did the composer fear an interruption—and from whom?"

"We are coming now rather into the region of guesswork," said Dr. Mortimer.

"Mit Gummi auf das Papier. Aber ich möchte wissen, warum dann das Wort ‚Moor' geschrieben ist?"

"Weil er das Wort nicht gedruckt finden konnte. Die anderen Wörter sind alle einfach und würden sich in jeder Zeitungsnummer finden lassen, aber das Wort ‚Moor' ist weniger gewöhnlich."

"Das ist allerdings eine gute Erklärung. Haben Sie sonst etwas aus dem Brief herausgelesen, Herr Holmes?"

"Es sind ein paar Andeutungen darin, obgleich der Absender sich die allergrößte Mühe gegeben hat, alle verräterischen Spuren zu verwischen. Die Adresse ist, wie Sie sehen, mit unbeholfen geformten Buchstaben geschrieben. Aber die ‚Times' ist ein Blatt, das man kaum je in anderen Händen als in denen sehr gebildeter Leute findet. Wir können daher annehmen, daß der Brief von einem gebildeten Manne verfertigt wurde, der den Anschein erwecken wollte, als gehöre der Absender den ungebildeten Klassen an, und dieses Bemühen, die Handschrift zu verstellen, legt den Schluß nahe, der Schreiber sei Ihnen bekannt oder könnte von Ihnen erkannt werden. Ferner werden Sie bemerken, daß die Wörter nicht in einer geraden Linie aneinander geklebt sind, sondern daß einige von ihnen viel höher stehen als andere. ‚Leben oder' zum Beispiel steht ganz außerhalb der Reihe. Das kann entweder auf Unachtsamkeit des Ausschneidenden hindeuten, oder es mag davon gekommen sein, daß dieser aufgeregt und in Eile war. Im großen und ganzen neige ich mich der letzteren Annahme zu, denn die Anfertigung eines solchen Briefes war offenbar eine wichtige Sache, und es ist unwahrscheinlich, daß der Verfertiger dabei unachtsam gewesen sein soll. War er aber in Eile, so leitet dieser Umstand zu der interessanten Frage, warum er in Eile war; denn jeder Brief, der bis zu den frühen Morgenstunden auf die Post gegeben wurde, mußte in Sir Henrys Hände kommen, bevor er das Hotel verließ. Fürchtete der Verfertiger eine Unterbrechung — und von wem?"

"Wir kommen jetzt ziemlich weit in das Gebiet der Mutmaßungen hinein!" sagte Dr. Mortimer.

"Say, rather, into the region where we balance probabilities and choose the most likely. It is the scientific use of the imagination, but we have always some material basis on which to start our speculation. Now, you would call it a guess, no doubt, but I am almost certain that this address has been written in a hotel."

"How in the world can you say that?"

"If you examine it carefully you will see that both the pen and the ink have given the writer trouble. The pen has spluttered twice in a single word and has run dry three times in a short address, showing that there was very little ink in the bottle. Now, a private pen or ink-bottle is seldom allowed to be in such a state, and the combination of the two must be quite rare. But you know the hotel ink and the hotel pen, where it is rare to get anything else. Yes, I have very little hesitation in saying that could we examine the waste-paper baskets of the hotels around Charing Cross until we found the remains of the mutilated Times leader we could lay our hands straight upon the person who sent this singular message. Halloa! Halloa! What's this?"

He was carefully examining the foolscap, upon which the words were pasted, holding it only an inch or two from his eyes.

"Well?"

"Nothing," said he, throwing it down. "It is a blank half-sheet of paper, without even a water-mark upon it. I think we have drawn as much as we can from this curious letter; and now, Sir Henry, has anything else of interest happened to you since you have been in London?"

"Why, no, Mr. Holmes. I think not."

"You have not observed anyone follow or watch you?"

"Sagen Sie lieber: in das Gebiet, wo wir die verschiedenen Möglichkeiten gegen einander abwägen und uns für die wahrscheinlichste entscheiden. Wir machen eine wissenschaftliche Anwendung von unserer Einbildungskraft; indessen haben wir in diesem Fall immerhin eine thatsächliche Grundlage für unsere Spekulationen. Sie werden freilich ohne Zweifel denken, ich verlege mich aufs Raten, aber ich bin fast ganz sicher, daß diese Adresse in einem Hotel geschrieben worden ist."

»Wie in aller Welt können Sie das sagen?"

"Wenn Sie den Umschlag sorgfältig prüfen, so werden Sie bemerken, daß dem Schreiber die Tinte sowohl wie die Feder Schwierigkeiten gemacht haben. Die Feder hat zweimal in einem einzigen Wort gespritzt, und die Tinte ist beim Schreiben der kurzen Adresse nicht weniger als dreimal ausgegangen, ein Beweis, daß sehr wenig im Tintenfasse gewesen sein muß. In einem Privathause läßt man es selten dahin kommen, daß Feder oder Tintengeschirr sich in solchem Zustande befindet, und daß gar beide zusammen so vorgefunden werden, kommt gewiß kaum jemals vor. Dagegen kennen Sie wohl die Tinte und Federn, die man in Gasthöfen findet; diese sind fast immer abscheulich. Ja, ich sage ohne jedes Bedenken: könnten wir die Papierkörbe der Gasthöfe in der Nähe von Charing Croß durchsuchen, bis wir die Ueberreste des zer

schnittenen ‚Times-Artikels fänden, so könnten wir die Hand auf die Person legen, die diesen eigenartigen Brief abgeschickt hat . . . Hallo, hallo, was ist das?"

Er prüfte den Bogen mit den aufgeklebten Wörtern noch einmal sorgfältig, indem er ihn ganz nahe vor die Augen hielt.

"Nun?"

"Nichts!" sagte er, das Blatt hinlegend. "Es ist ein gewöhnlicher unbeschriebener halber Bogen; nicht einmal ein Wasserzeichen ist darin. Ich denke, wir haben aus dem sonderbaren Brief so viele Anhaltspunkte gewonnen, wie überhaupt möglich ist. . . . Und nun, Sir Henry, noch eine Frage: Ist Ihnen sonst irgend etwas Erwähnenswertes begegnet, seitdem Sie in London sind?"

"Nein, wirklich nicht, Herr Holmes. Ich glaube nicht."

"Sie haben niemand bemerkt, der Sie beobachtet hätte oder Ihnen nachgegangen wäre?"

"I seem to have walked right into the thick of a dime novel," said our visitor. "Why in thunder should anyone follow or watch me?"

"We are coming to that. You have nothing else to report to us before we go into this matter?"

"Well, it depends upon what you think worth reporting."

"I think anything out of the ordinary routine of life well worth reporting."

Sir Henry smiled. "I don't know much of British life yet, for I have spent nearly all my time in the States and in Canada. But I hope that to lose one of your boots is not part of the ordinary routine of life over here."

"You have lost one of your boots?"

"My dear sir," cried Dr. Mortimer, "it is only mislaid. You will find it when you return to the hotel. What is the use of troubling Mr. Holmes with trifles of this kind?"

"Well, he asked me for anything outside the ordinary routine."

"Exactly," said Holmes, "however foolish the incident may seem. You have lost one of your boots, you say?"

"Well, mislaid it, anyhow. I put them both outside my door last night, and there was only one in the morning. I could get no sense out of the chap who cleans them. The worst of it is that I only bought the pair last night in the Strand, and I have never had them on."

"If you have never worn them, why did you put them out to be cleaned?"

"They were tan boots and had never been varnished. That was why I put them out."

"Then I understand that on your arrival in London yesterday you went out at once and bought a pair of boots?"

"Ich scheine ja richtig mitten in einen Hintertreppenroman hineingeraten zu sein," bemerkte unser Besucher. "Warum, zum Kuckuck, sollte irgend jemand mir nachgehen oder mich beobachten?"

"Auf diesen Punkt kommen wir noch. Sie haben also nichts anderes zu berichten, bevor wir uns mit der Sache selbst beschäftigen?"

"Hm, es kommt darauf an, was nach Ihrer Meinung des Berichtens wert ist."

"Alles was von dem gewöhnlichen Gang des Alltagslebens abweicht, sollte nach meiner Ansicht erwähnt werden."

Sir Henry lächelte und sagte: "Ich kenne bis jetzt noch nicht viel von dem Leben in England, denn ich bin seit meiner frühesten Jugend in den Vereinigten Staaten und in Kanada gewesen. Aber hoffentlich wird es hier nicht als alltäglich angesehen, wenn man einen von feinen Stiefeln verliert."

"Sie haben einen von Ihren Stiefeln verloren?"

"Mein lieber Herr!" rief Dr. Mortimer. "Er ist bloß verlegt! Sie werden ihn vorfinden, wenn Sie wieder ins Hotel kommen. Was hat es für einen Zweck, Herrn Holmes mit solchen Lappalien zu behelligen?"

"Er wollte ja alles erfahren, was von dem gewöhnlichen Gang des Alltagslebens abwiche!"

"Ganz recht!" sagte Holmes, "mag der Vorfall auch noch so albern erscheinen. Also Sie sagen, Sie haben einen von Ihren Stiefeln verloren?"

"Oder ihn verlegt, meinetwegen. Ich stellte sie gestern abend beide vor meine Thür, und heute morgen war bloß noch einer da. Aus dem Iungen, der sie zu putzen hatte, war kein gescheites Wort herauszubringen. Am meisten ärgert mich dabei, daß ich die Stiefel erst gestern abend am Strand gekauft und noch gar nicht mal getragen hatte."

"Wenn Sie dieselben noch gar nicht angehabt hatten, warum stellten Sie sie dann zum Reinigen vor die Thür?"

"Es waren braune Schuhe, und sie waren noch nicht gefirnißt. Darum stellte ich sie hinaus."

"Sie gingen also gestern sofort nach Ihrem Eintreffen in London aus und kauften ein Paar Schuhe?"

"I did a good deal of shopping. Dr. Mortimer here went round with me. You see, if I am to be squire down there I must dress the part, and it may be that I have got a little careless in my ways out West. Among other things I bought these brown boots—gave six dollars for them—and had one stolen before ever I had them on my feet."

"It seems a singularly useless thing to steal," said Sherlock Holmes. "I confess that I share Dr. Mortimer's belief that it will not be long before the missing boot is found."

"And, now, gentlemen," said the baronet with decision, "it seems to me that I have spoken quite enough about the little that I know. It is time that you kept your promise and gave me a full account of what we are all driving at."

"Your request is a very reasonable one," Holmes answered. "Dr. Mortimer, I think you could not do better than to tell your story as you told it to us."

Thus encouraged, our scientific friend drew his papers from his pocket and presented the whole case as he had done upon the morning before. Sir Henry Baskerville listened with the deepest attention and with an occasional exclamation of surprise.

"Well, I seem to have come into an inheritance with a vengeance," said he when the long narrative was finished. "Of course, I've heard of the hound ever since I was in the nursery. It's the pet story of the family, though I never thought of taking it seriously before. But as to my uncle's death—well, it all seems boiling up in my head, and I can't get it clear yet. You don't seem quite to have made up your mind whether it's a case for a policeman or a clergyman."

"Precisely."

"And now there's this affair of the letter to me at the hotel. I suppose that fits into its place."

"Ich machte überhaupt eine ziemliche Menge Einkäufe Dr. Mortimer begleitete mich dabei. Wissen Sie, da ich mal da hinten in Dingsda den Großgrundbesitzer spielen soll, so muß ich mich wohl ein bißchen fein machen, und ich bin vielleicht da im fernen Westen etwas nachlässig in meinem Anzug geworden. Außer anderen Sachen kaufte ich die braunen Schuhe — gab sechs Dollars dafür — und einer davon wird mir gestohlen, ehe ich sie überhaupt nur an den Füßen gehabt habe."

"Ein einzelner Schuh ist doch ein recht ungeeigneter Gegenstand für einen Dieb," sagte Sherlock Holmes. "Ich gestehe, ich teile Dr. Mortimers Ansicht und glaube, daß binnen kurzem der verlorene Schuh sich wieder einfinden wird."

"Und nun, meine Herren," sagte der Baronet in bestimmtem Ton, "habe ich, wie mir scheint, von dem bißchen, was ich weiß, genug gesprochen. Es ist Zeit, daß Sie Ihr Versprechen erfüllen und mir eine ausführliche Auskunft über all diese rätselhaften Vorgänge geben."

"Ihr Wunsch ist sehr berechtigt," antwortete Holmes. "Herr Doktor, ich glaube, Sie könnten nichts Besseres thun, als Ihrem Freunde die Geschichte in derselben Weise zu erzählen, wie Sie sie uns vortrugen."

Auf diese Aufforderung hin zog der gelehrte Herr seine Papiere aus der Tasche und erläuterte auf Grund derselben den ganzen Fall in gleicher Art wie am Morgen vorher. Sir Henry Baskerville hörte mit gespanntester Aufmerksamkeit zu und ließ von Zeit zu Zeit einen Ausruf der Ueberraschung hören.

"Nun, da scheine ich ja mit dem übrigen Besitz zugleich auch eine Geisterrache geerbt zu haben," sagte er, als der Doktor mit seiner langen Erzählung fertig war. "Natürlich habe ich von dem Höllenhund schon in der Kinderstube fortwährend erzählen hören. Es ist das Lieblingsmärchen unserer Familie; indessen Hab' ich es früher niemals ernst genommen. Aber die Geschichte von meines Onkels Tode — wissen Sie, mir wirbelt in meinem Kopf alles durcheinander; ich kann mir noch keine klare Meinung darüber bilden. Sie scheinen sich selber auch noch nicht ganz klar darüber zu sein, ob es ein Fall für die Polizei oder für die Geistlichkeit ist."

"Ganz recht."

"Nun kommt dazu noch die Geschichte mit dem Brief, den ich im Hotel erhielt. Ich vermute, er hängt damit zusammen."

"It seems to show that someone knows more than we do about what goes on upon the moor," said Dr. Mortimer.

"And also," said Holmes, "that someone is not ill-disposed towards you, since they warn you of danger."

"Or it may be that they wish, for their own purposes, to scare me away."

"Well, of course, that is possible also. I am very much indebted to you, Dr. Mortimer, for introducing me to a problem which presents several interesting alternatives. But the practical point which we now have to decide, Sir Henry, is whether it is or is not advisable for you to go to Baskerville Hall."

"Why should I not go?"

"There seems to be danger."

"Do you mean danger from this family fiend or do you mean danger from human beings?"

"Well, that is what we have to find out."

"Whichever it is, my answer is fixed. There is no devil in hell, Mr. Holmes, and there is no man upon earth who can prevent me from going to the home of my own people, and you may take that to be my final answer." His dark brows knitted and his face flushed to a dusky red as he spoke. It was evident that the fiery temper of the Baskervilles was not extinct in this their last representative. "Meanwhile," said he, "I have hardly had time to think over all that you have told me. It's a big thing for a man to have to understand and to decide at one sitting. I should like to have a quiet hour by myself to make up my mind. Now, look here, Mr. Holmes, it's half-past eleven now and I am going back right away to my hotel. Suppose you and your friend, Dr. Watson, come round and lunch with us at two. I'll be able to tell you more clearly then how this thing strikes me."

"Is that convenient to you, Watson?"

"Perfectly."

"Es scheint daraus hervorzugehen, daß irgend jemand besser als wir um die Vorgänge auf dem Moor Bescheid weiß," sagte Dr. Mortimer.

"Und ferner," bemerkte Holmes, "daß dieser Iemand Ihnen nicht feindlich gesonnen ist, da man Sie vor Gefahr warnt."

"Vielleicht ist es aber auch möglich, daß sie mich zu ihrem eigenen Vorteil von der Gegend fernzuhalten suchen."

"Das kann natürlich auch sein. Ich bin Ihnen zu größtem Dank verpflichtet, Herr Doktor, daß Sie mich vor ein Problem stellen, welches verschiedene interessante Lösungen zuläßt. Aber nun haben wir uns zunächst über einen wichtigen Punkt schlüssig zu machen, Sir Henry: Ist es für Sie ratsam oder nicht, daß Sie nach Baskerville Hall gehen?"

"Warum sollte ich nicht gehen?"

"Es scheint Gefahr damit verbunden zu sein."

"Meinen Sie Gefahr von unserem Familiendämon, oder Gefahr von feiten menschlicher Wesen?"

"Das müssen wir eben herausbekommen."

"Nun, mag dem sein, wie ihm wolle, meine Antwort steht fest. Herr Holmes, kein Teufel in der Hölle und kein Mensch auf Erden kann mich verhindern, in das Haus meiner Väter zu gehen. Bei dieser Antwort werde ich bleiben."

Seine dunklen Augenbrauen zogen sich bei diesen Worten zusammen und ein tiefes Rot flog über sein Gesicht. Augenscheinlich war das feurige Temperament der Baskervilles in dem Letzten ihres Stammes noch nicht erloschen.

"Indessen," fuhr er fort, "habe ich noch nicht recht Zeit gehabt, über alles mir von Ihnen Gesagte gehörig nachzudenken. Es ist ein bißchen viel verlangt, daß ich sofort meine Entscheidung in einer Sache treffm soll, die ich noch kaum richtig begriffen habe. Ich möchte mir in einer ruhigen Stunde alles ordentlich zurechtlegen, um zu einem Entschluß zu kommen. Jetzt ist es halb zwölf, Herr Holmes, und ich gehe geraden Weges nach meinem Hotel. Wie wär's, wenn Sie und Ihr Freund, Herr Doktor Watson, mit uns frühstückten? Dann werde ich Ihnen genau sagen können, was für einen Eindruck die ganze Geschichte auf mich macht."

"Paßt dir das, Watson?"

"Vollkommen!"

"Then you may expect us. Shall I have a cab called?"

"I'd prefer to walk, for this affair has flurried me rather."

"I'll join you in a walk, with pleasure," said his companion.

"Then we meet again at two o'clock. Au revoir, and good-morning!"

We heard the steps of our visitors descend the stair and the bang of the front door. In an instant Holmes had changed from the languid dreamer to the man of action.

"Your hat and boots, Watson, quick! Not a moment to lose!" He rushed into his room in his dressing-gown and was back again in a few seconds in a frock-coat. We hurried together down the stairs and into the street. Dr. Mortimer and Baskerville were still visible about two hundred yards ahead of us in the direction of Oxford Street.

"Shall I run on and stop them?"

"Not for the world, my dear Watson. I am perfectly satisfied with your company if you will tolerate mine. Our friends are wise, for it is certainly a very fine morning for a walk."

He quickened his pace until we had decreased the distance which divided us by about half. Then, still keeping a hundred yards behind, we followed into Oxford Street and so down Regent Street. Once our friends stopped and stared into a shop window, upon which Holmes did the same. An instant afterwards he gave a little cry of satisfaction, and, following the direction of his eager eyes, I saw that a hansom cab with a man inside which had halted on the other side of the street was now proceeding slowly onward again.

"There's our man, Watson! Come along! We'll have a good look at him, if we can do no more."

"Nun, so können Sie uns erwarten. Soll ich Ihnen eine Droschke holen lassen?"

"Ich möchte lieber gehen, denn diese Geschichte hat mich ein bißchen warm gemacht."

"Ich werde mich Ihnen mit Vergnügen zu diesem Spaziergang anschließen," bemerkte sein Begleiter.

"Also treffen wir uns um zwei Uhr. Auf Wiedersehen und Guten Morgen."

Wir hörten die Schritte unserer Besucher, die die Treppe hinabstiegen; dann wurde die Hausthür geschlossen. Augenblicklich war Holmes aus dem träumerischen Denker der Mann der That geworden.

"Deinen Hut und deine Stiefel, Watson, schnell! Wir haben keinen Augenblick zu verlieren." Er eilte in sein Schlafzimmer, warf seinen Hausrock ab und erschien ein paar Sekunden darauf in einem Gehrock. Wir eilten die Treppe hinunter und betraten die Straße. Doktor Mortimer und Baskerville waren ein paar Hundert Schritt vor uns in der Nähe der Oxford Street noch sichtbar.

"Soll ich voranlaufen und ihnen sagen, daß sie auf uns warten?"

"Um Gottes willen nicht, mein lieber Watson. Deine Gesellschaft genügt mir vollkommen, wenn du die meinige erdulden willst. Unsere neuen Bekannten thun sehr recht, daß sie zu Fuß gehen; denn es ist wirklich ein sehr schöner Morgen für einen Spaziergang."

Er beschleunigte seinen Schritt, bis wir die uns von den beiden Herren trennende Entfernung ungefähr auf die Hälfte verkürzt hatten. Wir folgten ihnen Oxford Street entlang und dann Regent Street hinunter. Einmal blieben sie stehen und besahen sich ein Schaufenster, worauf Holmes es ebenso machte. Einen Augenblick darauf ließ er einen Ausruf der Befriedigung hören; ich folgte seinem schnellen Blick und sah, daß eine Droschke, worin ein Mann saß, von der Stelle auf der anderen Straßenseite, wo sie gehalten hatte, jetzt langsam weiter fuhr.

"Das ist unser Mann, Watson I Vorwärts! Wir wollen ihn uns wenigstens genau ansehen, wenn wir nicht mehr thun können!"

At that instant I was aware of a bushy black beard and a pair of piercing eyes turned upon us through the side window of the cab. Instantly the trapdoor at the top flew up, something was screamed to the driver, and the cab flew madly off down Regent Street. Holmes looked eagerly round for another, but no empty one was in sight. Then he dashed in wild pursuit amid the stream of the traffic, but the start was too great, and already the cab was out of sight.

"There now!" said Holmes bitterly as he emerged panting and white with vexation from the tide of vehicles. "Was ever such bad luck and such bad management, too? Watson, Watson, if you are an honest man you will record this also and set it against my successes!"

"Who was the man?"

"I have not an idea."

"A spy?"

"Well, it was evident from what we have heard that Baskerville has been very closely shadowed by someone since he has been in town. How else could it be known so quickly that it was the Northumberland Hotel which he had chosen? If they had followed him the first day I argued that they would follow him also the second. You may have observed that I twice strolled over to the window while Dr. Mortimer was reading his legend."

"Yes, I remember."

Im selben Augenblick bemerkte ich einen buschigen schwarzen Bart und ein Paar stechender Augen, die durch das Seitenfenster der Droschke sich auf uns richteten. Unmittelbar darauf fuhr die Klappe im Verdeck des Wagens in die Höhe, dem Kutscher wurde etwas zugerufen, und die Droschke raste die Regent Street hinunter. Holmes sah sich schnell nach einer anderen um, aber es war keine leere in Sicht. Dann lief er in wilder Verfolgung durch das Straßengetriebe dem Wagen nach, aber der Vorsprung war zu groß, und die Droschke war bald nicht mehr zu sehen.

"Da haben wir's!" sagte Holmes bitter, als er keuchend und ganz blaß vor Aerger wieder aus dem Wagengewoge hervorkam. "War solches Pech je erhört und solche Tölpelei dazu? Watson, Watson, wenn du ein gewissenhafter Mann bist, fo mußt du diese Dummheit ebenfalls berichten und meinen Erfolgen gegenüberstellen."'

"Wer war der Mann?"

"Ich habe keine Ahnung!"

"Ein Spion?"

"Hm, nach allem, was wir gehört haben, ist Baskerville seit seiner Ankunft in der Stadt ganz offenbar von irgend jemand sehr scharf überwacht worden. Wie hätte sonst der Betreffende so schnell wissen können, daß der junge Mann das Northumberland-Hotel als Absteigequartier gewählt hatte? Wenn man ihm am ersten Tag nachging, so würde man — das war meine Schlußfolgerung — ihm auch am zweiten nachgehen. Du hast vielleicht bemerkt, daß ich, während Dr. Mortimer seine Geschichte vorlas, zweimal ans Fenster ging?"

"Ia, ich erinnere mich."

"I was looking out for loiterers in the street, but I saw none. We are dealing with a clever man, Watson. This matter cuts very deep, and though I have not finally made up my mind whether it is a benevolent or a malevolent agency which is in touch with us, I am conscious always of power and design. When our friends left I at once followed them in the hopes of marking down their invisible attendant. So wily was he that he had not trusted himself upon foot, but he had availed himself of a cab so that he could loiter behind or dash past them and so escape their notice. His method had the additional advantage that if they were to take a cab he was all ready to follow them. It has, however, one obvious disadvantage."

"It puts him in the power of the cabman."

"Exactly."

"What a pity we did not get the number!"

"My dear Watson, clumsy as I have been, you surely do not seriously imagine that I neglected to get the number? No. 2704 is our man. But that is no use to us for the moment."

"I fail to see how you could have done more."

"On observing the cab I should have instantly turned and walked in the other direction. I should then at my leisure have hired a second cab and followed the first at a respectful distance, or, better still, have driven to the Northumberland Hotel and waited there. When our unknown had followed Baskerville home we should have had the opportunity of playing his own game upon himself and seeing where he made for. As it is, by an indiscreet eagerness, which was taken advantage of with extraordinary quickness and energy by our opponent, we have betrayed ourselves and lost our man."

We had been sauntering slowly down Regent Street during this conversation, and Dr. Mortimer, with his companion, had long vanished in front of us.

"Ich sah nach, ob vielleicht jemand auf der Straße herumlungerte, konnte aber niemand entdecken. Wir haben es mit einem gescheiten Mann zu thun, Watson. Die ganze Geschichte ist sehr ernster Art; ich bin mir zwar noch nicht ganz schlüssig geworden, ob wir es mit einem feindlichen oder mit einem freundlichen Element zu thun haben, aber ich behalte stets das ‚Wie' und ‚Warum' im Auge. Als unsere Besucher fortgingen, folgte ich ihnen sofort in der Hoffnung, ihren unsichtbaren Verfolger ausfindig machen zu können. Das muß ein Schlaukopf sein, denn er hat sich nicht auf seine Beine verlassen, sondern sich eine Droschke genommen, so daß er bald hinter ihnen her- oder bei ihnen vorbeifahren konnte, ohne bemerkt zu werden. Dieses Verfahren hat außerdem noch den Vorteil, daß er imstande war ihnen sofort zu folgen, wenn sie etwa selber eine Droschke nehmen sollten. Indessen hat es auch einen offenbaren Nachteil."

"Es macht ihn vom Droschkenkutscher abhängig." "Ganz recht."

"Wie schade, daß wir uns nicht die Nummer gemerkt haben!"

"Mein lieber Watson, so tölpelhaft ich mich auch benommen habe, so bildest du dir doch wohl nicht allen Ernstes ein, daß ich vergessen hätte, nach der Nummer zu sehen? Unser Mann hat Nummer 2704. Aber das kann uns für den Augenblick nichts nutzen."

"Ich kann nicht einsehen, was du mehr hattest thun können."

"Ich hätte, als ich die Droschke bemerkte, augenblicklich umkehren und in der entgegengesetzten Richtung weiter gehen sollen. Ich hätte in aller Gemütlichkeit eine Droschke nehmen und dann dem Mann in angemessener Entfernung folgen können, oder noch besser, ich wäre nach dem Northumberland-Hotel gefahren und hätte dort gewartet. Wenn dann unser Unbekannter dem jungen Baskerville nachgefahren wäre, fo hätten wir ihn mit seinen eigenen Trumpfkarten schlagen und selber sehen können, wohin er sich weiter begab. Wir haben also einer unüberlegten Voreiligkeit, die von unserem Gegenspieler mit außerordentlicher Schnelligkeit und Entschlossenheit ausgenutzt wurde, es zu verdanken, daß wir den Mann aus den Augen verloren haben. Wir sind selber schuld."

Während dieses Gesprächs waren wir langsam die Regent Street entlang geschlendert, und Dr. Mortimer und sein Begleiter waren längst unseren Blicken entschwunden.

"There is no object in our following them," said Holmes. "The shadow has departed and will not return. We must see what further cards we have in our hands and play them with decision. Could you swear to that man's face within the cab?"

"I could swear only to the beard."

"And so could I—from which I gather that in all probability it was a false one. A clever man upon so delicate an errand has no use for a beard save to conceal his features. Come in here, Watson!"

He turned into one of the district messenger offices, where he was warmly greeted by the manager.

"Ah, Wilson, I see you have not forgotten the little case in which I had the good fortune to help you?"

"No, sir, indeed I have not. You saved my good name, and perhaps my life."

"My dear fellow, you exaggerate. I have some recollection, Wilson, that you had among your boys a lad named Cartwright, who showed some ability during the investigation."

"Yes, sir, he is still with us."

"Could you ring him up?—thank you! And I should be glad to have change of this five-pound note."

A lad of fourteen, with a bright, keen face, had obeyed the summons of the manager. He stood now gazing with great reverence at the famous detective.

"Let me have the Hotel Directory," said Holmes. "Thank you! Now, Cartwright, there are the names of twenty-three hotels here, all in the immediate neighbourhood of Charing Cross. Do you see?"

"Yes, sir."

"You will visit each of these in turn."

"Yes, sir."

"Es hat keinen Zweck, daß wir ihnen noch weiter nachgehen," sagte Holmes. "Der Spürhund ist verschwunden und wird nicht wiederkommen. Wir müssen uns überlegen, was für Trümpfe wir jetzt noch in der Hand haben, und müssen sie fest und entschlossen ausspielen. Könntest du vor Gericht Zeugnis ablegen, was für ein Gesicht der Mann in der Droschke hatte?"

"Mit Bestimmtheit könnte ich nur den Bart beschreiben."

"Ich auch — und daraus folgere ich, daß der Bart aller Wahrscheinlichkeit nach ein falscher war. Ein kluger Mann, der auf ein so heikles Unternehmen aus ist, braucht einen Bart nur, um seine Züge zu verbergen. Komm mit hier herein, Watson."

Er betrat eins von den Bureaus der ‚Expreßbotengesellschaft' und wurde von dem Geschäftsführer mit großer Herzlichkeit begrüßt.

"Ach, ich sehe, Wilson, Sie haben den kleinen Fall nicht vergessen, wobei ich in der angenehmen Lage war, Ihnen beistehen zu können."

"Ganz gewiß werde ich's nicht vergessen! Sie retteten mir meinen guten Namen und vielleicht mein Leben."

"Sie übertreiben, mein Bester! ... Es schwebt mir so vor, Wilson, Sie hatten unter Ihren Burschen einen gewissen Cartwright, der während unserer Bemühungen sich als recht gewandt erwies?"

"Ja, Herr Holmes, der ist noch bei uns."

"Könnten Sie ihn mal hereinkommen lassen? Danke. Dann hätte ich gerne Kleingeld für diesen Fünfpfundschein."

Ein vierzehnjähriger Knabe mit aufgewecktem, scharfgeschnittenem Gesicht war auf das Klingelzeichen des Geschäftsführers erschienen und stand jetzt in einer Haltung voller Ehrfurcht vor dem berühmten Detektiv.

"Geben Sie mir, bitte, mal das Hoteladreßbuch," sagte Holmes. "Danke . . . Hier, Cartwright, sind die Namen von dreiundzwanzig Hotels, die sämtlich in unmittelbarer Nachbarschaft von Charing Croß liegen. Hier, siehst du sie?"

"Jawohl."

"Du wirst sie sämtlich, eins nach dem anderen, aufsuchen."
"Jawohl."

"You will begin in each case by giving the outside porter one shilling. Here are twenty-three shillings."

"Yes, sir."

"You will tell him that you want to see the waste-paper of yesterday. You will say that an important telegram has miscarried and that you are looking for it. You understand?"

"Yes, sir."

"But what you are really looking for is the centre page of the Times with some holes cut in it with scissors. Here is a copy of the Times. It is this page. You could easily recognize it, could you not?"

"Yes, sir."

"In each case the outside porter will send for the hall porter, to whom also you will give a shilling. Here are twenty-three shillings. You will then learn in possibly twenty cases out of the twenty-three that the waste of the day before has been burned or removed. In the three other cases you will be shown a heap of paper and you will look for this page of the Times among it. The odds are enormously against your finding it. There are ten shillings over in case of emergencies. Let me have a report by wire at Baker Street before evening. And now, Watson, it only remains for us to find out by wire the identity of the cabman, No. 2704, and then we will drop into one of the Bond Street picture galleries and fill in the time until we are due at the hotel."

"Ueberall giebst du zuerst dem Portier an der Außenthür einen Schilling. Hier sind dreiundzwanzig Schillinge."

"Jawohl."

"Du wirst ihm sagen, du wünschtest die fortgeworfenen Papiere von gestern zu fehen. Du sagst, du suchtest ein wichtiges Telegramm, das verkehrt bestellt worden wäre. Verstanden?" "Iawohl."

"In Wirklichkeit suchst du aber nach dem Mittelbogen einer gestrigen Timesnummer, woraus mit einer Schere einige Stellen herausgeschnitten sind. Hier ist die betreffende Nummer der Times. Dies ist die Stelle, um die es sich handelt. Du könntest sie leicht wiedererkennen, nicht wahr?"

"Iawohl."

"Der Portier von der Außenthür wird überall den Portier vom Flurraum heranrufen; diesem wirst du ebenfalls einen Schilling geben. Hier sind noch dreiundzwanzig Schillinge. In zwanzig Fällen von den dreiundzwanzig wirst du hören, daß der Inhalt der Papierkörbe verbrannt oder sonstwie fortgeschafft sei. In den drei anderen Fällen wird man dir einen Haufen Papier zeigen, und du wirst darin nach dem Timesblatt suchen. Die Wahrscheinlichkeit, daß du es findest, ist ungeheuer gering. Hier sind zehn Schillinge extra für unvorhergesehene Ausgaben. Schicke mir vor heute abend einen telegraphischen Bericht nach der Bakerstraße . . . Und nun, Watson, haben wir uns bloß noch telegraphisch nach dem Droschkenkutscher Nr. 2704 zu erkundigen, und dann wollen wir in irgend einen von den Kunstsalons in der Bond Street gehen, um uns die Zeit zu vertreiben, bis wir im Hotel sein müssen."

Chapter 5. Three Broken Threads

Sherlock Holmes had, in a very remarkable degree, the power of detaching his mind at will. For two hours the strange business in which we had been involved appeared to be forgotten, and he was entirely absorbed in the pictures of the modern Belgian masters. He would talk of nothing but art, of which he had the crudest ideas, from our leaving the gallery until we found ourselves at the Northumberland Hotel.

"Sir Henry Baskerville is upstairs expecting you," said the clerk. "He asked me to show you up at once when you came."

"Have you any objection to my looking at your register?" said Holmes.

"Not in the least."

The book showed that two names had been added after that of Baskerville. One was Theophilus Johnson and family, of Newcastle; the other Mrs. Oldmore and maid, of High Lodge, Alton.

"Surely that must be the same Johnson whom I used to know," said Holmes to the porter. "A lawyer, is he not, gray-headed, and walks with a limp?"

"No, sir, this is Mr. Johnson, the coal-owner, a very active gentleman, not older than yourself."

"Surely you are mistaken about his trade?"

"No, sir! he has used this hotel for many years, and he is very well known to us."

"Ah, that settles it. Mrs. Oldmore, too; I seem to remember the name. Excuse my curiosity, but often in calling upon one friend one finds another."

"She is an invalid lady, sir. Her husband was once mayor of Gloucester. She always comes to us when she is in London."

Fünftes Kapitel.

Sherlock Holmes besaß in sehr bemerkenswertem Maße die Gabe, nach freiem Willen seinen Geist ablenken zu können. In den nächsten zwei Stunden hatte er den rätselhaften Fall, in dessen Geheimnisse wir verwickelt worden waren, anscheinend völlig vergessen über der Betrachtung von Gemälden der modernen belgischen Schule. Selbst nachdem wir die Galerie verlassen hatten, sprach er, bis wir vor dem Hotel angelangt waren, ausschließlich über Kunst, wovon er, nebenbei bemerkt, höchst barbarische Begriffe hatte.

"Sir Henry Baskerville ist oben und erwartet Sie!" sagte der Hotelsekretär. "Er bat mich, Sie sofort nach Ihrer Ankunft zu ihm führen zu lassen."

"Haben Sie etwas dagegen, wenn ich vorher mal einen Blick in Ihr Fremdenbuch werfe?" fragte Holmes.

"Nicht das geringste."

Aus dem Buch ergab sich, daß hinter dem Namen Baskerville nur zwei Eintragungen gemacht waren, die eine betraf ‚Theophilus Johnson nebst Familie aus Newcastle', die andere ‚Frau Oldmore und Kammerjungfer von High Lodge, Alton.

"Dieser Herr Johnson muß unbedingt ein alter Bekannter von mir sein," sagte Holmes. "Ein Rechtsanwalt, nicht wahr? Mit grauen Haaren und etwas lahm?"

"O nein, dieser Herr Johnson ist Kohlenbergwerksbesitzer, ein sehr rüstiger Herr und nicht älter als Sie."

"Täuschen Sie sich auch wirklich nicht in Bezug auf seinen Beruf?"

"Nein, gewiß nicht; er steigt schon seit vielen Iahren stets bei uns ab und ist uns sehr gut bekannt."

"Ach so; dagegen ist nichts mehr zu sagen. Nun noch Frau Oldmore — mir ist, als erinnerte ich mich ihres Namens. Entschuldigen Sie meine Neugier, aber wenn man sich nach einem Bekannten erkundigt, findet man bei der Gelegenheit oft einen anderen wieder."

"Frau Oldmore ist eine kränkliche, alte Dame. Ihr Gemahl war früher Bürgermeister von Gloucester; sie kommt stets zu uns, wenn sie in London ist."

"Thank you; I am afraid I cannot claim her acquaintance. We have established a most important fact by these questions, Watson," he continued in a low voice as we went upstairs together. "We know now that the people who are so interested in our friend have not settled down in his own hotel. That means that while they are, as we have seen, very anxious to watch him, they are equally anxious that he should not see them. Now, this is a most suggestive fact."

"What does it suggest?"

"It suggests—halloa, my dear fellow, what on earth is the matter?"

As we came round the top of the stairs we had run up against Sir Henry Baskerville himself. His face was flushed with anger, and he held an old and dusty boot in one of his hands. So furious was he that he was hardly articulate, and when he did speak it was in a much broader and more Western dialect than any which we had heard from him in the morning.

"Seems to me they are playing me for a sucker in this hotel," he cried. "They'll find they've started in to monkey with the wrong man unless they are careful. By thunder, if that chap can't find my missing boot there will be trouble. I can take a joke with the best, Mr. Holmes, but they've got a bit over the mark this time."

"Still looking for your boot?"

"Yes, sir, and mean to find it."

"But, surely, you said that it was a new brown boot?"

"So it was, sir. And now it's an old black one."

"What! you don't mean to say—?"

"That's just what I do mean to say. I only had three pairs in the world—the new brown, the old black, and the patent leathers, which I am wearing. Last night they took one of my brown ones, and today they have sneaked one of the black. Well, have you got it? Speak out, man, and don't stand staring!"

An agitated German waiter had appeared upon the scene.

"No, sir; I have made inquiry all over the hotel, but I can hear no word of it."

"Danke. Wie es scheint, kann ich leider keinen Anspruch auf ihre Bekanntschaft machen. Wir haben durch meine Fragen eine sehr wichtige Thatsache festgestellt, Watson," fuhr Holmes leise fort, als wir die Treppe hinaufgingen. "Wir wissm jetzt, daß die Leute, die sich so außerordentlich aufmerksam um Sir Henry bekümmern, nicht in seinem Hotel Wohnung genommen haben. Daraus geht hervor, daß ihnen nicht nur, wie wir gesehen haben, sehr viel daran liegt, ihn zu beobachten, sondern daß ihnen ebensoviel darauf ankommt, nicht von ihm gesehen zu werden. Aus diesem Umstande aber läßt sich sehr viel entnehmen."

"Was denn zum Beispiel?"

"Es folgt daraus — hallo, mein lieber Herr, was ist denn nur los?!"

Wir waren oben an der Treppe gegen Sir Henry Baskerville selbst angerannt. Sein Gesicht war dunkelrot vor Zorn, und in der Hand hielt er einen bestaubten alten Schuh. Er war so wütend, daß er kaum sprechen konnte, und die Worte, die er schließlich hervorbrachte, trugen die Merkmale der breiten Mundart der westlichen Grafschaften in einer Weise, wie wir es am Morgen nicht an ihm bemerkt hatten.

"Die halten mich, scheint's, für einen Säugling in dem Hotel hier!" rief er. "Aber sie sollen sehen, daß sie mit ihren dummen Spaßen an den Unrechten geraten sind. Sie sollen sich nur in acht nehmen! Zum Donnerwetter, wenn der Kerl meinen fehlenden Schuh nicht finden kann, dann giebt es Krach! Ich kann einen Spaß vertragen, Herr Holmes, aber diesmal haben sie denn doch ein bißchen zu sehr über die Schnur gehauen."

"Sie suchen immer noch Ihren Schuh?" "Jawohl, und ich will ihn wiederhaben!" "Aber Sie sagten ja doch, es sei ein neuer brauner!"

"War es auch. Und nun ist's ein alter schwarzer!"

"Was! Sie wollen doch nicht sagen . . .?" "Jawohl, das will ich sagen. Ich hatte überhaupt bloß drei Paar Schuhe: die neuen braunen, die alten schwarzen und die Lackschuhe, die ich anhabe. Gestern abend nahmen sie einen von den braunen weg, und heute vormittag mopsen sie mir einen von den schwarzen. . . . Na, haben Sie ihn endlich? Heraus mit der Sprache, Mann, und glotzen Sie mich nicht so an!"

Ein aufgeregter deutscher Kellner war auf dem Schauplatz der Handlung erschienen.

"Nein, Herr!" sagte er, "ich habe überall im ganzen Hotel danach herumgefragt, aber kein Mensch wußte ein Wort davon."

"Well, either that boot comes back before sundown or I'll see the manager and tell him that I go right straight out of this hotel."

"It shall be found, sir—I promise you that if you will have a little patience it will be found."

"Mind it is, for it's the last thing of mine that I'll lose in this den of thieves. Well, well, Mr. Holmes, you'll excuse my troubling you about such a trifle—"

"I think it's well worth troubling about."

"Why, you look very serious over it."

"How do you explain it?"

"I just don't attempt to explain it. It seems the very maddest, queerest thing that ever happened to me."

"The queerest perhaps—" said Holmes thoughtfully.

"What do you make of it yourself?"

"Well, I don't profess to understand it yet. This case of yours is very complex, Sir Henry. When taken in conjunction with your uncle's death I am not sure that of all the five hundred cases of capital importance which I have handled there is one which cuts so deep. But we hold several threads in our hands, and the odds are that one or other of them guides us to the truth. We may waste time in following the wrong one, but sooner or later we must come upon the right."

We had a pleasant luncheon in which little was said of the business which had brought us together. It was in the private sitting-room to which we afterwards repaired that Holmes asked Baskerville what were his intentions.

"To go to Baskerville Hall."

"And when?"

"At the end of the week."

"On the whole," said Holmes, "I think that your decision is a wise one. I have ample evidence that you are being dogged in London, and amid the millions of this great city it is difficult to discover who these people are or what their object can be. If their intentions are evil they might do you a mischief, and we should be powerless to prevent it. You did not know, Dr. Mortimer, that you were followed this morning from my house?"

"Hören Sie: entweder ist bis heute abend der Schuh wieder da, oder ich sage dem Wirt, daß ich sofort sein Hotel verlasse!"

"Der Schuh wird sich finden, Herr — ich verspreche Ihnen, wenn Sie ein bißchen Geduld haben wollen, so wird er gefunden werden!"

"Nehmen Sie sich in acht; es ist das letztemal, daß etwas von meinen Sachen in dieser Räuberhöhle mir abhanden kommt. . . . Herr Holmes, Sie werden entschuldigen, daß ich Sie mit solchen Lappalien behellige. . . ."

"O, mich dünkt, die Sache ist gar keine Lappalie."

"Sie machen ja ein ganz ernstes Gesicht dazu!"

"Wie erklären Sie sich die Sache?"

"Ich versuche gar nicht, sie mir zu erklären. Es ist das verrückteste und sonderbarste Ding, was mir je vorgekommen ist, wie mir scheint."

"Das sonderbarste — ja, das mag sein," sagte Holmes nachdenklich.

"Was halten Sie selber davon?"

"Hm, ich kann nicht sagen, daß ich bis jetzt etwas davon verstehe. Ihr Fall ist sehr verwickelt, Sir Henry. Bringe ich ihn in Verbindung mit Ihres Onkels Tod, so weiß ich wirklich nicht, ob mir unter den fünfhundert Fällen allerersten Ranges, die ich unter den Händen hatte, jemals ein so tief einschneidender vorkam. Aber wir haben verschiedene Fäden in der Hand, und es ist Aussicht, daß der eine oder der andere von denselben uns zur Wahrheit führt. Wir werden vielleicht Zeit verlieren, indem wir einem falschen Faden folgen, aber früher oder später müssen wir doch an den rechten kommen."

"Baskerville, was er zu thun gedächte."

"Und wann?"

"Ende dieser Woche."

"Im großen und ganzen," sagte Holmes, "halte ich Ihren Entschluß für verständig. Ich habe die vollkommene Gewißheit, daß hier in London Ihre Schritte überwacht werden, und hier in der Millionenstadt ist es schwer herauszufinden, was für Leute hinter Ihnen her sind, und was sie wollen. Wenn sie böse Absichten haben, so könnten sie Ihnen etwas zuleide thun, was wir nicht imstande wären zu verhindern. Sie wissen wohl nicht, Herr Dr. Mortimer, vormittag jemand gefolgte, als Sie von meinem Hause fortgingen?

Dr. Mortimer started violently. "Followed! By whom?"

"That, unfortunately, is what I cannot tell you. Have you among your neighbours or acquaintances on Dartmoor any man with a black, full beard?"

"No—or, let me see—why, yes. Barrymore, Sir Charles's butler, is a man with a full, black beard."

"Ha! Where is Barrymore?"

"He is in charge of the Hall."

"We had best ascertain if he is really there, or if by any possibility he might be in London."

"How can you do that?"

"Give me a telegraph form. 'Is all ready for Sir Henry?' That will do. Address to Mr. Barrymore, Baskerville Hall. What is the nearest telegraph-office? Grimpen. Very good, we will send a second wire to the postmaster, Grimpen: 'Telegram to Mr. Barrymore to be delivered into his own hand. If absent, please return wire to Sir Henry Baskerville, Northumberland Hotel.' That should let us know before evening whether Barrymore is at his post in Devonshire or not."

"That's so," said Baskerville. "By the way, Dr. Mortimer, who is this Barrymore, anyhow?"

"He is the son of the old caretaker, who is dead. They have looked after the Hall for four generations now. So far as I know, he and his wife are as respectable a couple as any in the county."

"At the same time," said Baskerville, "it's clear enough that so long as there are none of the family at the Hall these people have a mighty fine home and nothing to do."

"That is true."

"Did Barrymore profit at all by Sir Charles's will?" asked Holmes.

"He and his wife had five hundred pounds each."

"Ha! Did they know that they would receive this?"

Dr. Mortimer fuhr von seinem Stuhl auf und rief: "Uns folgte jemand? Wer?"

"Das kann ich Ihnen unglücklicherweise nicht sagen. Haben Sie unter Ihren Nachbarn oder Bekannten von Dartmoor irgend einen Mann mit schwarzem Vollbart?"

"Nein — oder warten Sie mal — doch. Ia. Barrymore, Sir Charles' Kammerdiener, trägt einen schwarzen Vollbart."

"Ha! Wo ist Barrymore?"

"Er ist Hausverwalter auf Baskerville Hall."

"Wir wollen uns lieber vergewissern, ob er wirklich dort ist, oder ob er vielleicht in London sein kann."

"Wie können Sie das?"

"Geben Sie mir ein Telegrammformular. ‚Ist alles bereit für Sir Henry?' So, das genügt. Adresse: Herrn Barrymore, Baskerville Hall. Welches ist das nächste Telegraphenamt? Grimpen. Sehr gut; wir schicken eine zweite Depesche an den Postmeister von Grimpen: »Telegramm an Herrn Barrymore ist zu eigenen Händen zu bestellen. Wenn dieser abwesend, gefälligst Drahtantwort an Sir Henry Baskerville, Northumberland-Hotel.' Dadurch können wir vor heute abend wissen, ob Barrymore auf feinem Posten in Devonshire ist oder nicht."

"Sie haben recht!" sagte Baskerville. "Uebrigens. sagen Sie doch mal, Herr Doktor, was ist eigentlich dieser Barrymore für ein Mann?"

"Er ist der Sohn von dem früheren, jetzt verstorbenen Schloßverwalter. Die Familie ist jetzt schon seit vier Generationen im Amt. So viel ich weiß, sind er und seine Frau ein so respektables Ehepaar wie nur eines in der ganzen Gegend."

"Zugleich ist es sehr klar," fiel Baskerville ein, "daß, so lange niemand von der Familie im Schloß wohnt, die Leutchen ein großartig schönes Haus und nichts zu thun haben."

"Das stimmt."

"Hatte Barrymore irgend einen Vorteil von Sir Charles' Testament?" fragte Holmes.

"Er und seine Frau bekamen je fünfhundert Pfund Sterling."

"Oho! Wußten sie, daß sie das kriegen würden?"

"Yes; Sir Charles was very fond of talking about the provisions of his will."

"That is very interesting."

"I hope," said Dr. Mortimer, "that you do not look with suspicious eyes upon everyone who received a legacy from Sir Charles, for I also had a thousand pounds left to me."

"Indeed! And anyone else?"

"There were many insignificant sums to individuals, and a large number of public charities. The residue all went to Sir Henry."

"And how much was the residue?"

"Seven hundred and forty thousand pounds."

Holmes raised his eyebrows in surprise. "I had no idea that so gigantic a sum was involved," said he.

"Sir Charles had the reputation of being rich, but we did not know how very rich he was until we came to examine his securities. The total value of the estate was close on to a million."

"Dear me! It is a stake for which a man might well play a desperate game. And one more question, Dr. Mortimer. Supposing that anything happened to our young friend here—you will forgive the unpleasant hypothesis!—who would inherit the estate?"

"Since Rodger Baskerville, Sir Charles's younger brother died unmarried, the estate would descend to the Desmonds, who are distant cousins. James Desmond is an elderly clergyman in Westmoreland."

"Thank you. These details are all of great interest. Have you met Mr. James Desmond?"

"Ja. Sir Charles sprach mit Vorliebe von seinen letztwilligen Verfügungen."

"Das ist sehr interessant."

"Ich will hoffen," sagte Doktor Mortimer, "Sie sehen nicht mit mißtrauischen Augen auf einen jeden, der von Sir Charles mit einem Vermächtnis bedacht worden ist; denn mir hat er auch tausend Pfund hinterlassen."

"Was Sie nicht sagen! Und hat er auch sonst noch anderen Leuten etwas ausgesetzt?"

"Viele unbedeutende Beträge für einzelne Persönlichkeiten und viele größere für öffentliche Wohlthätigkeitseinrichtungen. Der ganze Rest fiel an Sir Henry."

"Und wieviel betrug dieser Rest?"

"Siebenhundertundvierzigtausend Pfund."

Holmes zog überrascht die Augenbrauen empor und sagte:

"Ich hatte keine Ahnung, daß es sich um eine solche Riesensumme handelte."

"Sir Charles galt für reich, aber wir wußten selbst nicht, wie ungeheuer reich er war, bevor wir an die Aufstellung seiner Kapitalien kamen. Der Gesamtwert des Vermögens belief sich auf beinahe eine Million."

"Alle Wetter! Das ist ein Einsatz, um welchen wohl jemand ein verzweifeltes Spiel wagen kann. Noch eine Frage, Herr Doktor! Angenommen, unserem jungen Freunde hier stieße etwas zu — verzeihen Sie, bitte, diese unangenehme Hypothese, Sir Henry! — wer würde dann das Vermögen erben?"

"Da Sir Charles' jüngerer Bruder, Rodger Baskerville, unverheiratet gestorben ist, so würde der Besitz an die Desmonds kommen. Sie sind entfernte Verwandte. Iames Desmond ist ein älterer Geistlicher in Westmoreland."

"Danke. Alle diese Einzelheiten sind von großer Bedeutung. Haben Sie Herrn James Desmond persönlich je gesehen?"

"Yes; he once came down to visit Sir Charles. He is a man of venerable appearance and of saintly life. I remember that he refused to accept any settlement from Sir Charles, though he pressed it upon him."

"And this man of simple tastes would be the heir to Sir Charles's thousands."

"He would be the heir to the estate because that is entailed. He would also be the heir to the money unless it were willed otherwise by the present owner, who can, of course, do what he likes with it."

"And have you made your will, Sir Henry?"

"No, Mr. Holmes, I have not. I've had no time, for it was only yesterday that I learned how matters stood. But in any case I feel that the money should go with the title and estate. That was my poor uncle's idea. How is the owner going to restore the glories of the Baskervilles if he has not money enough to keep up the property? House, land, and dollars must go together."

"Quite so. Well, Sir Henry, I am of one mind with you as to the advisability of your going down to Devonshire without delay. There is only one provision which I must make. You certainly must not go alone."

"Dr. Mortimer returns with me."

"But Dr. Mortimer has his practice to attend to, and his house is miles away from yours. With all the goodwill in the world he may be unable to help you. No, Sir Henry, you must take with you someone, a trusty man, who will be always by your side."

"Is it possible that you could come yourself, Mr. Holmes?"

"If matters came to a crisis I should endeavour to be present in person; but you can understand that, with my extensive consulting practice and with the constant appeals which reach me from many quarters, it is impossible for me to be absent from London for an indefinite time. At the present instant one of the most revered names in England is being besmirched by a blackmailer, and only I can stop a disastrous scandal. You will see how impossible it is for me to go to Dartmoor."

"Ja. Er kam einmal herüber, um Sir Charles zu besuchen. Er ist ein Mann von ehrwürdiger Erscheinung und gottseligem Lebenswandel. Ich erinnere mich, daß er sich weigerte, von Sir Charles eine Rente anzunehmen, obwohl dieser sie ihm geradezu aufdrang."

"Und dieser Mann von einfachen Lebensgewohnheiten würde also Sir Charles' Hunderttausende erben."

"Er würde der Erbe des Landbesitzes sein, weil dieser Familiengut ist. Er würde ebenfalls das Geld erben, wenn nicht etwa der derzeitige Eigentümer anderweitig darüber verfügte, was er natürlich ganz nach seinem Belieben thun kann."

"Und haben Sie Ihr Testament gemacht, Sir Henry?"

"Nein, Herr Holmes, das habe ich nicht gethan. Ich habe keine Zeit dazu gehabt, denn ich erfuhr überhaupt erst gestern, wie die Verhältnisse liegen. Aber nach meinem Gefühl sollte das Geld an den kommen, der Titel und Landbesitz erhält. Wie soll denn der Besitzer den alten Glanz der Baskerville wieder herstellen, wenn er nicht Geld genug hat, um den Besitz in gutem Stand zu halten? Haus, Land und Geld müssen bei einander bleiben."

"Ganz recht! Nun, Sir Henry, ich bin ebenfalls Ihrer Meinung, daß es sich empfiehlt, wenn Sie unverzüglich nach Devonfhire gehen. Nur muß ich einen Vorbehalt machen: Sie dürfen auf keinen Fall allein reisen."

"Dr. Mortimer fährt mit mir zurück."

"Aber Dr. Mortimer hat seine Praxis und wohnt ein paar Meilen weit von Ihnen ab. Mit dem allerbesten Willen würde er vielleicht nicht imstande sein, Ihnen zu helfen. Nein, Sir Henry, Sie müssen irgend jemand mitnehmen, einen zuverlässigen Mann, der Ihnen nicht von der Seite geht."

"Wäre es vielleicht möglich, daß Sie selber mitkämen, Herr Holmes?"

"Wenn es zu einer Krisis kommt, so werde ich mich nach Kräften bemühen, persönlich anwesend sein zu können. Aber Sie werden begreifen, daß ich bei meiner ausgebreiteten Praxis und in Anbetracht der fortwährenden Hilfegesuche, die mir von allen Seiten zugehen, unmöglich mich für unbestimmte Zeit von London entfernen kann. Gerade in diesem Augenblick ist einer der ehrwürdigsten Namen Englands bedroht, von einem Erpresser besudelt zu werden, und nur ich kann einen unheilvollen Skandal verhindern. Sie sehen gewiß selber ein, daß ich unmöglich mit nach Dartmoor gehen kann."

"Whom would you recommend, then?"

Holmes laid his hand upon my arm. "If my friend would undertake it there is no man who is better worth having at your side when you are in a tight place. No one can say so more confidently than I."

The proposition took me completely by surprise, but before I had time to answer, Baskerville seized me by the hand and wrung it heartily.

"Well, now, that is real kind of you, Dr. Watson," said he. "You see how it is with me, and you know just as much about the matter as I do. If you will come down to Baskerville Hall and see me through I'll never forget it."

The promise of adventure had always a fascination for me, and I was complimented by the words of Holmes and by the eagerness with which the baronet hailed me as a companion.

"I will come, with pleasure," said I. "I do not know how I could employ my time better."

"And you will report very carefully to me," said Holmes. "When a crisis comes, as it will do, I will direct how you shall act. I suppose that by Saturday all might be ready?"

"Would that suit Dr. Watson?"

"Perfectly."

"Then on Saturday, unless you hear to the contrary, we shall meet at the ten-thirty train from Paddington."

We had risen to depart when Baskerville gave a cry, of triumph, and diving into one of the corners of the room he drew a brown boot from under a cabinet.

"My missing boot!" he cried.

"May all our difficulties vanish as easily!" said Sherlock Holmes.

"But it is a very singular thing," Dr. Mortimer remarked. "I searched this room carefully before lunch."

"Wen würden Sie mir also dann empfehlen?" Holmes legte seine Hand auf meinen Arm und sagte:

"Wenn mein Freund bereit wäre, so könnten Sie in einem Augenblick der Bedrängnis keinen besseren Mann an Ihrer Seite haben. Das kann niemand zuversichtlicher behaupten als gerade ich."

Der Vorschlag kam mir völlig unerwartet, aber bevor ich Zeit hatte etwas zu erwidern, ergriff Baskerville meine Hand und schüttelte sie herzlich, indem er ausrief:

"Das ist wirklich recht freundlich von Ihnen, Herr Doktor! Sie sehen, wie es mit mir steht, und Sie wissen von der ganzen Geschichte ebensoviel wie ich selber. Wenn Sie mit nach Baskerville Hall kommen und mir beistehen wollen, so werde ich Ihnen das nie vergessen."

Die Aussicht auf Abenteuer hatte stets einen berückenden Zauber für mich, auch schmeichelten mir Holmes' anerkennende Worte und die Freudigkeit, womit der Baronet mich als Begleiter begrüßte. Ich sagte daher:

"Ich will mit Ihnen gehen, mit Vergnügen. Ich wüßte nicht, wie ich meine Zeit besser anwenden könnte."

"Sie werden mir sehr getreulich Bericht erstatten," sagte Holmes. "Wenn eine Krisis kommt — und es kommt eine, das ist ganz sicher — so werde ich Ihnen Weisung geben, was Sie zu thun haben. Bis Samstag können Sie wohl mit allen Geschäften hier in London fertig sein?"

"Wäre das Herrn Doktor Watson recht?"

"Vollkommen."

"Also treffen wir uns, wenn Sie keinen Gegenbescheid bekommen, am Samstag zum Halbelf-Zuge auf Bahnhof Paddington."

Wir waren aufgestanden, um uns zu verabschieden, als plötzlich Baskerville einen Triumphruf ausstieß, nach einer der Zimmerecken stürzte und einen braunen Schuh unter einem Schranke hervorzog.

"Mein verloren gegangener Schuh!" rief er.

"Mögen alle Ihre Schwierigkeiten sich so leicht lösen!" sagte Sherlock Holmes.

"Aber das ist doch eine sehr sonderbare Sache," bemerkte Doktor Mortimer. "Ich hatte vor dem Frühstück dies Zimmer ganz sorgfältig durchsucht."

"And so did I," said Baskerville. "Every inch of it."

"There was certainly no boot in it then."

"In that case the waiter must have placed it there while we were lunching."

The German was sent for but professed to know nothing of the matter, nor could any inquiry clear it up. Another item had been added to that constant and apparently purposeless series of small mysteries which had succeeded each other so rapidly. Setting aside the whole grim story of Sir Charles's death, we had a line of inexplicable incidents all within the limits of two days, which included the receipt of the printed letter, the black-bearded spy in the hansom, the loss of the new brown boot, the loss of the old black boot, and now the return of the new brown boot. Holmes sat in silence in the cab as we drove back to Baker Street, and I knew from his drawn brows and keen face that his mind, like my own, was busy in endeavouring to frame some scheme into which all these strange and apparently disconnected episodes could be fitted. All afternoon and late into the evening he sat lost in tobacco and thought.

Just before dinner two telegrams were handed in. The first ran:

Have just heard that Barrymore is at the Hall. BASKERVILLE.

The second:

Visited twenty-three hotels as directed, but sorry, to report unable to trace cut sheet of Times. CARTWRIGHT.

"There go two of my threads, Watson. There is nothing more stimulating than a case where everything goes against you. We must cast round for another scent."

"We have still the cabman who drove the spy."

"Exactly. I have wired to get his name and address from the Official Registry. I should not be surprised if this were an answer to my question."

"Und ich auch," sagte Baskerville. "Ieden Zoll breit!"

"Es war ganz bestimmt kein Schuh im Zimmer."

"Dann muß der Kellner ihn hingestellt haben, während wir beim Frühstück saßen."

Der Deutsche wurde gerufen, beteuerte aber, er wüßte von nichts, alles Fragen führte zu keinem Ergebnis.

Eine neue Zuthat zu der fortwährend sich vergrößernden Reihenfolge von kleinen Geheimnissen, die uns in dem kurzen Zeitraum von zwei Tagen entgegengetreten waren: der Empfang des Briefes mit den Druckbuchstaben, der schwarzbärtige Spion in der Droschke, das Abhandenkommen des alten schwarzen, und jetzt das Wiederauffinden des neuen braunen Schuhes. Holmes saß schweigend in der Droschke, worin wir nach der Bakerstraße zurückfuhren, und ich sah an seinen gerunzelten Brauen und den scharf zusammengezogenen Gesichtszügen, daß sein Geist ebenso wie der meinige eifrig an der Arbeit war, eine Theorie auszudenken, in deren Rahmen alle diese seltsamen und anscheinend zusammenhanglosen Ereignisse sich einfügen ließen. Als wir zu Hause waren, saß er den ganzen Nachmittag und noch einen guten Teil des Abends in dicken Tabaksqualm eingehüllt und tief in Gedanken versunken.

Unmittelbar bevor wir zu Tisch gingen, wurden zwei Telegramme bestellt. Das erste lautete:

"Soeben erfahren, daß Barrymore in Baskerville Hall ist. Baskerville."

Das zweite meldete uns: "Weisungsgemäß dreiundzwanzig Hotels aufgesucht, ausgeschnittenes Timesblatt leider nicht auffindbar. — Cartwright."

"Da reißen zwei von meinen Fäden, Watson! Nichts macht aber den Geist schärfer als ein Fall, wo alles schief geht. Wir müssen uns nach einer anderen Spur umsehen."

"Wir haben noch den Droschkenkutscher, der den Spion fuhr."

"Allerdings. Ich habe an die Centralstelle für das Fuhrwesen telegraphiert, sie möchten mir Namen und Wohnung des Mannes mitteilen. ... Ich sollte mich nicht wundern, wenn wir hier die Antwort auf meine Frage bekämen."

The ring at the bell proved to be something even more satisfactory than an answer, however, for the door opened and a rough-looking fellow entered who was evidently the man himself.

"I got a message from the head office that a gent at this address had been inquiring for No. 2704," said he. "I've driven my cab this seven years and never a word of complaint. I came here straight from the Yard to ask you to your face what you had against me."

"I have nothing in the world against you, my good man," said Holmes. "On the contrary, I have half a sovereign for you if you will give me a clear answer to my questions."

"Well, I've had a good day and no mistake," said the cabman with a grin. "What was it you wanted to ask, sir?"

"First of all your name and address, in case I want you again."

"John Clayton, 3 Turpey Street, the Borough. My cab is out of Shipley's Yard, near Waterloo Station."

Sherlock Holmes made a note of it.

"Now, Clayton, tell me all about the fare who came and watched this house at ten o'clock this morning and afterwards followed the two gentlemen down Regent Street."

The man looked surprised and a little embarrassed. "Why, there's no good my telling you things, for you seem to know as much as I do already," said he. "The truth is that the gentleman told me that he was a detective and that I was to say nothing about him to anyone."

"My good fellow; this is a very serious business, and you may find yourself in a pretty bad position if you try to hide anything from me. You say that your fare told you that he was a detective?"

"Yes, he did."

"When did he say this?"

Es hatte in diesem Augenblick geschellt, und dieses Zeichen bedeutete sogar noch Besseres als eine bloße Antwort, denn die Thür ging auf und herein kam ein vierschrötiger Mann, offenbar der Kutscher selber.

"Ich kriegte Bescheid vom Amt," sagte er, "ein Herr, der hier in der Bakerstraße wohnte, hätte nach mir gefragt. Ich habe meine Droschke nun schon sieben Jahre lang gefahren und nie 'ne Klage gehabt. Darum komme ich vom Stall und frage Sie gerade ins Gesicht, was Sie gegen mich haben."

"Ich habe ganz und gar nichts gegen Sie, mein guter Mann," sagte Holmes. "Im Gegenteil, ich habe einen halben Sovereign für Sie, wenn Sie mir klare und deutliche Antworten auf meine Fragen geben wollen."

"Nu, ich hab' 'n guten Tag gehabt und 's war alles sauber!" sagte der Kutscher grinsend. "Was möchten Sie wissen, Herr?"

"Zu allererst Ihren Namen und Ihre Wohnung, für den Fall, daß ich Sie später noch 'mal brauchen sollte."

"John Clayton, Turpay Street Nummer 3, im Borough. Meine Droschke gehört zu Shipleys Fuhr» geschäft, dicht beim Waterloo-Bahnhof."

Sherlock Holmes schrieb sich die Adresse auf und fuhr fort: "Nun, Clayton, sagen Sie mir alles, was Sie von dem Mann wissen, der heute morgen um zehn in Ihrer Droschke hier dicht bei meinem Hause wartete und Sie nachher die Regent Street hinunter hinter den beiden Herren herfahren ließ."

Der Mann war verdutzt und wurde ein bißchen verlegen.

"Na," sagte er nach einigem Besinnen, "da hat's wohl nicht viel Zweck. Denn Sie wissen ja wohl schon so viel davon wie ich selber. Die Sache ist die: Der Herr sagte mir, er wäre Detektiv, und ich dürfte keinem Menschen was über ihn sagen."

"Mein lieber Mann, es handelt sich um eine sehr ernste Sache, und Sie könnten in eine recht häßliche Klemme kommen, wenn Sie versuchen sollten, mir irgend was zu verheimlichen. Sie sagen, Ihr Fahrgast erzählte Ihnen, er wäre Detektiv?"

"Iawohl, das that er."

"Wann sagte er das?"

"When he left me."

"Did he say anything more?"

"He mentioned his name."

Holmes cast a swift glance of triumph at me. "Oh, he mentioned his name, did he? That was imprudent. What was the name that he mentioned?"

"His name," said the cabman, "was Mr. Sherlock Holmes."

Never have I seen my friend more completely taken aback than by the cabman's reply. For an instant he sat in silent amazement. Then he burst into a hearty laugh.

"A touch, Watson—an undeniable touch!" said he. "I feel a foil as quick and supple as my own. He got home upon me very prettily that time. So his name was Sherlock Holmes, was it?"

"Yes, sir, that was the gentleman's name."

"Excellent! Tell me where you picked him up and all that occurred."

"He hailed me at half-past nine in Trafalgar Square. He said that he was a detective, and he offered me two guineas if I would do exactly what he wanted all day and ask no questions. I was glad enough to agree. First we drove down to the Northumberland Hotel and waited there until two gentlemen came out and took a cab from the rank. We followed their cab until it pulled up somewhere near here."

"This very door," said Holmes.

"Well, I couldn't be sure of that, but I dare say my fare knew all about it. We pulled up halfway down the street and waited an hour and a half. Then the two gentlemen passed us, walking, and we followed down Baker Street and along—"

"I know," said Holmes.

"Als er fortging."

"Sagte er sonst noch was?"

"Ja, er nannte seinen Namen."

Holmes warf einen schnellen Blick voller Triumph auf mich und sagte:

"O, er nannte seinen Namen — wirklich? Das war unvorsichtig. Was war das denn für ein Name?"

"Sein Name," antwortete der Droschkenkutscher, "war Sherlock Holmes."

Niemals sah ich meinen Freund ein so verblüfftes Gesicht machen wie bei diesen Worten des Droschkenkutschers. Einen Augenblick lang saß er sprachlos da. Dann brach er in ein herzliches Lachen aus und rief:

"Eine Abfuhr, Watson — eine unleugbare Abfuhr! Ich bin da an eine Klinge geraten, die ebenso schnell und gewandt ist wie die meinige. Der Mann hat mir diesmal wirklich recht niedlich heimgeleuchtet. Also sein Name war Sherlock Holmes, sagten Sie?"

"Jawohl, Herr, so hieß der Herr!"

"Ausgezeichnet! Sagen Sie mir, wie Sie mit ihm zusammenkamen, und alles, was sich sonst noch zutrug."

"Um halb zehn Uhr rief er mich auf dem Trafalgar Square an. Er sagte, er wäre Detektiv, und bot mir zwei Guineen, wenn ich den ganzen Tag genau thäte, was er verlangte, und keine Fragen stellen wollte. Natürlich griff ich mit beiden Händen zu. Zuerst fuhren wir nach dem Northumberland-Hotel und warteten da, bis zwei Herren herauskamen und in eine von den Droschken am Halteplatz stiegen. Wir fuhren ihrem Wagen nach, bis er irgendwo hier in der Nähe anhielt."

"Hier vor meiner Thür," fiel Holmes ein.

"Nu, das kann ich nicht so genau sagen, aber mein Fahrgast wußte jedenfalls von allem Bescheid. Ein Stück weiter die Straße hinunter hielten wir ebenfalls, und da warteten wir anderthalb Stunden. Dann kamen die beiden Herren bei uns vorbei; sie gingen zu Fuß, und wir fuhren hinter ihnen her die Bakerstraße hindurch, und dann .. ."

"Weiß schon," sagte Holmes.

"Until we got three-quarters down Regent Street. Then my gentleman threw up the trap, and he cried that I should drive right away to Waterloo Station as hard as I could go. I whipped up the mare and we were there under the ten minutes. Then he paid up his two guineas, like a good one, and away he went into the station. Only just as he was leaving he turned round and he said: 'It might interest you to know that you have been driving Mr. Sherlock Holmes.' That's how I come to know the name."

"I see. And you saw no more of him?"

"Not after he went into the station."

"And how would you describe Mr. Sherlock Holmes?"

The cabman scratched his head. "Well, he wasn't altogether such an easy gentleman to describe. I'd put him at forty years of age, and he was of a middle height, two or three inches shorter than you, sir. He was dressed like a toff, and he had a black beard, cut square at the end, and a pale face. I don't know as I could say more than that."

"Colour of his eyes?"

"No, I can't say that."

"Nothing more that you can remember?"

"No, sir; nothing."

"Well, then, here is your half-sovereign. There's another one waiting for you if you can bring any more information. Good-night!"

"Good-night, sir, and thank you!"

John Clayton departed chuckling, and Holmes turned to me with a shrug of his shoulders and a rueful smile.

"... bis wir schließlich ungefähr drei viertel von der Regent Street entlang gefahren waren. Da stieß plötzlich der Herr in meiner Droschke die Klappe auf und rief mir zu, ich sollte so schnell wie möglich direkt nach dem Waterloo-Bahnhof fahren. Ich schlug auf meinen Gaul los, und in weniger als zehn Minuten waren wir da. Er bezahlte mir meine zwei Guineen in blankem Gold in die Hand und ging in den Bahnhof hinein. Im Augenblick, als er wegging, drehte er sich um und sagte: ‚Vielleicht interessiert es Sie, zu hören, daß Sie Sherlock Holmes gefahren haben — Auf die Art erfuhr ich seinen Namen."

"Ich verstehe. Und weiter sahen und hörten Sie nichts von ihm?"

"Nachdem er in das Bahnhofsgebäude hineingegangen war, nicht mehr."

"Und könnten Sie mir wohl Herrn Sherlock Holmes ein bißchen beschreiben?"

Der Kutscher kratzte sich hinterm Ohr.

"Hm, ja, es war eigentlich nicht so'n Herr, den man so ganz leicht beschreiben kann. Ich möchte ihn auf etwa vierzig Iahre schätzen; er war mittelgroß, so zwei bis drei Zoll kleiner als Sie. Angezogen war er mächtig fein, und er hat einen schwarzen Bart, der unten breit abgeschnitten war, und ein blasses Gesicht. Weiter wüßte ich nichts über ihn zu sagen."

"Die Farbe seiner Augen?"

"Nein, davon kann ich nichts sagen."

"Und sonst können Sie sich wirklich auf nichts mehr besinnen?"

"Nein, Herr, das ist alles."

"Na, hier ist Ihr halber Sovereign, und ein anderer halber wartet auf Sie, wenn Sie mir eine neue Auskunft bringen können. Guten Abend!"

"Guten Abend, Herr, und schönen Dank."

Iohn Clayton ging, von innerlicher Heiterkeit erfüllt, aus der Thür, und Holmes wandte sich mit einem Achselzucken und mit einem etwas kümmerlichen Lächeln zu mir und sagte:

"Snap goes our third thread, and we end where we began," said he. "The cunning rascal! He knew our number, knew that Sir Henry Baskerville had consulted me, spotted who I was in Regent Street, conjectured that I had got the number of the cab and would lay my hands on the driver, and so sent back this audacious message. I tell you, Watson, this time we have got a foeman who is worthy of our steel. I've been checkmated in London. I can only wish you better luck in Devonshire. But I'm not easy in my mind about it."

"About what?"

"About sending you. It's an ugly business, Watson, an ugly dangerous business, and the more I see of it the less I like it. Yes, my dear fellow, you may laugh, but I give you my word that I shall be very glad to have you back safe and sound in Baker Street once more."

"Schnapp! Da geht der dritte Faden entzwei, und wir stehen wieder am Anfang. Der schlaue Schuft! Er kannte unsere Hausnummer, wußte, daß Sir Henry Baskerville mich um Rat gefragt hatte, und erriet in der Regent Street, wer ich war. Dann dachte er sich, daß ich mir wahrscheinlich die Nummer seiner Droschke gemerkt haben würde und daher leicht an den Kutscher herankommen könnte, deshalb schickte er mir diese freche Bestellung. Ich sage dir, Watson, diesmal haben wir's mit einem Gegner zu thun, der unserer Klinge würdig ist. Ich bin in London matt gesetzt. Ich kann nur hoffen, daß du in Devonshire besseres Glück hast. Aber es macht mir schwere Gedanken."

"Was denn?"

"Daß ich dich hinschicke. Es ist eine eklige Geschichte, Watson, eine eklige, gefährliche Geschichte, und je mehr ich davon zu sehen bekomme, desto weniger gefällt sie mir. Ja, mein lieber Junge, du magst darüber lachen, aber auf mein Wort, ich werde froh sein, wenn ich dich wieder heil und gesund hier in der Bakerstraße.

Chapter 6. Baskerville Hall

Sir Henry Baskerville and Dr. Mortimer were ready upon the appointed day, and we started as arranged for Devonshire. Mr. Sherlock Holmes drove with me to the station and gave me his last parting injunctions and advice.

"I will not bias your mind by suggesting theories or suspicions, Watson," said he; "I wish you simply to report facts in the fullest possible manner to me, and you can leave me to do the theorizing."

"What sort of facts?" I asked.

"Anything which may seem to have a bearing however indirect upon the case, and especially the relations between young Baskerville and his neighbours or any fresh particulars concerning the death of Sir Charles. I have made some inquiries myself in the last few days, but the results have, I fear, been negative. One thing only appears to be certain, and that is that Mr. James Desmond, who is the next heir, is an elderly gentleman of a very amiable disposition, so that this persecution does not arise from him. I really think that we may eliminate him entirely from our calculations. There remain the people who will actually surround Sir Henry Baskerville upon the moor."

"Would it not be well in the first place to get rid of this Barrymore couple?"

Sechstes Kapitel.

Sir Henry Baskerville und Dr. Mortimer waren am verabredeten Tage reisefertig und zur bestimmten Stunde fuhren wir vom Bahnhof Paddington ab. Sherlock Holmes fuhr mit mir nach dem Bahnhof und gab mir zum Abschied noch seine letzten Weisungen und Ratschläge.

"Ich will dich nicht mit Mutmaßungen und Verdachtsgründen beeinflussen, Watson; ich wünsche von dir nichts weiter, als daß du mir so ausführlich wie möglich alle Thatsachen berichtest; die Theorienbildung kannst du mir überlassen."

"Was für Thatsachen soll ich berichten?" fragte ich.

"Alles, was dir in irgend einem, wenn auch noch so losen Zusammenhang mit dem Fall zu stehen scheint, im besonderen die Beziehungen zwischen dem jungen Baskerville und seinen Nachbarn, oder alle neuen Umstände, die in Bezug auf Sir Charles' Tod bekannt werden. Ich habe in den letzten Tagen auf eigene Hand einige Erkundigungen eingezogen, aber die Ergebnisse habe sind, fürchte ich, negativer Art gewesen. Ganz sicher scheint nur eines festzustehen, nämlich daß James Desmond, der nächstberechtigte Erbe, ein älterer Herr von sehr liebenswürdigem Wesen ist, und daß daher diese Verfolgung nicht von ihm ausgeht. Ich glaube wirklich, wir können ihn gänzlich aus unseren Berechnungen ausscheiden. Dann bleiben noch die Leute, die Sir Henry Baskervilles Umgebung auf dem Moor bilden werden."

"Wäre es nicht gut, zu allererst dieses Ehepaar Barrymore wegzujagen?"

"By no means. You could not make a greater mistake. If they are innocent it would be a cruel injustice, and if they are guilty we should be giving up all chance of bringing it home to them. No, no, we will preserve them upon our list of suspects. Then there is a groom at the Hall, if I remember right. There are two moorland farmers. There is our friend Dr. Mortimer, whom I believe to be entirely honest, and there is his wife, of whom we know nothing. There is this naturalist, Stapleton, and there is his sister, who is said to be a young lady of attractions. There is Mr. Frankland, of Lafter Hall, who is also an unknown factor, and there are one or two other neighbours. These are the folk who must be your very special study."

"I will do my best."

"You have arms, I suppose?"

"Yes, I thought it as well to take them."

"Most certainly. Keep your revolver near you night and day, and never relax your precautions."

Our friends had already secured a first-class carriage and were waiting for us upon the platform.

"No, we have no news of any kind," said Dr. Mortimer in answer to my friend's questions. "I can swear to one thing, and that is that we have not been shadowed during the last two days. We have never gone out without keeping a sharp watch, and no one could have escaped our notice."

"You have always kept together, I presume?"

"Except yesterday afternoon. I usually give up one day to pure amusement when I come to town, so I spent it at the Museum of the College of Surgeons."

"And I went to look at the folk in the park," said Baskerville.

"But we had no trouble of any kind."

"Um Gottes Willen nicht! Du könntest gar keinen schlimmeren Fehler machen. Wenn sie unschuldig sind, so wäre es eine grausame Ungerechtigkeit; sind sie aber schuldig, so würden wir uns damit jeder Aussicht benehmen, sie zu überführen. Nein, nein, wir wollen sie nur auf unserer Liste von Verdächtigen belassen und weiter nichts. Außer ihnen ist, wenn ich mich recht erinnere, im Schloß noch ein Stallknecht. Ferner wohnen in der Nähe zwei Moorbauern. Dann haben wir unseren Freund Dr. Mortimer, der, wie ich glaube, vollkommen ehrenhaft ist, und dessen Frau, von der wir nichts wissen. Dann kommt der Naturforscher, Stapleton, und dessen Schwester, die eine recht anziehende junge Dame sein soll. Ferner Herr Frankland von Laster Hall, ebenfalls ein unbekannter Faktor für uns, und noch ein oder zwei andere Nachbarn. Das sind die Leute, die du zum Gegenstand deiner ganz besonderen Beobachtung machen mußt."

"Ich will mein Bestes thun."

"Du hast doch Waffen bei dir?"

"Ja, ich dachte, es wäre gut, sie mitzunehmen."

"Ganz gewiß! Halte Tag und Nacht deinen Revolver zur Hand und werde niemals schlaff in deiner Vorsicht!"

Unsere Bekannten hatten bereits einen Abteil erster Klasse belegt und warteten auf dem Bahnsteig auf uns.

"Nein, wir haben durchaus nichts Neues zu berichten," sagte Dr. Mortimer in Beantwortung der von meinem Freund an ihn gerichteten Frage. "Aber auf eins kann ich einen Eid ablegen, nämlich, daß wir während der beiden letzten Tage nicht beobachtet worden sind. Wir sind niemals ausgegangen, ohne auf das Schärfste aufzupassen, und es würde niemand unserer Aufmerksamkeit entgangen fein."

"Sie sind, wie ich annehme, stets zusammen ausgegangen?"

"Ja, mit Ausnahme von gestern nachmittag. Wenn ich in London bin, so widme ich für gewöhnlich einen Tag reinen Vergnügungszwecken; ich ging daher in das Museum der Chirurgischen Gesellschaft."

"Und ich sah mir ein bißchen das Getriebe im Park an," sagte Baskerville. "Aber wir hatten keine Unannehmlichkeiten irgend welcher Art."

"It was imprudent, all the same," said Holmes, shaking his head and looking very grave. "I beg, Sir Henry, that you will not go about alone. Some great misfortune will befall you if you do. Did you get your other boot?"

"No, sir, it is gone forever."

"Indeed. That is very interesting. Well, good-bye," he added as the train began to glide down the platform. "Bear in mind, Sir Henry, one of the phrases in that queer old legend which Dr. Mortimer has read to us, and avoid the moor in those hours of darkness when the powers of evil are exalted."

I looked back at the platform when we had left it far behind and saw the tall, austere figure of Holmes standing motionless and gazing after us.

The journey was a swift and pleasant one, and I spent it in making the more intimate acquaintance of my two companions and in playing with Dr. Mortimer's spaniel. In a very few hours the brown earth had become ruddy, the brick had changed to granite, and red cows grazed in well-hedged fields where the lush grasses and more luxuriant vegetation spoke of a richer, if a damper, climate. Young Baskerville stared eagerly out of the window and cried aloud with delight as he recognized the familiar features of the Devon scenery.

"I've been over a good part of the world since I left it, Dr. Watson," said he; "but I have never seen a place to compare with it."

"I never saw a Devonshire man who did not swear by his county," I remarked.

"It depends upon the breed of men quite as much as on the county," said Dr. Mortimer. "A glance at our friend here reveals the rounded head of the Celt, which carries inside it the Celtic enthusiasm and power of attachment. Poor Sir Charles's head was of a very rare type, half Gaelic, half Ivernian in its characteristics. But you were very young when you last saw Baskerville Hall, were you not?"

"Es war aber trotzdem unvorsichtig," sagte Holmes kopfschüttelnd und mit sehr ernstem Gesicht. "Ich bitte Sie, Sir Henry, nicht allein auszugehen. Wenn Sie es thun, so wird Ihnen irgend ein großes Unglück zustoßen. Haben Sie Ihren anderen Schuh wiederbekommen?"

"Nein, er ist verschwunden geblieben."

"Wirklich! Das ist sehr interessant. Nun, gute Reise," sagte er noch, da der Zug den Bahnsteig entlang zu gleiten begann. "Beherzigen Sie, Sir Henry, einen von den Sätzen in der seltsamen alten Geschichte, die Dr. Mortimer uns vorgelesen hat, und meiden Sie das Moor in jenen Stunden der Finsternis, da die bösen Mächte ihr Spiel treiben!"

Ich blickte noch einmal nach dem Bahnsteig zurück, als wir schon weit weg waren, und sah Sherlock Holmes' große, ernste Gestalt regungslos dastehen und uns nachstarren.

Die Reise verlief schnell und angenehm; ich benutzte sie, um mit meinen beiden Gefährten näher bekannt zu werden. Nach ein paar Stunden folgte dem braunen Boden rötliche Erde, statt der Ziegelhäuser sah man Granitbauten, und rote Kühe grasten auf wohlumzäumten Wiesen, deren saftiger und üppiger Graswuchs auf ein milderes, wenngleich auch feuchteres

Klima hindeutete. Der junge Baskerville sah eifrig aus dem Fenster und stieß einen lauten Ruf des Entzückens aus, als er die altvertrauten Züge der Devonlandschaft wiedererkannte.

"Ich habe ein gutes Stück von der Welt gesehen, seitdem ich von hier fortging, Dr. Watson, aber niemals fah ich eine Gegend, die sich mit dieser vergleichen läßt!"

"Ich sah noch niemals einen Devonshirer, der nicht auf seine Heimat geschworen hätte," bemerkte ich lachend.

"Das liegt ebenso sehr an der Menschenrasse wie an der Gegend," sagte Dr. Mortimer. "Ein flüchtiger Blick auf unseren Freund hier zeigt uns den runden Keltenschädel, worin sich keltische Begeisterungsfähigkeit und Anhänglichkeit birgt. Des armen Sir Charles' Schädel bot einen sehr seltenen Typus; die Hauptkennzeichen waren teils gälisch, teils irisch. Aber Sie waren wohl noch sehr jung, als Sie das letztem«! Baskerville Hall sahen, nicht wahr?"

"I was a boy in my teens at the time of my father's death and had never seen the Hall, for he lived in a little cottage on the South Coast. Thence I went straight to a friend in America. I tell you it is all as new to me as it is to Dr. Watson, and I'm as keen as possible to see the moor."

"Are you? Then your wish is easily granted, for there is your first sight of the moor," said Dr. Mortimer, pointing out of the carriage window.

Over the green squares of the fields and the low curve of a wood there rose in the distance a gray, melancholy hill, with a strange jagged summit, dim and vague in the distance, like some fantastic landscape in a dream. Baskerville sat for a long time, his eyes fixed upon it, and I read upon his eager face how much it meant to him, this first sight of that strange spot where the men of his blood had held sway so long and left their mark so deep. There he sat, with his tweed suit and his American accent, in the corner of a prosaic railway-carriage, and yet as I looked at his dark and expressive face I felt more than ever how true a descendant he was of that long line of high-blooded, fiery, and masterful men. There were pride, valour, and strength in his thick brows, his sensitive nostrils, and his large hazel eyes. If on that forbidding moor a difficult and dangerous quest should lie before us, this was at least a comrade for whom one might venture to take a risk with the certainty that he would bravely share it.

"Ich war ein halbwüchsiger Bursche, als mein Vater starb, und hatte unseren Stammsitz niemals gesehen, denn mir wohnten in einem kleinen Landhause an der Südküste. Von dort ging ich geraden Weges zu einem Freunde nach Amerika. Ich muß sagen, die Gegend von Baskerville Hall ist für mich so neu wie für Herrn Dr. Watson, und ich bin über die Maßen begierig, das Moor zu sehen."

"Wirklich? Nun, Ihr Wunsch ist schnell erfüllt, denn hier haben Sie den ersten Blick aufs Moor," sagte Dr. Mortimer.

Ueber den grünen Wiesenvierecken und einem niedrigen Walde erhob sich in der Ferne ein grauer, melancholischer Hügel, mit seltsam zerklüftetem Gipfel, trübe und unbestimmt wie eine phantastische Traumlandschaft, Baskerville saß lange da, die Augen auf dieses Vild geheftet, und ich las auf seinem ausdrucksvollen Gesicht, wie tief ihn der erste Anblick der Gegend rührte, wo seine Vorväter so lange geherrscht und so tiefe Spuren hinterlassen hatten. Da saß der Mann mit seinem amerikanischen Accent, in seinen eleganten Sommeranzug gekleidet, in der Ecke eines höchst alltäglichen Eisenbahnabteils; und doch, als ich ihm in das ausdrucksvolle Gesicht sah, da fühlte ich mehr denn je, daß er ein echter Sproß jenes alten Geschlechtes von reinblütigen feurigen Herrenmenschen war. Stolz, Tapferkeit, Kraft sprachen aus seinen buschigen Brauen, den beweglichen Nasenflügeln, den großen nußbraunen Augen. Wenn vielleicht auf jenem abschreckenden Moor ein schwer zu lösendes und gefährliches Rätsel unserer harrte, so war er jedenfalls, das fühlte ich, ein Kamerad, für den man sich wohl in Gefahr begeben konnte, da man gewiß war, daß er sie mit mutigem Herzen teilen würde.

The train pulled up at a small wayside station and we all descended. Outside, beyond the low, white fence, a wagonette with a pair of cobs was waiting. Our coming was evidently a great event, for station-master and porters clustered round us to carry out our luggage. It was a sweet, simple country spot, but I was surprised to observe that by the gate there stood two soldierly men in dark uniforms who leaned upon their short rifles and glanced keenly at us as we passed. The coachman, a hard-faced, gnarled little fellow, saluted Sir Henry Baskerville, and in a few minutes we were flying swiftly down the broad, white road. Rolling pasture lands curved upward on either side of us, and old gabled houses peeped out from amid the thick green foliage, but behind the peaceful and sunlit countryside there rose ever, dark against the evening sky, the long, gloomy curve of the moor, broken by the jagged and sinister hills.

The wagonette swung round into a side road, and we curved upward through deep lanes worn by centuries of wheels, high banks on either side, heavy with dripping moss and fleshy hart's-tongue ferns. Bronzing bracken and mottled bramble gleamed in the light of the sinking sun. Still steadily rising, we passed over a narrow granite bridge and skirted a noisy stream which gushed swiftly down, foaming and roaring amid the gray boulders. Both road and stream wound up through a valley dense with scrub oak and fir. At every turn Baskerville gave an exclamation of delight, looking eagerly about him and asking countless questions. To his eyes all seemed beautiful, but to me a tinge of melancholy lay upon the countryside, which bore so clearly the mark of the waning year. Yellow leaves carpeted the lanes and fluttered down upon us as we passed. The rattle of our wheels died away as we drove through drifts of rotting vegetation—sad gifts, as it seemed to me, for Nature to throw before the carriage of the returning heir of the Baskervilles.

"Halloa!" cried Dr. Mortimer, "what is this?"

Der Zug hielt an einer Zwischenstation, und wir stiegen aus. Draußen, jenseits des niedrigen weiß angestrichenen Holzzaunes, wartete ein zweispänniger Jagdwagen. Unsere Ankunft war augenscheinlich ein großes Ereignis, denn Bahnhofsvorsteher und Kofferträger drängten sich an uns heran, um uns das Gepäck zu besorgen. Es war ein hübscher ländlicher Ort, aber ich bemerkte mit Ueberraschung, daß an der Ausgangspforte zwei soldatisch aussehende Männer in dunklen Uniformen standen; sie lehnten sich auf ihre kurzen Büchsen und sahen uns, als wir an ihnen vorübergingen, mit scharf musternden Blicken an. Der Kutscher, ein knorriger kleiner Mann mit harten Gesichtszügen, begrüßte Sir Henry Baskerville, und ein paar Minuten später flogen wir schnell die breite weiße Straße entlang. Wiesen mit wogendem Gras zogen sich an beiden Seiten des Weges hin, alte Giebelhäuser schauten hinter dichtem Laubwerk hervor, aber drüben über der friedlichen, sonnenbeglänzten Landschaft erhob sich, schwarz vom Abendhimmel sich abzeichnend, die lange, öde Linie des Moors, nur ab und zu von häßlichen Felsenspitzen unterbrochen.

Der Jagdwagen bog in einen Seitenweg ein, und wir fuhren bergan auf Straßen, die feit Jahrhunderten von Tausenden von Rädern tief ausgefahren waren, zwischen hohen mit dickem Moos bedeckten Wällen, auf denen üppige Farnkräuter und Brombeersträucher wuchsen. Immer sachte bergauf fahrend, kamen wir über eine schmale Steinbrücke, unter welcher brausend und schäumend ein schnelles Bergwafser zwischen grauen Felsblöcken dahinschoß. Das Thal, durch welches der Weg sich allmählich aufwärts wand, war dicht mit Eichen- und Föhrengestrüpp bestanden. Bei jeder Wegbiegung jubelte Baskerville laut auf, sah sich entzückt um und richtete unzählige Fragen an den Doktor. In seinen Augen war alles schön, für mich aber lag etwas Melancholisches auf der Landschaft, der bereits der Herbst deutlich seinen Stempel aufgedrückt hatte. Gelbe Blätter bedeckten die Wege und rieselten von den Bäumen auf uns herab. Das Rollen unserer Räder erstarb auf dem dichten Teppich toter Blätter — mir war's als wäre das ein trauriger Empfang, den Mutter Natur dem heimkehrenden Sohne der Baskervilles bereitete.

"Hallo!" rief Plötzlich Dr. Mortimer. "Was ist denn das?"

A steep curve of heath-clad land, an outlying spur of the moor, lay in front of us. On the summit, hard and clear like an equestrian statue upon its pedestal, was a mounted soldier, dark and stern, his rifle poised ready over his forearm. He was watching the road along which we travelled.

"What is this, Perkins?" asked Dr. Mortimer.

Our driver half turned in his seat. "There's a convict escaped from Princetown, sir. He's been out three days now, and the warders watch every road and every station, but they've had no sight of him yet. The farmers about here don't like it, sir, and that's a fact."

"Well, I understand that they get five pounds if they can give information."

"Yes, sir, but the chance of five pounds is but a poor thing compared to the chance of having your throat cut. You see, it isn't like any ordinary convict. This is a man that would stick at nothing."

"Who is he, then?"

"It is Selden, the Notting Hill murderer."

I remembered the case well, for it was one in which Holmes had taken an interest on account of the peculiar ferocity of the crime and the wanton brutality which had marked all the actions of the assassin. The commutation of his death sentence had been due to some doubts as to his complete sanity, so atrocious was his conduct. Our wagonette had topped a rise and in front of us rose the huge expanse of the moor, mottled with gnarled and craggy cairns and tors. A cold wind swept down from it and set us shivering. Somewhere there, on that desolate plain, was lurking this fiendish man, hiding in a burrow like a wild beast, his heart full of malignancy against the whole race which had cast him out. It needed but this to complete the grim suggestiveness of the barren waste, the chilling wind, and the darkling sky. Even Baskerville fell silent and pulled his overcoat more closely around him.

Eine steile, mit Haidekraut bewachsene Kuppe, ein Ausläufer des Moors, lag gerade vor uns. Auf der Höhe hielt scharf und klar wie ein Reiterstandbild auf seinem Piedestal sich abhebend, ein berittener Soldat, finster und ernst, die Büchse schußfertig im Arm. Er bewachte den Weg, welchen wir entlang fuhren.

"Was bedeutet das, Perkins?" fragte Dr. Mortimer.

Unser Kutscher drehte sich halb auf seinem Bock um und antwortete:

"Von Princetown ist ein Sträfling entflohen, Herr. Er ist nun seit drei Tagen draußen, und die Zuchthauswächter bewachen jeden Weg und jeden Bahnhof, aber bis jetzt haben sie ihn noch nicht zu Gesicht gekriegt. Den Bauern hier in der Gegend ist es nicht gerade angenehm, Herr, so viel steht fest."

"Na, ich denke doch, sie bekommen fünf Pfund, wenn sie den Mann anzeigen können."

"Das schon Herr, aber was ist denn die Aussicht, fünf Pfund zu kriegen, gegen die andere Aussicht, daß einem die Kehle durchgeschnitten wird? Sie müssen wissen, der Mann ist kein gewöhnlicher Sträfling. Das ist einer, der vor nichts zurückschrecken würde."

"Wer ist es denn?"

"Selden, der Mörder von Notting Hill."

Ich erinnerte mich des Falles sehr gut, denn Holmes hatte sich dafür interessiert, wegen der ganz außergewöhnlichen Grausamkeit, womit das Verbrechen vollbracht worden war, und wegen des blutdürstigen Hohnes, den der Mörder gezeigt hatte. Die Umwandlung des Todesurteils in lebenslängliche Zuchthausstrafe war erfolgt, weil man einige Zweifel an seiner völligen Zurechnungsfähigkeit hegte, so unmenschlich war sein Gebaren.

Unser Iagdwagen war auf dem Gipfel einer Erhöhung angelangt, und vor uns erhob sich die weite Fläche des Moors mit seinen Steinhaufen und schroffen Felsenklippen. Ein kalter Wind wehte von ihm herunter und durchschauerte uns Mark und Bein. Irgendwo auf dieser trostlos öden Ebene hauste dieser teuflische Gesell, wie ein wildes Tier in einer Höhle sich bergend, das Herz voll bitterer Wut gegen das ganze Menschengeschlecht, das ihn ausgestoßen hatte. Dieser Gedanke fehlte noch gerade, um das schaurige Gefühl zu vervollständigen, das der Anblick des wüsten Moors, der eisige Wind, der dunkelnde Abendhimmel in uns erweckte. Sogar Baskerville wurde still und hüllte sich dichter in seinen Ueberzieher.

We had left the fertile country behind and beneath us. We looked back on it now, the slanting rays of a low sun turning the streams to threads of gold and glowing on the red earth new turned by the plough and the broad tangle of the woodlands. The road in front of us grew bleaker and wilder over huge russet and olive slopes, sprinkled with giant boulders. Now and then we passed a moorland cottage, walled and roofed with stone, with no creeper to break its harsh outline. Suddenly we looked down into a cuplike depression, patched with stunted oaks and firs which had been twisted and bent by the fury of years of storm. Two high, narrow towers rose over the trees. The driver pointed with his whip.

"Baskerville Hall," said he.

Its master had risen and was staring with flushed cheeks and shining eyes. A few minutes later we had reached the lodge-gates, a maze of fantastic tracery in wrought iron, with weather-bitten pillars on either side, blotched with lichens, and surmounted by the boars' heads of the Baskervilles. The lodge was a ruin of black granite and bared ribs of rafters, but facing it was a new building, half constructed, the first fruit of Sir Charles's South African gold.

Through the gateway we passed into the avenue, where the wheels were again hushed amid the leaves, and the old trees shot their branches in a sombre tunnel over our heads. Baskerville shuddered as he looked up the long, dark drive to where the house glimmered like a ghost at the farther end.

"Was it here?" he asked in a low voice.

"No, no, the yew alley is on the other side."

The young heir glanced round with a gloomy face.

"It's no wonder my uncle felt as if trouble were coming on him in such a place as this," said he. "It's enough to scare any man. I'll have a row of electric lamps up here inside of six months, and you won't know it again, with a thousand candle-power Swan and Edison right here in front of the hall door."

Das fruchtbare Land lag jetzt hinter und unter uns. Wie wir darauf zurückblickten, verwandelten die schrägen Strahlen der sinkenden Sonne die Bäche in goldene Fäden und beglänzten die frischgepflügten braunroten Aecker und die breiten Waldstreifen. Der Weg vor uns führte durch immer ödere und wildere, rötliche und grünlichbraune Abhänge, die mit riesigen Steinblöcken übersäet waren. Ab und zu kamen wir bei einem Moorbauernhaus vorbei: steinerne Mauern und steinerne Dächer, die harten Linien von keinem Rankengrün gemildert. Auf einmal sahen wir unter uns eine muldenförmige Vertiefung, die mit verkümmerten, vom Sturm zerzausten und verbogenen Eichen und Kiefern verwachsen war. Zwei hohe, schlanke Türme hoben sich über die Bäume empor. Der Kutscher streckte seine Peitsche aus und sagte:

"Baskerville Hall!"

Sein Herr war aufgestanden und sah mit geröteten Wangen und blitzenden Augen auf die Türme. Ein paar Minuten später fuhren wir durch das Parkthor, phantastische Gitterthüren aus Schmiedeeisen zwischen zwei verwitterten, bemoosten Steinpfeilern, auf denen sich die Eberköpfe des Baskervilleschen Wappens erhoben. Das Thorwärterhaus war eine Ruine von schwarzem Granit und nackten Dachsparren, aber dieser gegenüber erhob sich ein halb vollendetes neues Gebäude — die Erstlingsfrucht von Sir Charles' südafrikanischem Golde. Durch das Parkthor gelangten wir in die Schloßallee. Wieder rollten die Räder über gefallenes Laub, und über unseren Häuptern schlossen die alten Bäume ihre Zweige zu einem düsteren Gewölbe. Baskerville schauerte zusammen, als er am Ende der langen dunklen Allee das Haus erblickte, das geisterhaft durch die Bäume schimmerte.

"War es hier?" fragte er leise.

"Nein, nein; der Taxusgang ist auf der anderen Seite."

Der junge Mann sah sich mit verdüstertem Gesicht um und sagte:

"Es ist kein Wunder, wenn mein Onkel das Vorgefühl hatte, es werde ihm an diesem Ort ein Unglück zustoßen. Hier kann wohl jeden Mann ein unbehagliches Gefühl überschleichen. Ehe sechs Monate um sind, will ich eine Reihe von elektrischen Bogenlampen hier anbringen lassen, und Sie werden die Allee nicht wiedererkennen, und gerade hier dem Schloßthor gegenüber soll mir eine tausendkerzige Svan- und -Edison brennen."

The avenue opened into a broad expanse of turf, and the house lay before us. In the fading light I could see that the centre was a heavy block of building from which a porch projected. The whole front was draped in ivy, with a patch clipped bare here and there where a window or a coat of arms broke through the dark veil. From this central block rose the twin towers, ancient, crenelated, and pierced with many loopholes. To right and left of the turrets were more modern wings of black granite. A dull light shone through heavy mullioned windows, and from the high chimneys which rose from the steep, high-angled roof there sprang a single black column of smoke.

"Welcome, Sir Henry! Welcome to Baskerville Hall!"

A tall man had stepped from the shadow of the porch to open the door of the wagonette. The figure of a woman was silhouetted against the yellow light of the hall. She came out and helped the man to hand down our bags.

"You don't mind my driving straight home, Sir Henry?" said Dr. Mortimer. "My wife is expecting me."

"Surely you will stay and have some dinner?"

"No, I must go. I shall probably find some work awaiting me. I would stay to show you over the house, but Barrymore will be a better guide than I. Good-bye, and never hesitate night or day to send for me if I can be of service."

The wheels died away down the drive while Sir Henry and I turned into the hall, and the door clanged heavily behind us. It was a fine apartment in which we found ourselves, large, lofty, and heavily raftered with huge baulks of age-blackened oak. In the great old-fashioned fireplace behind the high iron dogs a log-fire crackled and snapped. Sir Henry and I held out our hands to it, for we were numb from our long drive. Then we gazed round us at the high, thin window of old stained glass, the oak panelling, the stags' heads, the coats of arms upon the walls, all dim and sombre in the subdued light of the central lamp.

Die Allee führte auf eine weite Rasenfläche, und vor uns lag das Haus. Im Dämmerlicht konnte ich sehen, daß das Mittelgebäude ein gewaltiger Steinblock war, aus welchem ein Portal vorsprang. Die ganze Vorderwand war mit Epheu überkleidet, in welchem hier und da ein Ausschnitt eine Stelle bezeichnete, wo sich ein Fenster oder ein Wappenschild befand. Ueber diesem Mittelbau erhoben sich die beiden alten zinnengekrönten, von Schießscharten durchbrochnen Türme. Rechts und links von den Türmen erstreckten sich modernere Flügel aus schwarzem Granit. Ein trübes Licht fiel aus einigen von den altertümlichen Fenstern nach außen und aus einem der hohen Kamine, die sich über dem steilen Giebeldach erhoben, stieg eine dunkle Rauchwolke gen Himmel.

"Willkommen, Sir Henry! Willkommen auf Baskerville Hall!"

Ein großer Mann war aus dem Dunkel des Portals hervorgetreten, um den Schlag des Jagdwagens zu öffnen. Die Gestalt einer Frau hob sich von dem gelben Licht der Halle ab. Sie trat heraus und half dem Mann, unsere Reisetaschen vom Wagen zu nehmen.

"Sie haben doch nichts dagegen, wenn ich gleich nach meinem Hause weiterfahre, Sir Henry?" fragte Dr. Mortimer. "Meine Frau erwartet mich."

"Aber Sie bleiben doch, um ein paar Bissen mit uns zu essen?"

"Nein, ich muß gehen. Wahrscheinlich werde ich allerlei Arbeit vorfinden. Ich würde sonst bleiben, um Ihnen das Haus zu zeigen, aber Barrymore wird ein besserer Führer sein als ich. Leben Sie wohl, und schicken Sie unbedenklich bei Tag oder bei Nacht zu mir, wenn ich irgendwie Ihnen zu Diensten sein kann."

Das Rasseln der Räder verhallte auf der Straße, während Sir Henry und ich die Halle betraten. Mit dumpfem Schlag fiel die Thür hinter uns zu. Wir befanden uns in einem schönen, weiten, hohen Raum mit einer schweren Decke aus altergeschwärzten Eichenbalken. In dem großen altertümlichen Kamin prasselte und knisterte auf hohen eisernen Feuerböcken ein Holzfeuer. Sir Henry und ich streckten unsere Hände darüber aus, denn die lange Fahrt hatte uns völlig durchkältet. Dann sahen wir uns rund um: ein hohes schmales Fenster mit altem bunten Glase, eichenes Wandgetäfel, an den Wänden Hirschgeweihe und Wappenschilder, und dies alles trübe und dämmerig im gedämpften Licht der in der Mitte des Raumes herabhängenden Lampe.

"It's just as I imagined it," said Sir Henry. "Is it not the very picture of an old family home? To think that this should be the same hall in which for five hundred years my people have lived. It strikes me solemn to think of it."

I saw his dark face lit up with a boyish enthusiasm as he gazed about him. The light beat upon him where he stood, but long shadows trailed down the walls and hung like a black canopy above him. Barrymore had returned from taking our luggage to our rooms. He stood in front of us now with the subdued manner of a well-trained servant. He was a remarkable-looking man, tall, handsome, with a square black beard and pale, distinguished features.

"Would you wish dinner to be served at once, sir?"

"Is it ready?"

"In a very few minutes, sir. You will find hot water in your rooms. My wife and I will be happy, Sir Henry, to stay with you until you have made your fresh arrangements, but you will understand that under the new conditions this house will require a considerable staff."

"What new conditions?"

"I only meant, sir, that Sir Charles led a very retired life, and we were able to look after his wants. You would, naturally, wish to have more company, and so you will need changes in your household."

"Do you mean that your wife and you wish to leave?"

"Only when it is quite convenient to you, sir."

"But your family have been with us for several generations, have they not? I should be sorry to begin my life here by breaking an old family connection."

I seemed to discern some signs of emotion upon the butler's white face.

"Gerade so ist's, wie ich's mir vorgestellt hatte!" rief Sir Henry. "Ist es nicht wie ein altes Gemälde von einem alten Geschlechterhause? Wenn ich denke, daß dies die Halle ist, worin fünf Jahrhunderte lang meine Vorfahren gelebt haben! Mich stimmt's ganz feierlich."

Ich sah, wie jugendliche Begeisterung sein dunkles Gesicht erhellte, als er sich so umsah. Er stand im vollen Schein des Lichtes, aber lange Schatten bedeckten die Wände und hingen wie ein schwarzes Gewölbe über ihm.

Barrymore war wieder eingetreten, nachdem er das Gepäck auf unsere Zimmer befördert hatte. Er stand jetzt in der unterwürfigen Haltung eines gut erzogenen Dieners vor uns. Ein auffallend hübscher Mann, groß, stattlich, mit einem breit abgeschnittenen Kinnbart und blassen, edel geformten Zügen.

"Wünschen Sie, daß das Essen sofort aufgetragen wird, Herr?"

"Ist es fertig?"

"In ein paar Minuten, Herr! Warmes Wasser finden Sie in Ihren Zimmern. Meine Frau und ich werden glücklich sein, Sir Henry, bei Ihnen zu bleiben, bis Sie Ihre Einrichtungen getroffen haben, aber Sie werden begreifen, daß unter den neuen Verhältnissen der Haushalt eine beträchtliche Dienerschaft erfordern wird."

"Was für neue Verhältnisse meinen Sie?"

"Ich wollte nur sagen, Herr, daß Sir Charles sehr zurückgezogen lebte und daß wir ausreichten, um seine Ansprüche zu befriedigen. Sie werden natürlich größere Gesellschaft um sich haben, und deshalb werden Sie auch Veränderungen im Haushalt treffen müssen."

"Wollen Sie damit sagen, daß Sie und Ihre Frau Ihren Abschied wünschen?"

"Nur, wenn es Ihnen völlig genehm ist, Herr!"

"Aber Ihre Familie ist ja doch mehrere Generationen hindurch bei uns gewesen, nicht wahr? Es sollte mir leid thun, wenn ich meine Niederlassung an diesem Ort damit beginnen müßte, eine solche alte Verbindung zu lösen."

Es kam mir vor, als nähme ich auf dem blassen Gesicht des Kammerdieners einige Anzeichen von Rührung wahr.

"I feel that also, sir, and so does my wife. But to tell the truth, sir, we were both very much attached to Sir Charles, and his death gave us a shock and made these surroundings very painful to us. I fear that we shall never again be easy in our minds at Baskerville Hall."

"But what do you intend to do?"

"I have no doubt, sir, that we shall succeed in establishing ourselves in some business. Sir Charles's generosity has given us the means to do so. And now, sir, perhaps I had best show you to your rooms."

A square balustraded gallery ran round the top of the old hall, approached by a double stair. From this central point two long corridors extended the whole length of the building, from which all the bedrooms opened. My own was in the same wing as Baskerville's and almost next door to it. These rooms appeared to be much more modern than the central part of the house, and the bright paper and numerous candles did something to remove the sombre impression which our arrival had left upon my mind.

But the dining-room which opened out of the hall was a place of shadow and gloom. It was a long chamber with a step separating the dais where the family sat from the lower portion reserved for their dependents. At one end a minstrel's gallery overlooked it. Black beams shot across above our heads, with a smoke-darkened ceiling beyond them. With rows of flaring torches to light it up, and the colour and rude hilarity of an old-time banquet, it might have softened; but now, when two black-clothed gentlemen sat in the little circle of light thrown by a shaded lamp, one's voice became hushed and one's spirit subdued. A dim line of ancestors, in every variety of dress, from the Elizabethan knight to the buck of the Regency, stared down upon us and daunted us by their silent company. We talked little, and I for one was glad when the meal was over and we were able to retire into the modern billiard-room and smoke a cigarette.

"Ich habe dasselbe Gefühl, Herr, und meine Frau auch," antwortete dieser. "Aber um die Wahrheit zu sagen, Herr, wir hatten beide eine große Anhänglichkeit an Sir Charles; sein Tod ging uns sehr nahe, und seitdem weckt diese Umgebung nur noch peinliche Erinnerungen in uns. Ich fürchte, wir werden, so lange wir auf Baskerville Hall sind, niemals unser frohes Gemüt wiederfinden."

"Aber was haben Sie denn vor?"

",Jch zweifle nicht, Herr, daß es uns gelingen wird, irgend ein Geschäft zu eröffnen. Sir Charles' Freigebigkeit hat uns die Mittel verschafft. Und nun, meine Herren, ist es wohl am besten, wenn ich Ihnen Ihre Zimmer zeige?"

Eine breite, von Balustraden eingefaßte Galerie lief dicht unter der Decke um die Halle herum; eine Doppeltreppe führte zu ihr hinauf. Von diesem Mittelpunkt aus erstreckten sich zwei lange Korridore, die die Thören zu allen Schlafzimmern enthielten, über die ganze Länge des Gebäudes hin. Mein Zimmer lag im selben Flügel wie das Sir Henrys, beinahe Thür an Thür. Diese Zimmer waren augenscheinlich viel moderner als der Mittelbau des Schlosses, und ihre hellen Tapeten sowie zahlreiche brennende Kerzen thaten das ihre, um den düsteren Eindruck zu verscheuchen, der sich bei unserer Ankunft meines Geistes bemächtigt hatte.

Aber der Speisesaal, in den man von der Halle aus gelangte, war wieder trübselig und düster. Ein langes Zimmer mit einem erhöhten Ende, wo die Familie gespeist hatte; eine Stufe führte zu dem für die Dienstleute bestimmten niedrigeren Teile des Raumes. An einem Ende befand sich in halber Höhe eine Galerie, von wo aus die Barden ihre Vorträge gehalten hatten. Altersgeschwärzte Balken zogen sich über unseren Häuptern unter der rauchdunklen Decke hin. Von brennenden Fackeln erhellt, von den bunten Farben und der derben Heiterkeit eines mittelalterlichen Gelages erfüllt, mochte der Saal nicht so übel ausgesehen haben. Nun aber saßen in dem riesigen Raum nur zwei schwarzbefrackte Herren in dem kleinen Lichtkreis, der vom Schirm der Tischlampe begrenzt wurde, und da sank die Stimme zum Flüstern herab, und die Stimmung wurde melancholisch. Eine Reihe von Ahnenbildern in allen möglichen Trachten, vom Ritter der Elisabethischen Heldenzeit bis zum Dandy aus den Kreisen des Prinzregenten, starrten in der Halbdämmerung auf uns hernieder und bedrückten uns durch ihre schweigende Gesellschaft. Wir sprachen wenig, und ich für mein Teil war herzlich froh, als das Essen vorüber war und wir uns in das modern eingerichtete Billardzimmer zurückziehen konnten, um eine Zigarette zu rauchen.

"My word, it isn't a very cheerful place," said Sir Henry. "I suppose one can tone down to it, but I feel a bit out of the picture at present. I don't wonder that my uncle got a little jumpy if he lived all alone in such a house as this. However, if it suits you, we will retire early tonight, and perhaps things may seem more cheerful in the morning."

I drew aside my curtains before I went to bed and looked out from my window. It opened upon the grassy space which lay in front of the hall door. Beyond, two copses of trees moaned and swung in a rising wind. A half moon broke through the rifts of racing clouds. In its cold light I saw beyond the trees a broken fringe of rocks, and the long, low curve of the melancholy moor. I closed the curtain, feeling that my last impression was in keeping with the rest.

And yet it was not quite the last. I found myself weary and yet wakeful, tossing restlessly from side to side, seeking for the sleep which would not come. Far away a chiming clock struck out the quarters of the hours, but otherwise a deathly silence lay upon the old house. And then suddenly, in the very dead of the night, there came a sound to my ears, clear, resonant, and unmistakable. It was the sob of a woman, the muffled, strangling gasp of one who is torn by an uncontrollable sorrow. I sat up in bed and listened intently. The noise could not have been far away and was certainly in the house. For half an hour I waited with every nerve on the alert, but there came no other sound save the chiming clock and the rustle of the ivy on the wall.

"'s ist wahrhaftig kein sehr lustiges Haus!", begann Sir Henry. "Ich glaube wohl, daß man sich allmählich eingewöhnen kann, aber augenblicklich komme ich mir noch ein bißchen verwirrt vor. Ich wundere mich nicht, daß mein Onkel ein wenig absonderlich wurde, wenn er ganz allein in solch einem Hause wohnte. . . Doch wenn es Ihnen recht ist, wollen wir heute früh zu Bett gehen; vielleicht sieht das Ganze im Morgenlicht doch heiterer aus."

Ich zog, bevor ich mich zu Bett legte, die Vorhänge zurück und sah aus dem Fenster. Es ging auf den Rasenplatz vor der Haupteingangsthür. Im Hintergrunde rauschten zwei Baumgruppen und wiegten sich im Nachtwinde. Der Halbmond trat durch die Lücken der eilig ziehenden Wolken. In seinem kalten Lichte sah ich hinter den Bäumen zackige Felsklippen und den langen niedrigen Bogen des melancholischen Meeres. Ich zog die Vorhänge wieder zu; dieser letzte Eindruck stimmte zu meinen bereits vorhandenen Gefühlen.

Und doch war es noch nicht der allerletzte Eindruck. Ich war ermüdet und konnte trotzdem nicht einschlafen; unruhig warf ich mich von einer Seite auf die andere und suchte den Schlaf, der nicht kommen wollte. In der Ferne schlug jede Viertelstunde eine Glocke, sonst lag Totenstille über dem Hause. Dann plötzlich, in dem tiefen Grabesschweigen der Nacht, klang ein Laut an mein Ohr — ein heller, deutlicher, unverkennbarer Ton. Es war das Weinen einer Frau, das unterdrückte, halberstickte Schluchzen einer Frau, die von Schmerz und Kummer gequält wird. Ich setzte mich im Bette aufrecht und horchte mit gespannter Aufmerksamkeit. Das Geräusch konnte nicht weit ab gewesen sein; ganz gewiß kam es aus dem Hause selbst. Eine halbe Stunde lang wartete ich mit Anspannung aller meiner Nerven, aber kein anderer Ton ließ sich hören als das Schlagen der Glocke und das Rascheln des Nachtwindes im Epheu draußen an der Wand.

Chapter 7. The Stapletons of Merripit House

The fresh beauty of the following morning did something to efface from our minds the grim and gray impression which had been left upon both of us by our first experience of Baskerville Hall. As Sir Henry and I sat at breakfast the sunlight flooded in through the high mullioned windows, throwing watery patches of colour from the coats of arms which covered them. The dark panelling glowed like bronze in the golden rays, and it was hard to realize that this was indeed the chamber which had struck such a gloom into our souls upon the evening before.

"I guess it is ourselves and not the house that we have to blame!" said the baronet. "We were tired with our journey and chilled by our drive, so we took a gray view of the place. Now we are fresh and well, so it is all cheerful once more."

"And yet it was not entirely a question of imagination," I answered. "Did you, for example, happen to hear someone, a woman I think, sobbing in the night?"

"That is curious, for I did when I was half asleep fancy that I heard something of the sort. I waited quite a time, but there was no more of it, so I concluded that it was all a dream."

"I heard it distinctly, and I am sure that it was really the sob of a woman."

"We must ask about this right away." He rang the bell and asked Barrymore whether he could account for our experience. It seemed to me that the pallid features of the butler turned a shade paler still as he listened to his master's question.

"There are only two women in the house, Sir Henry," he answered. "One is the scullery-maid, who sleeps in the other wing. The other is my wife, and I can answer for it that the sound could not have come from her."

Siebentes Kapitel.

Der schöne frische Morgen des nächsten Tages trug sein Teil dazu bei, den trübseligen ersten Eindruck von Baskerville Hall etwas zu verwischen. Als Sir Henry und ich am Frühstückstisch saßen, flutete das Sonnenlicht durch die hohen Bogenfenster herein und warf bunte Farbenflecke von den Wappen, womit die Scheiben bemalt waren, auf Diele und Wände. Das dunkle Holzgetäfel glühte in den goldenen Strahlen wie Bronze, und wir konnten uns kaum vorstellen, daß wir in demselben Zimmer saßen, welches am Abend vorher unsere Seelen so trübe gestimmt hatte.

"Mich dünkt, wir selber haben die Schuld daran gehabt und nicht das Haus!" rief der Baronet. "Wir waren ermüdet von der Reise und kalt von der langen Wagenfahrt, deshalb kam uns das Haus so grau vor. Jetzt sind wir frisch und munter, und auch das Haus sieht wieder ganz heiter aus!"

"Und doch kam nicht bloß unsere Einbildungskraft ins Spiel," antwortete ich. "Haben Sie nicht zum Beispiel jemanden — ich glaube, es war eine Frau — während der Nacht schluchzen gehört?"

"Das ist sonderbar, was Sie da sagen! Es kam mir nämlich, als ich halb eingeschlafen war, vor, als hörte ich so etwas. Ich wartete ziemlich lange, aber es ließ sich nichts mehr hören, und ich nahm daher an, es wäre nur ein Traum gewesen."

"Ich hörte es ganz genau und bin sicher, daß es in der That das Schluchzen eines Weibes war."

"Wir müssen uns sofort danach erkundigen!" Er klingelte und fragte Barrymore, ob er uns über unsere Wahrnehmung Aufschluß geben könnte. Es kam mir so vor, als ob die bleichen Züge des Kammerdieners noch um eine Schattierung blasser würden, als er die Frage seines Herrn vernahm.

"Es sind nur zwei weibliche Personen im Hause, Sir Henry," antwortete er. "Die eine ist die Hausmagd, die im vorderen Flügel schläft; die andere ist meine Frau, und ich weiß bestimmt, daß die Töne unmöglich von ihr herrühren."

And yet he lied as he said it, for it chanced that after breakfast I met Mrs. Barrymore in the long corridor with the sun full upon her face. She was a large, impassive, heavy-featured woman with a stern set expression of mouth. But her telltale eyes were red and glanced at me from between swollen lids. It was she, then, who wept in the night, and if she did so her husband must know it. Yet he had taken the obvious risk of discovery in declaring that it was not so. Why had he done this? And why did she weep so bitterly? Already round this pale-faced, handsome, black-bearded man there was gathering an atmosphere of mystery and of gloom. It was he who had been the first to discover the body of Sir Charles, and we had only his word for all the circumstances which led up to the old man's death. Was it possible that it was Barrymore, after all, whom we had seen in the cab in Regent Street? The beard might well have been the same. The cabman had described a somewhat shorter man, but such an impression might easily have been erroneous. How could I settle the point forever? Obviously the first thing to do was to see the Grimpen postmaster and find whether the test telegram had really been placed in Barrymore's own hands. Be the answer what it might, I should at least have something to report to Sherlock Holmes.

Sir Henry had numerous papers to examine after breakfast, so that the time was propitious for my excursion. It was a pleasant walk of four miles along the edge of the moor, leading me at last to a small gray hamlet, in which two larger buildings, which proved to be the inn and the house of Dr. Mortimer, stood high above the rest. The postmaster, who was also the village grocer, had a clear recollection of the telegram.

"Certainly, sir," said he, "I had the telegram delivered to Mr. Barrymore exactly as directed."

"Who delivered it?"

"My boy here. James, you delivered that telegram to Mr. Barrymore at the Hall last week, did you not?"

"Yes, father, I delivered it."

Seine Worte waren indessen eine Lüge. Denn zufällig begegnete ich nach dem Frühstück der Frau Barrymore in dem langen Korridor, wo ihr das Sonnenlicht voll ins Gesicht fiel. Sie war eine großgewachsene Frau mit einem Ausdruck von Gleichgültigkeit auf ihren grobgeschnittenen Zügen und einem festgeschlossenen, ernsten Mund. Aber ihre Augen waren verräterisch, sie waren rot und sahen mich aus geschwollenen Lidern an. Also war sie es gewesen, die in der Nacht geweint hatte; und wenn dies der Fall war, so mußte ihr Mann es wissen. Trotzdem hatte er es gewagt, eine so leicht zu entdeckende Lüge zu sagen. Warum? Und warum hatte sie so bitterlich geweint? Schon umschwebte diesen hübschen, blassen, schwarzbärtigen Mann eine geheimnisvolle Atmosphäre. Er hatte zuerst Sir Charles' Leichnam entdeckt; nur auf seiner Aussage beruhte unsere Kenntnis von den Umständen, die mit dem Tode des alten Herrn in Verbindung standen. War es schließlich doch vielleicht Barrymore, den wir in Regent Street in der Droschke gesehen hatten? Der Bart konnte wohl derselbe sein. Nach der Beschreibung des Droschkenkutschers war jener Mann bedeutend kleiner, aber bei solchen Angaben ist leicht ein Irrtum möglich. Wie konnte ich in dieser Beziehung völlige Klarheit erlangen? Offenbar war es vor allem anderen notwendig, den Postmeister von Grimpen zu besuchen und mich zu vergewissern, ob das Telegramm wirklich an Barrymore zu eigenen Händen abgeliefert war. Mochte die Antwort ausfallen, wie sie wollte, jedenfalls hatte ich bereits etwas an Sherlock Holmes zu berichten.

Sir Henry hatte nach dem Frühstück zahlreiche Papiere durchzusehen, so daß die Zeit für meinen Ausgang günstig war. Es war ein angenehmer Spaziergang von vier Meilen; ich wanderte am Rande des Moors entlang und kam schließlich nach einem altersgrauen Dörfchen, worin sich zwei größere Gebäude — das Wirtshaus und Dr. Mortimers Haus — hoch über die niedrigen Hütten erhoben. Der Postmeister, der zugleich den Kramladen des Oertchens hielt, erinnerte sich des Telegramms noch vollkommen deutlich und sagte:

"Gewiß, Herr; das Telegramm habe ich genau nach Vorschrift an Herrn Barrymore bestellen lassen." "Wer bestellte es?"

"Mein Junge hier. James, du bestelltest doch letzte Woche das Telegramm an Herrn Barrymore in der Hall, nicht wahr?"

"Ja, Vater, ich bestellte es."

"Into his own hands?" I asked.

"Well, he was up in the loft at the time, so that I could not put it into his own hands, but I gave it into Mrs. Barrymore's hands, and she promised to deliver it at once."

"Did you see Mr. Barrymore?"

"No, sir; I tell you he was in the loft."

"If you didn't see him, how do you know he was in the loft?"

"Well, surely his own wife ought to know where he is," said the postmaster testily. "Didn't he get the telegram? If there is any mistake it is for Mr. Barrymore himself to complain."

It seemed hopeless to pursue the inquiry any farther, but it was clear that in spite of Holmes's ruse we had no proof that Barrymore had not been in London all the time. Suppose that it were so—suppose that the same man had been the last who had seen Sir Charles alive, and the first to dog the new heir when he returned to England. What then? Was he the agent of others or had he some sinister design of his own? What interest could he have in persecuting the Baskerville family? I thought of the strange warning clipped out of the leading article of the Times. Was that his work or was it possibly the doing of someone who was bent upon counteracting his schemes? The only conceivable motive was that which had been suggested by Sir Henry, that if the family could be scared away a comfortable and permanent home would be secured for the Barrymores. But surely such an explanation as that would be quite inadequate to account for the deep and subtle scheming which seemed to be weaving an invisible net round the young baronet. Holmes himself had said that no more complex case had come to him in all the long series of his sensational investigations. I prayed, as I walked back along the gray, lonely road, that my friend might soon be freed from his preoccupations and able to come down to take this heavy burden of responsibility from my shoulders.

"Zu eigenen Händen?" fragte ich.

"Je nun, er war gerade in dem Augenblick oben auf dem Boden; ich konnte es deshalb nicht an ihn eigenhändig bestellen, aber ich gab es an Frau Barrymore selber ab, und sie versprach, ihm das Telegramm sofort zu bringen."

"Bekamen Sie Herrn Barrymore zu sehen?"

"Nein, Herr; wie ich Ihnen sagte, war er auf dem Boden."

"Na, seine eigene Frau mußte doch wohl wissen, wo er war," sagte der Postmeister mürrisch. "Hat er denn das Telegramm nicht bekommen? Wenn irgend ein Versehen vorgefallen ist, so ist es Herrn Barrymores Sache, sich selber zu beschweren."

Es schien mir aussichtslos zu sein, noch weitere Fragen zu stellen. So viel war aber jedenfalls klar, daß wir trotz Sherlock Holmes' List keinen Beweis dafür hatten, daß Barrymore nicht doch in London gewesen war. Angenommen, es war so — angenommen, derselbe Mann, der zuletzt Sir Charles am Leben gesehen, hatte zuerst hinter dem neuen Herrn hergespürt, als dieser nach England zurückgekehrt war — was folgte daraus? Handelte er im Auftrage anderer, oder trug er sich mit eigenen bösen Absichten?

Was für ein Interesse konnte er daran haben, die Baskervillesche Familie zu verfolgen? Mir fiel die seltsame Warnung ein, die aus dem Leitartikel der Times ausgeschnitten war. War das sein Werk, oder ging es möglicherweise von einem anderen aus, der seine Pläne durchkreuzen wollte? Der einzige Beweggrund, der sich denken ließ, war der von Sir Henry angedeutete: daß die Barrymores für Lebzeiten ein angenehmes Heim haben würden, wenn es ihnen gelänge, die Familie fortzugraulen. Aber eine solche Annahme reichte bei weitem nicht aus, um die augenscheinlich tief durchdachten und fein angelegten Pläne zu erklären, womit der junge Baronet wie mit einem unsichtbaren Netz umwoben worden war. Holmes selber hatte gesagt, ein verwickelterer Fall sei ihm während seiner ganzen ereignisvollen Thd'tigkeit nicht vorgekommen. Und als ich die einsame graue Straße entlang zurückwanderte, da betete ich zu Gott, mein Freund möchte sich bald von seinen Geschäften freimachen und herkommen können, um die schwere Last der Verantwortlichkeit von meinen Schultern zu nehmen.

Suddenly my thoughts were interrupted by the sound of running feet behind me and by a voice which called me by name. I turned, expecting to see Dr. Mortimer, but to my surprise it was a stranger who was pursuing me. He was a small, slim, clean-shaven, prim-faced man, flaxen-haired and leanjawed, between thirty and forty years of age, dressed in a gray suit and wearing a straw hat. A tin box for botanical specimens hung over his shoulder and he carried a green butterfly-net in one of his hands.

"You will, I am sure, excuse my presumption, Dr. Watson," said he as he came panting up to where I stood. "Here on the moor we are homely folk and do not wait for formal introductions. You may possibly have heard my name from our mutual friend, Mortimer. I am Stapleton, of Merripit House."

"Your net and box would have told me as much," said I, "for I knew that Mr. Stapleton was a naturalist. But how did you know me?"

"I have been calling on Mortimer, and he pointed you out to me from the window of his surgery as you passed. As our road lay the same way I thought that I would overtake you and introduce myself. I trust that Sir Henry is none the worse for his journey?"

"He is very well, thank you."

"We were all rather afraid that after the sad death of Sir Charles the new baronet might refuse to live here. It is asking much of a wealthy man to come down and bury himself in a place of this kind, but I need not tell you that it means a very great deal to the countryside. Sir Henry has, I suppose, no superstitious fears in the matter?"

"I do not think that it is likely."

"Of course you know the legend of the fiend dog which haunts the family?"

"I have heard it."

Plötzlich wurde ich in meinem Nachdenken gestört, indem ich hinter mir schnelle Fußtritte und eine Stimme hörte, die meinen Namen rief. Ich drehte mich um, in der Erwartung, Dr. Mortimer zu sehen, zu meiner Ueberraschung aber war es ein Unbekannter, der mir nachlief. Es war ein kleiner hagerer Herr mit einem zarten, glattrasierten Gesicht, flachsblond und hohlwangig, dreißig bis vierzig Jahre alt, mit einem grauen Anzug und Strohhut bekleidet. Eine Botanisierbüchse hing über seiner Schulter, und in der einen Hand trug er einen grünen Schmetterlingsfänger.

"Gewiß werden Sie die Freiheit entschuldigen, die ich mir herausnehme, Herr Dr. Watson," sagte er, als er keuchend die Stelle, wo ich ihn erwartete, erreicht hatte. "Hier auf dem Moor sind wir Leute ohne viele Umstände und warten's nicht erst ab, daß wir in aller Form vorgestellt werden. Vielleicht haben Sie meinen Namen bereits von unserem beiderseitigen Bekannten Dr. Mortimer gehört. Ich bin Stapleton von Merripit House."

"Das hätten mir schon Ihr Netz und die Botanisierbüchse sagen können," antwortete ich, "denn ich wußte bereits, daß Herr Stapleton Naturforscher ist. Aber wie kommt es, daß Sie mich kannten?"

"Ich hatte bei Mortimer vorgesprochen, und er zeigte Sie mir vom Fenster aus, als Sie vorbeigingen. Da wir denselben Weg haben, so dachte ich, ich könnte Sie einholen und mich Ihnen selbst vorstellen. Ich nehme an, daß Sir Henry seine Reise gut bekommen ist?"

"Er ist ganz gesund, danke."

"Wir befürchteten eigentlich alle, daß nach Sir Charles' traurigem Ende der neue Baronet vielleicht nicht hier würde wohnen wollen. Es ist von einem reichen Manne viel verlangt, in eine solche Gegend zu ziehen und sich lebendig zu begraben. Aber ich brauche Ihnen nicht zu sagen, daß für die Gegend sehr viel darauf ankommt. Sir Henry hegt doch wohl keine abergläubischen Befürchtungen?"

"Das halte ich nicht für wahrscheinlich."

"Natürlich kennen Sie die Sage von dem Höllenhund, der die Familie heimsucht?"

"Ich habe davon gehört."

"It is extraordinary how credulous the peasants are about here! Any number of them are ready to swear that they have seen such a creature upon the moor." He spoke with a smile, but I seemed to read in his eyes that he took the matter more seriously. "The story took a great hold upon the imagination of Sir Charles, and I have no doubt that it led to his tragic end."

"But how?"

"His nerves were so worked up that the appearance of any dog might have had a fatal effect upon his diseased heart. I fancy that he really did see something of the kind upon that last night in the yew alley. I feared that some disaster might occur, for I was very fond of the old man, and I knew that his heart was weak."

"How did you know that?"

"My friend Mortimer told me."

"You think, then, that some dog pursued Sir Charles, and that he died of fright in consequence?"

"Have you any better explanation?"

"I have not come to any conclusion."

"Has Mr. Sherlock Holmes?"

The words took away my breath for an instant but a glance at the placid face and steadfast eyes of my companion showed that no surprise was intended.

"It is useless for us to pretend that we do not know you, Dr. Watson," said he. "The records of your detective have reached us here, and you could not celebrate him without being known yourself. When Mortimer told me your name he could not deny your identity. If you are here, then it follows that Mr. Sherlock Holmes is interesting himself in the matter, and I am naturally curious to know what view he may take."

"I am afraid that I cannot answer that question."

"Es geht über alle Begriffe, was für ein leichtgläubiges Volk die Bauern hier herum sind! Vom Ersten bis zum Letzten sind sie bereit, zu schwören, sie hätten solch ein Geschöpf auf dem Moor gesehen." Er sagte dies mit einem Lächeln, ich glaubte indessen seinen Augen anzusehen, daß er die Sache ernster auffaßte. "Die Geschichte beschäftigte Sir Charles' Gedanken in hohem Maße und ich zweifle nicht, daß sie die Ursache seines tragischen Endes wurde."

"Aber wieso denn?"

"Seine Nerven waren so zerrüttet, daß der Anblick irgend eines Hundes wohl eine tödliche Wirkung haben konnte. Meiner Meinung nach hat der herzkranke Baronet in jener letzten Nacht wirklich etwas Derartiges in der Taxusallee gesehen. Ich fürchtete schon längst, ihm möchte irgend ein Unglücksfall zustoßen, denn ich hatte den alten Herrn sehr gern und ich wußte, daß sein Herz schwach war."

"Woher wußten Sie das?"

"Mein Freund Mortimer erzählte es mir."

"Sie glauben also, irgend ein Hund verfolgte Sir Charles und er starb aus Angst vor dem Tier?"

"Wissen Sie eine bessere Erklärung?"

"Ich habe mir noch keine bestimmte Meinung gebildet."

"Aber Herr Sherlock Holmes?"

Mir stand bei diesen Worten einen Augenblick der Atem still, aber ein schneller Blick auf das unbefangene Gesicht und die ruhigen Augen meines Begleiters zeigte mir, daß er es nicht auf eine Ueberrumpelung abgesehen hatte.

"Wir können nicht leugnen, daß Sie uns bekannt sind, Herr Doktor," sagte er. "Die Berichte von den Leistungen Ihres Detektivs sind auch zu uns gedrungen, und Sie konnten ihn nicht berühmt machen, ohne zugleich selber bekannt zu werden. Als Mortimer mir Ihren Namen nannte, konnte er es nicht ableugnen, daß Sie der wohlbekannte Gefährte des Herrn Holmes seien. Wenn Sie nun hier sind, so folgt daraus, daß Herr Sherlock Holmes sich für die Sache interessiert, und natürlich bin ich neugierig und möchte gerne hören, welche Ansicht er darüber hat."

"Diese Frage werde ich Ihnen wohl leider nicht beantworten können."

"May I ask if he is going to honour us with a visit himself?"

"He cannot leave town at present. He has other cases which engage his attention."

"What a pity! He might throw some light on that which is so dark to us. But as to your own researches, if there is any possible way in which I can be of service to you I trust that you will command me. If I had any indication of the nature of your suspicions or how you propose to investigate the case, I might perhaps even now give you some aid or advice."

"I assure you that I am simply here upon a visit to my friend, Sir Henry, and that I need no help of any kind."

"Excellent!" said Stapleton. "You are perfectly right to be wary and discreet. I am justly reproved for what I feel was an unjustifiable intrusion, and I promise you that I will not mention the matter again."

We had come to a point where a narrow grassy path struck off from the road and wound away across the moor. A steep, boulder-sprinkled hill lay upon the right which had in bygone days been cut into a granite quarry. The face which was turned towards us formed a dark cliff, with ferns and brambles growing in its niches. From over a distant rise there floated a gray plume of smoke.

"A moderate walk along this moor-path brings us to Merripit House," said he. "Perhaps you will spare an hour that I may have the pleasure of introducing you to my sister."

My first thought was that I should be by Sir Henry's side. But then I remembered the pile of papers and bills with which his study table was littered. It was certain that I could not help with those. And Holmes had expressly said that I should study the neighbours upon the moor. I accepted Stapleton's invitation, and we turned together down the path.

"Darf ich fragen, ob er uns mit seinem persönlichen Besuch zu beehren gedenkt?"

"Zur Zeit kann er nicht aus London fort. Seme Aufmerksamkeit ist von anderen Fällen in Anspruch genommen."

"Wie schade! Er hätte vielleicht etwas Licht in diese Dunkelheit hineingebracht, die uns umgiebt. Wenn ich Ihnen aber bei Ihren eigenen Nachforschungen in irgend einer Weise von Nutzen sein kann, so bitte ich Sie, Wer mich zu verfügen. Wenn ich irgend einen Anhalt hätte, nach welcher Richtung sich Ihr Verdacht lenkt, oder wie Sie Ihre Untersuchungen zu betreiben gedenken, so könnte ich Ihnen vielleicht sogar schon jetzt nützlichen Rat geben."

"Ich versichere Sie, ich bin ganz einfach hier auf Besuch bei meinem Freund Sir Henry und brauche keine Hilfe irgend welcher Art."

"Ausgezeichnet!" sagte Stapleton. "Sie haben vollkommen recht, daß Sie vorsichtig und verschwiegen sind. Sie haben mir für meine, wie ich fühle, unentschuldbare Zudringlichkeit eine wohlverdiente Zurechtweisung erteilt, und ich verspreche Ihnen, die Sache nicht wieder zu erwähnen."

Wir waren inzwischen an eine Stelle gekommen, wo ein schmaler, grasbewachsener Pfad sich von der Straße abzweigte, um sich in Schlangenlinien über das Moor zu winden. Zur Rechten lag ein steiler, mit Felsblöcken übersäeter Hügel, der vor Alters, wie ein tiefer Einschnitt bekundete, als Steinbruch benutzt worden war. Die uns zugewandte Seite bildete eine dunkle Felswand, aus deren Spalten und Höhlungen Farnkräuter nickten und Brombeerbüsche hervorlugten. In einiger Entfernung schwankte am Himmel wie eine Riesenfeder eine graue Rauchwolke hin und her.

"Ein mäßiger Spaziergang diesen Moorpfad entlang bringt uns nach Merripit Houfe," sagte Stapleton. "Wenn Sie vielleicht eine Stunde übrig haben, so könnte ich mir das Vergnügen machen, Sie meiner Schwester vorzustellen."

Mein erster Gedanke war, daß ich eigentlich an Sir Henrys Seite gehörte. Aber dann erinnerte ich mich des Stoßes von Papieren und Rechnungen, mit denen sein Schreibtisch überdeckt war. Ich wußte, daß ich ihm beim Ordnen derselben nicht helfen konnte. Und Holmes hatte mir ausdrücklich gesagt, ich möchte die Nachbarn auf dem Moor genau studieren. Ich nahm also Stapletons Einladung an und wir gingen miteinander den schmalen Weg entlang.

"It is a wonderful place, the moor," said he, looking round over the undulating downs, long green rollers, with crests of jagged granite foaming up into fantastic surges. "You never tire of the moor. You cannot think the wonderful secrets which it contains. It is so vast, and so barren, and so mysterious."

"You know it well, then?"

"I have only been here two years. The residents would call me a newcomer. We came shortly after Sir Charles settled. But my tastes led me to explore every part of the country round, and I should think that there are few men who know it better than I do."

"Is it hard to know?"

"Very hard. You see, for example, this great plain to the north here with the queer hills breaking out of it. Do you observe anything remarkable about that?"

"It would be a rare place for a gallop."

"You would naturally think so and the thought has cost several their lives before now. You notice those bright green spots scattered thickly over it?"

"Yes, they seem more fertile than the rest."

Stapleton laughed. "That is the great Grimpen Mire," said he. "A false step yonder means death to man or beast. Only yesterday I saw one of the moor ponies wander into it. He never came out. I saw his head for quite a long time craning out of the bog-hole, but it sucked him down at last. Even in dry seasons it is a danger to cross it, but after these autumn rains it is an awful place. And yet I can find my way to the very heart of it and return alive. By George, there is another of those miserable ponies!"

"'s ist eine wunderbare Gegend, das Moor!" sagte er und dabei ließ er seinen Blick über die langen grünen Hügelwellen mit ihren phantastischen Zackenkronen von Granit hinschweifen. "Des Moors wird man niemals überdrüssig. Sie glauben gar nicht, was für wunderbare Geheimnisse es umschließt. Es ist so weit und so wüst und so geheimnisvoll."

"Sie kennen es wohl genau?"

"Ich bin erst seit zwei Jahren hier. In den Augen der Einheimischen bin ich noch immer ein Neuling. Wir kamen kurz nachdem Sir Charles sich niedergelassen hatte. Aber meine Neigungen trieben mich an, jeden Fleck hier in der Gegend genau zu erforschen, und ich glaube, daß es wenig Leute hier herum giebt, die sie besser kennen als ich."

"Ist es so schwer, sich hier zurechtzufinden?"

"Sehr schwer. Sehen Sie zum Beispiel die große Ebene da nach Norden hin, woraus die eigentümlich geformten Erhöhungen hervorbrechen. Bemerken Sie irgend etwas Auffälliges daran?"

"Es wäre ein ausgezeichneter Platz für einen Galopp."

"Es ist ganz natürlich, daß Sie so denken, und dieser Gedanke hat schon manchem bis jetzt das Leben gekostet. Sie bemerken die hellgrünen Flecken, womit die Fläche dicht übersäet ist?"

"Ja, sie scheinen fruchtbarer zu sein als das übrige Land."

Stapleton lachte und rief:

"Das ist das große Grimpener Moor. Ein Fehltritt bringt Menschen wie Tieren den Tod. Erst gestern sah ich eins von den Moorponies hineingeraten. Es kam nie wieder empor. Eine ziemlich lange Zeit sah ich den Kopf des Tieres aus dem Morastloch hervorragen, aber schließlich saugte der Sumpf ihn doch hinunter. Sogar in den trockenen Iahreszeiten ist es gefährlich, über das Moor zu gehen, aber jetzt nach den Herbstregen ist es geradezu ein fürchterlicher Ort. Trotzdem finde ich meinen Weg zu den verborgensten Stellen und kehre lebend und gesund wieder zurück. Beim Himmel, da ist wieder eines von den unglücklichen Ponies im Sumpf!"

Something brown was rolling and tossing among the green sedges. Then a long, agonized, writhing neck shot upward and a dreadful cry echoed over the moor. It turned me cold with horror, but my companion's nerves seemed to be stronger than mine.

"It's gone!" said he. "The mire has him. Two in two days, and many more, perhaps, for they get in the way of going there in the dry weather and never know the difference until the mire has them in its clutches. It's a bad place, the great Grimpen Mire."

"And you say you can penetrate it?"

"Yes, there are one or two paths which a very active man can take. I have found them out."

"But why should you wish to go into so horrible a place?"

"Well, you see the hills beyond? They are really islands cut off on all sides by the impassable mire, which has crawled round them in the course of years. That is where the rare plants and the butterflies are, if you have the wit to reach them."

"I shall try my luck some day."

He looked at me with a surprised face. "For God's sake put such an idea out of your mind," said he. "Your blood would be upon my head. I assure you that there would not be the least chance of your coming back alive. It is only by remembering certain complex landmarks that I am able to do it."

"Halloa!" I cried. "What is that?"

Etwas Braunes rollte und wälzte sich in den grünen Binsen. Dann schoß ein langer Hals, in Todesangst sich reckend, in die Höhe, und ein furchtbarer Schrei hallte über das Moor. Mich überlief es kalt vor Entsetzen, aber mein Begleiter schien stärkere Nerven zu besitzen als ich.

"Weg ist es!" sagte er. "Der Sumpf hat's. Zwei in zwei Tagen und vielleicht noch viele mehr, denn sie streifen bei trockenem Wetter überall auf dem Moore herum und wissen nie den Morast vom festen Boden zu unterscheiden, bis der Sumpf sie gepackt hat. Ein gefährlicher Ort, das große Grimpener Moor!"

"Und Sie sagen, Sie können sich hinaufwagen?"
"Ja, es sind ein oder zwei Fußpfade vorhanden,

die ein sehr gewandter Mann benutzen kann. Ich habe sie aufgefunden."

"Aber warum begeben Sie sich denn auf einen so fürchterlich gefährlichen Boden?"

"Je nun; sehen Sie die Hügel dahinten? Das sind richtige Inseln, seit Jahren auf allen Seiten von dem ungangbaren Sumpf umschlossen. Da findet man die seltensten Pflanzen und Schmetterlinge, wenn man hinzugelangen weiß."

"Da werde ich auch nächstens mal mein Glück versuchen."

Er sah mich mit ganz verdutztem Gesicht an und

rief:

"Schlagen Sie sich um Gottes willen einen solchen Gedanken aus dem Sinn! Ihr Blut würde über mein Haupt kommen! Ich versichere Ihnen, Sie hätten nicht die geringste Aussicht, lebendig wieder zurückzukommen. Auch ich vermag das nur, indem ich mir mehrere sehr schwer zu beschreibende Kennzeichen gemerkt habe."

"Hallo!" rief ich. "Was ist denn das?"

A long, low moan, indescribably sad, swept over the moor. It filled the whole air, and yet it was impossible to say whence it came. From a dull murmur it swelled into a deep roar, and then sank back into a melancholy, throbbing murmur once again. Stapleton looked at me with a curious expression in his face.

"Queer place, the moor!" said he.

"But what is it?"

"The peasants say it is the Hound of the Baskervilles calling for its prey. I've heard it once or twice before, but never quite so loud."

I looked round, with a chill of fear in my heart, at the huge swelling plain, mottled with the green patches of rushes. Nothing stirred over the vast expanse save a pair of ravens, which croaked loudly from a tor behind us.

"You are an educated man. You don't believe such nonsense as that?" said I. "What do you think is the cause of so strange a sound?"

"Bogs make queer noises sometimes. It's the mud settling, or the water rising, or something."

"No, no, that was a living voice."

"Well, perhaps it was. Did you ever hear a bittern booming?"

"No, I never did."

"It's a very rare bird—practically extinct—in England now, but all things are possible upon the moor. Yes, I should not be surprised to learn that what we have heard is the cry of the last of the bitterns."

"It's the weirdest, strangest thing that ever I heard in my life."

"Yes, it's rather an uncanny place altogether. Look at the hillside yonder. What do you make of those?"

Ein langes tiefes Stöhnen von unbeschreiblich traurigem Ausdruck schwebte gleichsam über das Moor zu uns heran. Es erfüllte die ganze Luft, und doch war es unmöglich, genau zu sagen, woher es kam. Erst war es wie ein eintöniges Geflüster, dann schwoll es an zu einem tiefen Brüllen und verhallte wieder zu einem melancholischen, zitterigen Flüstern. Stapleton sah mich mit einem eigentümlichen Gesichtsausdrucke an und sagte:

"Sonderbarer Ort, dieses Moor!"

"Aber was ist es denn?"

"Das Landvolk sagt, es sei der Hund von Baskerville, der nach seiner Beute brüllt. Ich habe es bisher ein- oder zweimal gehört, aber niemals so laut."

Ein Angstgefühl machte mir das Herz kalt, ich blickte rings um mich auf die gewaltige, von grünen Stellen übersprenkelte Ebene. Nichts regte sich auf der weiten Fläche als ein paar Raben, die mit lautem Gekrächz auf einer Felsspitze hinter uns saßen.

"Sie sind ein wissenschaftlich gebildeter Mann," sagte ich. "Sie glauben doch nicht an einen solchen Unsinn? Was ist nach Ihrer Meinung die Ursache des seltsamen Tones?"

"Morastlöcher bringen manchmal sonderbare Geräusche hervor. Es kommt von herabsinkendem Schlamm oder vom aufsteigenden Wasser oder etwas anderem ähnlichen."

"Nein, nein, das war die Stimme eines lebendigen Wesens!"

"Nun, vielleicht war es das. Haben Sie schon mal eine Rohrdommel brüllen gehört?" "Nein, niemals!"

"Der Vogel ist in England jetzt sehr selten, man kann sagen, ausgestorben; aber auf dem Moor ist alles möglich. Ia, ich sollte mich nicht wundern, wenn sich feststellen ließe, daß der eben vernommene Ton der Schrei der letzten Rohrdommel war."

"Ich habe nie in meinem Leben so etwas Sonderbares, Geisterhaftes gehört!"

"Ia, es ist eine recht unheimliche Gegend! Sehen Sie mal nach der Hügelreihe drüben. Was sehen Sie da?"

The whole steep slope was covered with gray circular rings of stone, a score of them at least.

"What are they? Sheep-pens?"

"No, they are the homes of our worthy ancestors. Prehistoric man lived thickly on the moor, and as no one in particular has lived there since, we find all his little arrangements exactly as he left them. These are his wigwams with the roofs off. You can even see his hearth and his couch if you have the curiosity to go inside.

"But it is quite a town. When was it inhabited?"

"Neolithic man—no date."

"What did he do?"

"He grazed his cattle on these slopes, and he learned to dig for tin when the bronze sword began to supersede the stone axe. Look at the great trench in the opposite hill. That is his mark. Yes, you will find some very singular points about the moor, Dr. Watson. Oh, excuse me an instant! It is surely Cyclopides."

A small fly or moth had fluttered across our path, and in an instant Stapleton was rushing with extraordinary energy and speed in pursuit of it. To my dismay the creature flew straight for the great mire, and my acquaintance never paused for an instant, bounding from tuft to tuft behind it, his green net waving in the air. His gray clothes and jerky, zigzag, irregular progress made him not unlike some huge moth himself. I was standing watching his pursuit with a mixture of admiration for his extraordinary activity and fear lest he should lose his footing in the treacherous mire, when I heard the sound of steps and, turning round, found a woman near me upon the path. She had come from the direction in which the plume of smoke indicated the position of Merripit House, but the dip of the moor had hid her until she was quite close.

Der ganze steile Abhang war mit mindestens, zwanzig ringförmigen grauen Steinbauten bedeckt.

"Was sind es denn für Dinger? Schafhürden?"

"Nein, es sind Heimstätten unserer würdigen Vorväter. In der vorgeschichtlichen Zeit war das Moor dicht von Menschen bevölkert, und da später niemand mehr da gewohnt hat, so finden wir ihre ganze häusliche Einrichtung so, wie sie sie verlassen haben. Das sind ihre Wigwams ohne Dächer. Sie können sogar noch ihre Kochherde und ihre Lagerstätten sehen, wenn die Neugierde Sie hineinführt."

"Aber das ist ja eine richtige Stadt! Wann war sie bewohnt?"

"In der neueren Steinzeit — Datum unbekannt."

"Was thaten die Menschen hier?"

"Sie weideten ihr Vieh auf diesen Abhängen; dann lernten sie nach Zinn graben, als das Bronzeschwert das Steinbeil zu verdrängen begann. Sehen Sie da die tiefe Grube am gegenüberliegenden Hügel? Das sind ihre Spuren. Ja, Sie werden allerlei absonderliche Sachen auf unserem Moor finden, Herr Doktor! O, entschuldigen Sie mich einen Augenblick. Ganz gewiß ist das ein Cyklopides!"

Ein kleiner Käfer oder Falter war vor uns über den Weg geflattert, und in einem Augenblick rannte Stapleton mit außerordentlicher Schnelligkeit und Gewandtheit hinter demselben her. Zu meinem Bedauern silog das kleine Ding auf den Morast zu, aber mein neuer Bekannter sprang, ohne sich zu besinnen, von einem Grasbüschel zum anderen, daß sein grünes Schmetterlingsnetz in der Luft flatterte. Ich sah ihm nach mit einem gemischten Gefühl von Bewunderung für seine außergewöhnliche Gewandtheit und von Furcht, er möchte den festen Grund unter den Füßen verlieren und in den trügerischen Morast hineingeraten. Plötzlich hörte ich Schritte und sah, als ich mich umdrehte, dicht vor mir auf dem Fußsteig eine weibliche Gestalt. Sie war aus der Richtung gekommen, in welcher, nach der Rauchsäule zu urteilen, Merripit House lag, aber die Bodenerhebung des Moores hatte sie meinen Blicken verborgen, bis sie ganz dicht bei mir war.

I could not doubt that this was the Miss Stapleton of whom I had been told, since ladies of any sort must be few upon the moor, and I remembered that I had heard someone describe her as being a beauty. The woman who approached me was certainly that, and of a most uncommon type. There could not have been a greater contrast between brother and sister, for Stapleton was neutral tinted, with light hair and gray eyes, while she was darker than any brunette whom I have seen in England—slim, elegant, and tall. She had a proud, finely cut face, so regular that it might have seemed impassive were it not for the sensitive mouth and the beautiful dark, eager eyes. With her perfect figure and elegant dress she was, indeed, a strange apparition upon a lonely moorland path. Her eyes were on her brother as I turned, and then she quickened her pace towards me. I had raised my hat and was about to make some explanatory remark when her own words turned all my thoughts into a new channel.

"Go back!" she said. "Go straight back to London, instantly."

I could only stare at her in stupid surprise. Her eyes blazed at me, and she tapped the ground impatiently with her foot.

"Why should I go back?" I asked.

"I cannot explain." She spoke in a low, eager voice, with a curious lisp in her utterance. "But for God's sake do what I ask you. Go back and never set foot upon the moor again."

"But I have only just come."

"Man, man!" she cried. "Can you not tell when a warning is for your own good? Go back to London! Start tonight! Get away from this place at all costs! Hush, my brother is coming! Not a word of what I have said. Would you mind getting that orchid for me among the mare's-tails yonder? We are very rich in orchids on the moor, though, of course, you are rather late to see the beauties of the place."

Ich konnte nicht daran zweifeln, daß ich Fräulein Stapleton, von der ich schon gehört hatte, vor mir sah; denn Damen mußten überhaupt sehr selten auf dem Moor sein, und ich erinnerte mich, daß von ihr als einer Schönheit gesprochen worden war. Eine Schönheit war die auf mich zukommende Frau ganz sicherlich, und zwar eine Schönheit ganz eigener Art. Man konnte sich keine größere Unähnlichkeit denken als zwischen diesem Geschwisterpaar; Stapleton hatte helles Haar und graue Augen, wie man's jeden Tag sieht, sie dagegen war die dunkelste Brünette, die ich bis dahin in England gesehen hatte — schlank, groß, elegant, Ihr stolzes, feingeschnittenes Antlitz war so regelmäßig, daß man es hätte für ausdruckslos halten können, wären nicht die schönen Lippen und die lebhaften dunkeln Augen gewesen. Mit ihrer tadellosen Figur und eleganten Toilette war sie in der That eine eigenartige Erscheinung auf einem einsamen Moorfußpfad. Ihre Augen folgten ihrem Bruder, als ich mich umdrehte; dann beschleunigte sie ihren Schritt und kam auf mich zu. Ich hatte meinen Hut gelüftet und wollte einige erklärende Worte sagen, aber ihre Anrede lenkte alle meine Gedanken in eine neue Bahn.

"Reisen Sie ab!" sagte sie. "Reisen Sie augenblicklich wieder nach London!"

Ich starrte sie völlig verblüfft und sprachlos an. Ihre Augen blitzten mich an, und sie stampfte ungeduldig mit dem Fuß auf.

"Erklärungen kann ich nicht geben."

Sie sprach schnell, mit tiefer Stimme, an der ein eigentümliches Lispeln mir auffiel.

"Um's Himmels willen, thun Sie doch, Worum ich Sie bitte! Reisen Sie ab und setzen Sie niemals wieder Ihren Fuß auf das Moor!"

"Aber ich bin ja gerade erst angekommen!"

"Mann, Mann!" rief sie. "Können Sie nicht auf eine Warnung hören, die zu Ihrem eigenen Besten ist? Gehen Sie wieder nach London! Reisen Sie heute abend noch ab! Entfernen Sie sich unter allen Umständen von diesem Ort. . . Schscht! Da kommt mein Bruder. Lassen Sie von meiner Warnung kein Wort gegen ihn verlauten. Wollen Sie so freundlich sein, mir die Orchidee dort hinten zwischen den Schachtelhalmen zu pflücken? Wir sind hier auf dem Moor sehr reich an Orchideen; freilich sind Sie ein bißchen spät im Jahr gekommen, um noch alle Schönheiten unserer Gegend sehen zu können."

Stapleton had abandoned the chase and came back to us breathing hard and flushed with his exertions.

"Halloa, Beryl!" said he, and it seemed to me that the tone of his greeting was not altogether a cordial one.

"Well, Jack, you are very hot."

"Yes, I was chasing a Cyclopides. He is very rare and seldom found in the late autumn. What a pity that I should have missed him!" He spoke unconcernedly, but his small light eyes glanced incessantly from the girl to me.

"You have introduced yourselves, I can see."

"Yes. I was telling Sir Henry that it was rather late for him to see the true beauties of the moor."

"Why, who do you think this is?"

"I imagine that it must be Sir Henry Baskerville."

"No, no," said I. "Only a humble commoner, but his friend. My name is Dr. Watson."

A flush of vexation passed over her expressive face. "We have been talking at cross purposes," said she.

"Why, you had not very much time for talk," her brother remarked with the same questioning eyes.

"I talked as if Dr. Watson were a resident instead of being merely a visitor," said she. "It cannot much matter to him whether it is early or late for the orchids. But you will come on, will you not, and see Merripit House?"

A short walk brought us to it, a bleak moorland house, once the farm of some grazier in the old prosperous days, but now put into repair and turned into a modern dwelling. An orchard surrounded it, but the trees, as is usual upon the moor, were stunted and nipped, and the effect of the whole place was mean and melancholy. We were admitted by a strange, wizened, rusty-coated old manservant, who seemed in keeping with the house.

Stapleton hatte die Jagd aufgegeben und kam mit heißen Wangen und schwerem Atem zu uns zurück.

"Sieh da, Beryl!" sagte er, und es kam mir vor, als klänge der Ton seiner Begrüßung nicht gerade sehr herzlich.

"Nun, Jack, du bist ja recht erhitzt!"

"Ja, ich war auf der Jagd hinter einem Cyclopides. Er ist sehr selten, besonders im Spätherbst. Schade, daß ich ihn nicht fangen konnte!"

Er sprach in gleichgültigem Ton, aber seine kleinen, hellen Augen wanderten dabei fortwährend zwischen dem Mädchen und mir hin und her.

"Du hast dich selbst bekannt gemacht, wie ich sehe," fuhr er fort.

"Ja. Ich sagte gerade zu Sir Henry, er fei ein bißchen spat gekommen, um die eigenartige Schönheit des Moors zu sehen."

"Sir Henry? Für wen hältst du denn den Herrn hier?"

"Ich denke, er muß Sir Henry Baskerville sein."

"Nein, nein!" rief ich. "Ich bin ein schlichter Bürgerlicher; aber ich bin sein Freund. Mein Name ist Dr. Watson."

Eine Blutwelle des Aergers schoß über ihr ausdrucksvolles Gesicht, und sie sagte: "Unser Gespräch war also ein Mißverständnis."

"Na, zu einem Gespräch hattest du nicht viel Zeit," bemerkte ihr Bruder, wieder mit einem forschenden Blick.

"Ich sprach, als wäre Dr. Watson ein Bewohner unserer Gegend statt eines Besuchers," sagte sie. "Ihm muß es ziemlich gleichgültig sein, ob die Jahreszeit früh oder spät für Orchideen ist.. .. Aber Sie kommen doch gewiß mit nach Merripit House?"

Es war nur noch ein kurzer Weg bis zu dem nüchtern aussehenden echten Moorlandhause, das früher der Gutshof eines wohlhabenden Viehzüchters gewesen, jetzt aber im Innern zu einem modernen Wohnhause umgebaut war. Ein Obstgarten umgab es, aber die Bäume waren verkümmert und verkrüppelt, und das Ganze machte einen ungemütlichen und melancholischen Eindruck. Der alte verschrumpfte Diener in schlechtsitzender Livree, der uns empfing, paßte zu seiner Umgebung.

Inside, however, there were large rooms furnished with an elegance in which I seemed to recognize the taste of the lady. As I looked from their windows at the interminable granite-flecked moor rolling unbroken to the farthest horizon I could not but marvel at what could have brought this highly educated man and this beautiful woman to live in such a place.

"Queer spot to choose, is it not?" said he as if in answer to my thought. "And yet we manage to make ourselves fairly happy, do we not, Beryl?"

"Quite happy," said she, but there was no ring of conviction in her words.

"I had a school," said Stapleton. "It was in the north country. The work to a man of my temperament was mechanical and uninteresting, but the privilege of living with youth, of helping to mould those young minds, and of impressing them with one's own character and ideals was very dear to me. However, the fates were against us. A serious epidemic broke out in the school and three of the boys died. It never recovered from the blow, and much of my capital was irretrievably swallowed up. And yet, if it were not for the loss of the charming companionship of the boys, I could rejoice over my own misfortune, for, with my strong tastes for botany and zoology, I find an unlimited field of work here, and my sister is as devoted to Nature as I am. All this, Dr. Watson, has been brought upon your head by your expression as you surveyed the moor out of our window."

"It certainly did cross my mind that it might be a little dull—less for you, perhaps, than for your sister."

"No, no, I am never dull," said she quickly.

Das Haus enthielt indessen geräumige Zimmer, die mit einer Eleganz eingerichtet waren, worin ich den Geschmack einer Dame zu erkennen glaubte. Ich warf durch das Fenster einen Blick auf das unendliche, mit Granitblöcken übersäete Moor, das sich ohne Unterbrechung bis zum fernen Horizont erstreckte, und ich mußte unwillkürlich bei mir denken: was kann denn nur einen feingebildeten Mann und ein schönes Mädchen veranlaßt haben, sich eine solche Gegend als Wohnort aufzusuchen?

"Nicht wahr, ein sonderbarer Wohnsitz?" fragte er, als habe er meine Gedanken gelesen. "Und trotzdem fühlen wir uns hier ganz hübsch glücklich — was, Beryl?"

"Sehr glücklich," erwiderte sie; aber ihre Worte klangen nicht eben überzeugend.

"Ich hatte eine Schule," fuhr Stapleton fort; "da oben im Norden. Die mechanische Arbeit war für einen Mann von meiner Geistesanlage nicht gerade interessant, aber ich empfand es doch als ein großes Glück, täglich mit dem jungen Volk zu verkehren, die Knabenseelen zu formen und sie mit meinen eigenen Idealen zu erfüllen. Leider war das Schicksal uns feindlich gesinnt. Eine gefährliche Epidemie brach in der Schule aus, und drei von den Knaben starben uns. Von diesem Schlage vermochte die Anstalt sich nicht wieder zu erholen, und der größte Teil meines Kapitals war unwiederbringlich verloren. Der Verlust des prächtigen Verkehrs mit meinen Iungen war mir sehr schmerzlich; aber davon abgesehen möchte ich mich über mein Mißgeschick beinahe freuen, denn ich finde hier ein unbegrenztes Arbeitsfeld für mein großes Interesse an Botanik und Zoologie, und meine Schwester liebt die Natur ebenso wie ich. Diese lange Rede, Herr Doktor Watson, hat sich nun über Ihrem Haupt entladen, weil sie mit so nachdenklicher Miene auf das Moor hinaussahen."

"Es ging mir allerdings durch den Sinn, es möchte hier wohl ein bißchen langweilig sein — weniger vielleicht für Sie, als für Ihre Schwester."

"O nein, ich langweile mich niemals!" rief sie schnell.

"We have books, we have our studies, and we have interesting neighbours. Dr. Mortimer is a most learned man in his own line. Poor Sir Charles was also an admirable companion. We knew him well and miss him more than I can tell. Do you think that I should intrude if I were to call this afternoon and make the acquaintance of Sir Henry?"

"I am sure that he would be delighted."

"Then perhaps you would mention that I propose to do so. We may in our humble way do something to make things more easy for him until he becomes accustomed to his new surroundings. Will you come upstairs, Dr. Watson, and inspect my collection of Lepidoptera? I think it is the most complete one in the south-west of England. By the time that you have looked through them lunch will be almost ready."

But I was eager to get back to my charge. The melancholy of the moor, the death of the unfortunate pony, the weird sound which had been associated with the grim legend of the Baskervilles, all these things tinged my thoughts with sadness. Then on the top of these more or less vague impressions there had come the definite and distinct warning of Miss Stapleton, delivered with such intense earnestness that I could not doubt that some grave and deep reason lay behind it. I resisted all pressure to stay for lunch, and I set off at once upon my return journey, taking the grass-grown path by which we had come.

It seems, however, that there must have been some short cut for those who knew it, for before I had reached the road I was astounded to see Miss Stapleton sitting upon a rock by the side of the track. Her face was beautifully flushed with her exertions and she held her hand to her side.

"I have run all the way in order to cut you off, Dr. Watson," said she. "I had not even time to put on my hat. I must not stop, or my brother may miss me. I wanted to say to you how sorry I am about the stupid mistake I made in thinking that you were Sir Henry. Please forget the words I said, which have no application whatever to you."

"Wir haben unsere Bücher, unsere Studien, und wir haben interessante Nachbarn. Dr. Mortimer ist in seinem Fach ein sehr gelehrter Herr. Der arme Sir Charles war ebenfalls ein prächtiger Gesellschafter. Wir kannten ihn gut und vermissen ihn mehr, als ich Ihnen sagen kann. Glauben Sie, daß ich ungelegen käme, wenn ich schon heute nachmittag nach Baskerville Hall ginge und Sir Henrys Bekanntschaft machte?"

"Gewiß nicht; er wird im Gegenteil sich sehr freuen."

"Dann sind Sie vielleicht so gut, ihm zu sagen, daß ich die Absicht habe. Wir können vielleicht unser Teilchen dazu beitragen, ihm die Eingewöhnung in der neuen Umgebung zu erleichtern. Wollen Sie mit nach oben kommen, Herr Doktor, und sich meine Schmetterlingssammlung ansehen? Ich glaube, sie ist die vollständigste im südwestlichen England. Bis Sie damit fertig sind, wird das Essen wohl bereit sein."

Aber es trieb mich, wieder zu Sir Henry zu kommen. Die Melancholie der Moorlandschaft, der Tod des armen Pferdes, der geisterhafte Ton, der am hellen Mittag die grausige Sage von dem Höllenhund wieder heraufbeschworen hatte — dies alles gab meinen Gedanken einen traurigen Anstrich. Dann war zu allen diesen mehr oder weniger unbestimmten Eindrücken Fräulein Stapletons deutliche und gar nicht mißzuverstehende Warnung gekommen; sie hatte mit so eindringlichem Ernst gesprochen, daß ohne Zweifel gewichtige Gründe dazu vorhanden waren. Ich lehnte deshalb trotz allem Drängen die Einladung zum Frühstück ab und machte mich sofort auf den Rückweg.

Ich ging den grasbewachsenen Fußsteig, auf welchem wir gekommen waren; es mußte aber doch wohl noch einen kürzeren Richtweg geben, der den Eingeweihten bekannt war; denn bevor ich die Landstraße wieder erreicht hatte, sah ich zu meinem Erstaunen Fräulein Stapleton auf einem großen Stein neben dem Fußweg sitzen. Ihr Gesicht war von eiligem Laufe gerötet, wodurch sie übrigens noch schöner erschien, und sie hielt ihre Hand auf das Herz gepreßt.

"Ich bin den ganzen Weg gelaufen, um Sie zu überholen, Herr Doktor," sagte sie. "Ich hatte nicht mal so viel Zeit, um mir meinen Hut aufzusetzen. Lange darf ich mich nicht aufhalten, sonst würde mein Bruder meine Abwesenheit bemerken. Ich wollte Ihnen sagen, wie leid mir mein dummes Versehen thut, daß ich Sie für Sir Henry hielt. Bitte, vergessen Sie meine Worte, die für Sie durchaus keine Bedeutung haben."

"But I can't forget them, Miss Stapleton," said I. "I am Sir Henry's friend, and his welfare is a very close concern of mine. Tell me why it was that you were so eager that Sir Henry should return to London."

"A woman's whim, Dr. Watson. When you know me better you will understand that I cannot always give reasons for what I say or do."

"No, no. I remember the thrill in your voice. I remember the look in your eyes. Please, please, be frank with me, Miss Stapleton, for ever since I have been here I have been conscious of shadows all round me. Life has become like that great Grimpen Mire, with little green patches everywhere into which one may sink and with no guide to point the track. Tell me then what it was that you meant, and I will promise to convey your warning to Sir Henry."

An expression of irresolution passed for an instant over her face, but her eyes had hardened again when she answered me.

"You make too much of it, Dr. Watson," said she. "My brother and I were very much shocked by the death of Sir Charles. We knew him very intimately, for his favourite walk was over the moor to our house. He was deeply impressed with the curse which hung over the family, and when this tragedy came I naturally felt that there must be some grounds for the fears which he had expressed. I was distressed therefore when another member of the family came down to live here, and I felt that he should be warned of the danger which he will run. That was all which I intended to convey.

"But what is the danger?"

"You know the story of the hound?"

"I do not believe in such nonsense."

"But I do. If you have any influence with Sir Henry, take him away from a place which has always been fatal to his family. The world is wide. Why should he wish to live at the place of danger?"

"Aber ich kann sie nicht vergessen, Fräulein Stapleton!" antwortete ich. "Ich bin Sir Henrys Freund, und sein Wohlergehen liegt mir sehr am Herzen. Sagen Sie mir, warum Sie so dringend auf Sir Henrys Rückkehr nach London bestanden?"

"Eine Weiberlaune, Herr Doktor! Wenn Sie mich näher kennen, so werden Sie sehen, daß ich nicht immer imstande bin, für meine Worte oder Handlungen Gründe anzugeben."

"Nein, nein! Der Ton Ihrer Stimme klingt mir noch in den Ohren! Ihr Blick steht mir noch vor Augen! Bitte, bitte, seien Sie offen gegen mich, Fräulein Stapleton; denn seit meiner Ankunft hier fühle ich mich von seltsamen Schatten umgeben. Das Leben kommt mir vor wie das große Grimpener Moor mit seinen unzähligen grünen Morastfleckchen, in die man versinken kann. Und nirgends ein Führer, um uns den Pfad zu weisen! Bitte, sagen Sie mir, was Ihre Worte bedeuteten und ich verspreche Ihnen, Ihre Warnung an Sir Henry zu bestellen."

Ein Ausdruck von Unentschlossenheit glitt einen Augenblick über ihr Gesicht; aber ihre Augen hatten bereits wieder ihren harten kalten Glanz gewonnen, als sie mir antwortete:

"Sie legen meinen Worten eine zu große Bedeutung bei, Herr Doktor. Meinem Bruder und mir ging Sir Charles' Tod sehr nahe. Wir hatten sehr vertrauten Umgang mit ihm, denn sein Lieblingsweg führte ihn über das Moor nach unserem Hause. Er fühlte sehr tief den Fluch, der über seinem Geschlechte hing; als dann sein tragisches Ende kam, da hatte ich den ganz natürlichen Eindruck, seine oftmals geäußerten Befürchtungen könnten nicht ganz unbegründet gewesen sein. Es machte mir daher Angst, daß wiederum ein Angehöriger seines Geschlechtes hier wohnen wollte, und ich hatte das Gefühl, ich müßte ihn vor der ihm drohenden Gefahr warnen. Weiter beabsichtigten meine Worte nichts."

"Aber worin besteht die Gefahr?"

"Sie kennen die Geschichte von dem Hund?"

"An solchen Unsinn glaube ich nicht!"

"Aber ich! Wenn Sie irgendwelchen Einfluß auf Sir Henry haben, so bringen Sie ihn weg von einem Ort, der seinem Geschlecht stets verhängnisvoll gewesen ist. Die Welt ist groß. Warum soll er denn gerade an einem so gefährlichen Orte leben wollen?"

"Because it is the place of danger. That is Sir Henry's nature. I fear that unless you can give me some more definite information than this it would be impossible to get him to move."

"I cannot say anything definite, for I do not know anything definite."

"I would ask you one more question, Miss Stapleton. If you meant no more than this when you first spoke to me, why should you not wish your brother to overhear what you said? There is nothing to which he, or anyone else, could object."

"My brother is very anxious to have the Hall inhabited, for he thinks it is for the good of the poor folk upon the moor. He would be very angry if he knew that I have said anything which might induce Sir Henry to go away. But I have done my duty now and I will say no more. I must go back, or he will miss me and suspect that I have seen you. Good-bye!" She turned and had disappeared in a few minutes among the scattered boulders, while I, with my soul full of vague fears, pursued my way to Baskerville Hall.

"Eben weil der Ort gefährlich ist. Das ist Sir Henrys Natur. Ich befürchte, wenn Sie mir keine bebestimmtere Auskunft geben, so werde ich ihn keinesfalls zum Fortgehen bewegen können."

"Irgend etwas Bestimmtes kann ich nicht sagen, denn ich weiß nichts,"

"Ich möchte an Sie noch eine Frage richten, Fräulein Stapleton. Wenn Sie mit Ihren ersten Worten, die Sie zu mir sagten, nur eine so unbestimmte Warnung beabsichtigten, warum waren Sie denn so ängstlich besorgt, Ihrem Bruder nichts davon hören zu lassen? Es liegt in ihnen nichts, wogegen er oder sonst ein Mensch etwas einwenden könnte."

"Meinem Bruder liegt viel daran, daß Baskerville Hall bewohnt ist; er glaubt, das sei zum Vorteil unserer armen Moorleute. Er würde sehr ärgerlich sein, wenn er wüßte, daß ich irgend etwas sagte, was Sir Henry zum Fortgehen veranlassen könnte. . . . Aber ich habe jetzt meine Pflicht gethan und will nichts mehr sagen. Ich muß jetzt nach Hause; sonst merkt er, daß ich fort war und wird mich im Verdacht haben, daß ich mit Ihnen gesprochen habe. Leben Sie wohl!" Sie drehte sich um und war in wenigen Minuten hinter den Granitblöcken verschwunden. Ich dagegen setzte meinen Weg nach Baskerville Hall fort, das von unbestimmten Befürchtungen erfüllt.

Chapter 8. First Report of Dr. Watson

From this point onward I will follow the course of events by transcribing my own letters to Mr. Sherlock Holmes which lie before me on the table. One page is missing, but otherwise they are exactly as written and show my feelings and suspicions of the moment more accurately than my memory, clear as it is upon these tragic events, can possibly do.

Baskerville Hall, October 13th. MY DEAR HOLMES: My previous letters and telegrams have kept you pretty well up to date as to all that has occurred in this most God-forsaken corner of the world. The longer one stays here the more does the spirit of the moor sink into one's soul, its vastness, and also its grim charm. When you are once out upon its bosom you have left all traces of modern England behind you, but, on the other hand, you are conscious everywhere of the homes and the work of the prehistoric people. On all sides of you as you walk are the houses of these forgotten folk, with their graves and the huge monoliths which are supposed to have marked their temples. As you look at their gray stone huts against the scarred hillsides you leave your own age behind you, and if you were to see a skin-clad, hairy man crawl out from the low door fitting a flint-tipped arrow on to the string of his bow, you would feel that his presence there was more natural than your own. The strange thing is that they should have lived so thickly on what must always have been most unfruitful soil. I am no antiquarian, but I could imagine that they were some unwarlike and harried race who were forced to accept that which none other would occupy.

Achtes Kapitel.

Von jetzt an will ich dem Gang der Ereignisse an der Hand meiner an Sherlock Holmes gerichteten Briefe folgen. Sie liegen vor mir auf meinem Schreibtisch. Ein Blatt fehlt; sonst aber teile ich. sie genau so mit, wie sie geschrieben wurden, denn sie geben meine wechselnden Gefühle und Verdachtsgründe getreuer wieder, als es meinem Gedächtnis möglich wäre, obwohl auch dieses die tragischen Ereignisse klar und deutlich aufbewahrt hat:

Baskerville Hall, den 13. Oktober. Mein lieber Holmes, meine bisherigen Briefe und Depeschen haben Dich so ziemlich auf dem Laufenden erhalten, und Du weißt wohl alles, was in diesem höchst gottverlassenen ErdenWinkel vorgeht. Je länger man hier bleibt, desto tiefer drückt sich der Geist des Moors der Seele ein, seine Oede und auch sein schauriger Reiz. Hat man sich ihm einmal zu eigen gegeben, so ist man vom modernen England völlig abgeschnitten; dafür lernt man aber die Wohnstätten und den Tageslauf des vorgeschichtlichen Menschen um so genauer kennen. Wohin man geht, überall stößt man auf die Häuser dieses längstverschollenen Volkes, auf ihre Gräber und die großen Steinblöcke, die man für die Markstätten ihrer Tempel hält. Sieht man ihre grauen Steinhütten an den Hügelabhängen, so vergißt man die Zeit, worin man selber lebt; und käme aus der niederen Thür ein fellbehangener, behaarter Mann herausgekrochen, der seinen Pfeil mit Flintsteinspitze auf die Bogensehne legte — seine Anwesenheit würde einem ganz natürlich vorkommen. Das Sonderbarste ist die Frage, wie sie so dichtgedrängt auf einem Boden haben leben können, der zu allen Zeiten höchst unfruchtbar gewesen sein muß. Ich bin kein Altertumsforscher, aber ich möchte glauben, sie waren ein unkriegerisches, von vielen Feinden geplagtes Volk, das wohl oder übel mit dem zufrieden sein mußte, was kein anderer begehrte.

All this, however, is foreign to the mission on which you sent me and will probably be very uninteresting to your severely practical mind. I can still remember your complete indifference as to whether the sun moved round the earth or the earth round the sun. Let me, therefore, return to the facts concerning Sir Henry Baskerville.

If you have not had any report within the last few days it is because up to today there was nothing of importance to relate. Then a very surprising circumstance occurred, which I shall tell you in due course. But, first of all, I must keep you in touch with some of the other factors in the situation.

One of these, concerning which I have said little, is the escaped convict upon the moor. There is strong reason now to believe that he has got right away, which is a considerable relief to the lonely householders of this district. A fortnight has passed since his flight, during which he has not been seen and nothing has been heard of him. It is surely inconceivable that he could have held out upon the moor during all that time. Of course, so far as his concealment goes there is no difficulty at all. Any one of these stone huts would give him a hiding-place. But there is nothing to eat unless he were to catch and slaughter one of the moor sheep. We think, therefore, that he has gone, and the outlying farmers sleep the better in consequence.

We are four able-bodied men in this household, so that we could take good care of ourselves, but I confess that I have had uneasy moments when I have thought of the Stapletons. They live miles from any help. There are one maid, an old manservant, the sister, and the brother, the latter not a very strong man. They would be helpless in the hands of a desperate fellow like this Notting Hill criminal if he could once effect an entrance. Both Sir Henry and I were concerned at their situation, and it was suggested that Perkins the groom should go over to sleep there, but Stapleton would not hear of it.

Doch dies alles hat mit der mir von Dir übertragenen Sendung nichts zu thun und wird wahrscheinlich Deinem streng aufs Praktische gerichteten Geiste sehr wenig interessant vorkommen. Ich erinnere mich noch sehr gut, wie völlig gleichgültig es Dir war, ob die Sonne sich um die Erde, oder ob die Erde sich um die Sonne bewegk. Ich will mich also wieder den mit Sir Henry Baskerville in Verbindung stehenden Thatsachen zuwenden. Daß Du in den letzten Tagen keinen Bericht erhieltest, erklärt sich daraus, daß nichts von Bedeutung zu melden war. Dann aber trat ein ganz überraschender Umstand ein, mit welchem ich Dich im Verlauf meiner Darstellung bekannt machen werde. Vor allen Dingen aber muß ich Dich mit einigen anderen Momenten in Fühlung bringen. Eines von diesen ist die von mir bisher nur flüchtig erwähnte Entweichung des Zuchthäuslers von Princetown. Er hatte das Moor erreicht; jetzt ist aber mit gutem Grunde anzunehmen, daß er die Gegend gänzlich verlassen hat, was für die einsam wohnenden Landleute dieser Gegend eine froh empfundene Erleichterung von schwerer Sorge ist. Seit seiner Flucht sind zwei Wochen vergangen, und während dieser ganzen Zeit hat man von ihm weder etwas gesehen noch gehört. Daß er diese vierzehn Tage über sich auf dem Moor habe halten können, erscheint ausgeschlossen. Verbergen hätte er sich natürlich mit der größten Leichtigkeit können. Iede beliebige Steinhütte von dem prähistorischen Volk könnte ihm als Versteck dienen. Aber er würde nichts zu essen finden, wenn er nicht etwa ein Moorschaf finge und schlachtete. Wir glauben daher, daß er fort ist, und die Pächter am Moorrand schlafen jetzt wieder viel besser.

Wir im Schloß sind vier rüstige Männer, könnten uns also eines Angriffes leicht erwehren; aber ich gestehe, daß ich mir um die Stapletons Unruhe und Sorge gemacht habe. Sie wohnen meilenweit von jeder menschlichen Hilfe entfernt. In ihrem Hause sind ein Dienstmädchen, der alte Diener, die Schwester und der Bruder, und dieser letztere ist kein sehr kräftiger Mann. Sie wären widerstandsunfähig, fobald ein verzweifelter Bursche, wie der Mörder von Notting Hill, in ihr Haus eingedrungen wäre. Sir Henry begriff ebenso gut die Gefährlichkeit ihrer Lage und schlug ihnen vor, den Stallknecht Perkins zu ihnen zu schicken, um in MerriPit House zu schlafen, aber Stapleton wollte nichts davon wissen.

The fact is that our friend, the baronet, begins to display a considerable interest in our fair neighbour. It is not to be wondered at, for time hangs heavily in this lonely spot to an active man like him, and she is a very fascinating and beautiful woman. There is something tropical and exotic about her which forms a singular contrast to her cool and unemotional brother. Yet he also gives the idea of hidden fires. He has certainly a very marked influence over her, for I have seen her continually glance at him as she talked as if seeking approbation for what she said. I trust that he is kind to her. There is a dry glitter in his eyes and a firm set of his thin lips, which goes with a positive and possibly a harsh nature. You would find him an interesting study.

He came over to call upon Baskerville on that first day, and the very next morning he took us both to show us the spot where the legend of the wicked Hugo is supposed to have had its origin. It was an excursion of some miles across the moor to a place which is so dismal that it might have suggested the story. We found a short valley between rugged tors which led to an open, grassy space flecked over with the white cotton grass. In the middle of it rose two great stones, worn and sharpened at the upper end until they looked like the huge corroding fangs of some monstrous beast. In every way it corresponded with the scene of the old tragedy. Sir Henry was much interested and asked Stapleton more than once whether he did really believe in the possibility of the interference of the supernatural in the affairs of men. He spoke lightly, but it was evident that he was very much in earnest. Stapleton was guarded in his replies, but it was easy to see that he said less than he might, and that he would not express his whole opinion out of consideration for the feelings of the baronet. He told us of similar cases, where families had suffered from some evil influence, and he left us with the impression that he shared the popular view upon the matter.

Es läßt sich nicht leugnen, daß unser Freund, der Baronet, ein bedeutendes Interesse an unserer schönen Nachbarin zu zeigen beginnt. Das ist auch kein Wunder, denn einem so sehr an Thätigkeit gewöhnten Mann, wie Sir Henry, muß hier wohl die Zeit lang werden, und sie ist ein bezaubernd schönes Weib. Sie hat etwas Tropisches, Exotisches an sich, was in eigenartiger Weise von dem kühlen und verstandesmäßigen Wesen ihres Bruders absticht. Doch muß ich manchmal denken, daß auch in ihm verborgenes Feuer glüht. Ganz gewiß übt er auf sie einen sehr bedeutenden Einfluß aus, denn ich habe bemerkt, daß sie beim Sprechen fortwährend nach ihm hinsieht, als wollte sie bei jedem Wort, das sie sagt, sich seines Einverständnisses versichern. Ich will hoffen, daß er sie freundlich behandelt. In seinen Augen liegt ein kalter Glanz, und um seine dünnen Lippen zeigt sich ein fester Zug; beides läßt auf einen bestimmten und möglicherweise etwas herben Charakter schließen. Du würdest ihn mit Interesse näher studieren.

Schon am ersten Tage machte er Sir Henry seinen Besuch, und gleich am anderen Morgen nahm er uns mit nach der Stelle, wo der Sage nach der verruchte Hugo seinen Tod fand. Der Ort liegt ein paar Meilen jenseits des Moors und macht einen so traurigen Eindruck auf das Gemüt, daß man das Entstehen der Sage sehr wohl begreift. Zwischen schroffen Felsen führt ein kurzes Thal auf einen offenen grasbewachsenen Raum, in dessen Mitte zwei große Steine mit scharfen Spitzen wie die riesigen Fangzähne eines ungeheuren Raubtiers aus dem Boden emporragen. Der Platz entspricht in jeder Beziehung der Szene der alten Tragödie, wie die Sage sie überliefert hat. Sir Henry fragte Stapleton mehr als einmal, ob er wirklich an die Möglichkeit glaube, daß übernatürliche Mächte sich in die Geschicke sterblicher Menschen einmischen könnten. Er sagte das in scherzendem Ton, aber es war leicht zu merken, daß er die Sache vollkommen ernst meinte. Stapleton war in seinen Antworten vorsichtig; er sagte offenbar nicht alles, was er dachte, und hielt mit feiner wahren Meinung aus Rücksicht auf die Gefühle des Baronets zurück. Er erzählte von ähnlichen Fällen, wobei Familien unter solchen Verfolgungen zu leiden gehabt hätten, und wir hatten den Eindruck, daß er den Volksglauben in diesem Falle vollkommen teile.

On our way back we stayed for lunch at Merripit House, and it was there that Sir Henry made the acquaintance of Miss Stapleton. From the first moment that he saw her he appeared to be strongly attracted by her, and I am much mistaken if the feeling was not mutual. He referred to her again and again on our walk home, and since then hardly a day has passed that we have not seen something of the brother and sister. They dine here tonight, and there is some talk of our going to them next week. One would imagine that such a match would be very welcome to Stapleton, and yet I have more than once caught a look of the strongest disapprobation in his face when Sir Henry has been paying some attention to his sister. He is much attached to her, no doubt, and would lead a lonely life without her, but it would seem the height of selfishness if he were to stand in the way of her making so brilliant a marriage. Yet I am certain that he does not wish their intimacy to ripen into love, and I have several times observed that he has taken pains to prevent them from being tete-a-tete. By the way, your instructions to me never to allow Sir Henry to go out alone will become very much more onerous if a love affair were to be added to our other difficulties. My popularity would soon suffer if I were to carry out your orders to the letter.

The other day—Thursday, to be more exact—Dr. Mortimer lunched with us. He has been excavating a barrow at Long Down and has got a prehistoric skull which fills him with great joy. Never was there such a single-minded enthusiast as he! The Stapletons came in afterwards, and the good doctor took us all to the yew alley at Sir Henry's request to show us exactly how everything occurred upon that fatal night.

Auf dem Rückwege kehrten wir zum Frühstück in Merripit House ein, und hier machte Sir Henry Fräulein Stapletons Bekanntschaft. Vom ersten Augenblick an schien er sich stark zu ihr hingezogen zu fühlen, und ich müßte mich sehr irren, wenn das Gefühl nicht gegenseitig ist. Auf dem Heimweg fing er immer wieder an, von ihr zu sprechen, und seitdem ist kaum ein Tag vergangen, an dem wir das Geschwisterpaar nicht gesehen haben. Heute abend speisen sie hier, und es ist davon die Rede, daß wir nächste Woche zu ihnen eingeladen werden sollen. Man sollte denken, eine solche Partie müßte Stapleton sehr willkommen sein, indessen habe ich mehr als einmal auf seinem Gesicht einen Ausdruck schärfster Mißbilligung gelesen, wenn Sir Henry seiner Schwester irgend ein Kompliment machte. Stapleton ist ihr freilich ohne allen Zweifel fehr zugethan und sein Leben würde ja sehr einsam werden, wenn sie von ihm ginge, aber es wäre doch der Gipfel der Selbstsucht, wenn er ihr bei einer so überaus glänzenden Heirat Hindernisse in den Weg legen wollte. Aber so viel steht für mich fest: er wünscht nicht, daß ihr vertrauter Verkehr sich zu Liebe entwickelt, und ich habe verschiedene Male bemerkt, daß er sich bemühte, ein Zusammensein unter vier Augen zu verhindern. Nebenbei bemerkt, wird Deine Weisung, ich dürfte Sir Henry niemals allein ausgehen lassen, noch viel lästiger werden, wenn zu unseren anderen Schwierigkeiten auch noch eine Liebesgeschichte hinzukäme. Meine Beliebtheit würde sehr bald ins Wanken geraten, wenn ich Deine Vorschriften in diesem Punkte buchstäblich ausführte.

Neulich — um den Tag ganz genau zu bezeichnen: am Donnerstag — frühstückte Dr. Mortimer bei uns. Er hat in Long Down einen Grabhügel untersucht und einen prähistorischen Schädel gefunden, der ihn mit großer Freude erfüllt. Er ist ein ganz einzig dastehender Enthusiast! Nach dem Essen kamen auch die Stapletons, und der gute Doktor führte uns alle nach der Taxusallee, um uns auf Sir Henrys Bitten genau zu erklären, wie der Vorgang in der verhängnisvollen Nacht sich abspielte.

It is a long, dismal walk, the yew alley, between two high walls of clipped hedge, with a narrow band of grass upon either side. At the far end is an old tumble-down summer-house. Halfway down is the moor-gate, where the old gentleman left his cigar-ash. It is a white wooden gate with a latch. Beyond it lies the wide moor. I remembered your theory of the affair and tried to picture all that had occurred. As the old man stood there he saw something coming across the moor, something which terrified him so that he lost his wits and ran and ran until he died of sheer horror and exhaustion. There was the long, gloomy tunnel down which he fled. And from what? A sheep-dog of the moor? Or a spectral hound, black, silent, and monstrous? Was there a human agency in the matter? Did the pale, watchful Barrymore know more than he cared to say? It was all dim and vague, but always there is the dark shadow of crime behind it.

One other neighbour I have met since I wrote last. This is Mr. Frankland, of Lafter Hall, who lives some four miles to the south of us. He is an elderly man, red-faced, white-haired, and choleric. His passion is for the British law, and he has spent a large fortune in litigation. He fights for the mere pleasure of fighting and is equally ready to take up either side of a question, so that it is no wonder that he has found it a costly amusement. Sometimes he will shut up a right of way and defy the parish to make him open it. At others he will with his own hands tear down some other man's gate and declare that a path has existed there from time immemorial, defying the owner to prosecute him for trespass.

Die Taxusallee ist ein langer öder Weg zwischen zwei hohen geschorenen Wänden; ein schmaler Grasstreifen befindet sich an jeder Seite. Ungefähr auf halbem Wege ist die Moorpforte, wo der alte Herr feine Cigarrenasche abgestreift hatte. Es ist eine weiße Lattenthür, die mit einem Riegel verschlossen ist. Dahinter erstreckt sich das weite Moor. Ich erinnerte mich der von Dir aufgestellten Mutmaßung über den Hergang und versuchte mir ein Bild davon zu machen. Als der alte Herr an der Pforte stand, sah er irgend etwas über das Moor kommen, irgend ein Etwas, das ihn so in Schrecken setzte, daß er die Besinnung verlor und rannte und rannte, bis er vor reiner Angst und Erschöpfung tot hinfiel. Was verfolgte ihn? Ein Schäferhund vom Moor? Oder ein schwarzer, schweigender, ungeheurer Gespensterhund? Waren Menschenhände dabei im Spiel? Wußte der wachsame blasse Barrymore mehr als er sagen wollte? Alles ist schwankend und unbestimmt, aber überall steht der dunkle Schatten eines Verbrechens hinter diesem Rätsel.

Seitdem ich meinen letzten Brief schrieb, habe ich noch einen anderen Nachbarn kennen gelernt: Herrn Frankland von Lafter Hall, vier Meilen von uns in südlicher Richtung gelegen. Er ist ein älterer Herr mit rotem Gesicht, weißem Haar und höchst cholerischer Gemütsanlage. Seine Leidenschaft ist das britische Recht, und er hat ein bedeutendes Vermögen in Prozessen draufgehen lassen. Er kämpft aus reiner Lust am Kampf und ist stets bereit, die eine oder die andere Seite eines Rechtsstreites zu seiner Sache zu machen; kein Wunder daher, daß er sein Vergnügen als recht kostspielig befunden hat. Zuweilen erläßt er ein Verbot, irgend einen Weg zu benutzen; dann muß die Gemeinde erst einen Prozeß führen, um die Oeffnung desselben durchzusetzen. Dann wieder reißt er eigenhändig irgend ein anderen Leuten gehörendes Thorgatter nieder und behauptet, es habe seit undenklichen Zeiten an der betreffenden Stelle ein freier Weg existiert. Dann muß der Eigentümer ebenfalls erst einen Prozeß führen, um ihn zur Buße zu ziehen.

He is learned in old manorial and communal rights, and he applies his knowledge sometimes in favour of the villagers of Fernworthy and sometimes against them, so that he is periodically either carried in triumph down the village street or else burned in effigy, according to his latest exploit. He is said to have about seven lawsuits upon his hands at present, which will probably swallow up the remainder of his fortune and so draw his sting and leave him harmless for the future. Apart from the law he seems a kindly, good-natured person, and I only mention him because you were particular that I should send some description of the people who surround us. He is curiously employed at present, for, being an amateur astronomer, he has an excellent telescope, with which he lies upon the roof of his own house and sweeps the moor all day in the hope of catching a glimpse of the escaped convict. If he would confine his energies to this all would be well, but there are rumours that he intends to prosecute Dr. Mortimer for opening a grave without the consent of the next of kin because he dug up the Neolithic skull in the barrow on Long Down. He helps to keep our lives from being monotonous and gives a little comic relief where it is badly needed.

And now, having brought you up to date in the escaped convict, the Stapletons, Dr. Mortimer, and Frankland, of Lafter Hall, let me end on that which is most important and tell you more about the Barrymores, and especially about the surprising development of last night.

First of all about the test telegram, which you sent from London in order to make sure that Barrymore was really here. I have already explained that the testimony of the postmaster shows that the test was worthless and that we have no proof one way or the other. I told Sir Henry how the matter stood, and he at once, in his downright fashion, had Barrymore up and asked him whether he had received the telegram himself. Barrymore said that he had.

Er besitzt bedeutende Kenntnisse von alten Rechten der verschiedenen Gemeinden und Gutsherrschaften und verwendet diese Kenntnisse zuweilen zu Gunsten der Einwohner von Fernworthy, zuweilen aber auch gegen sie. Gegenwärtig soll er sieben Prozesse schweben haben, die wahrscheinlich den Rest seines Vermögens verschlingen werden; dann wird ihm der Stachel genommen und er in Zukunft ein harmloser alter Herr sein. Abgesehen von seiner Prozeßsucht macht er den Eindruck eines freundlichen und gutmütigen Menschen, und ich erwähne ihn nur, weil Du mir besonders einschärftest, ich sollte die Personen unserer Umgebung genauer beschreiben. Gegenwärtig hat er eine sonderbare Beschäftigung: er ist Amateur-Sterngucker und besitzt in dieser Eigenschaft ein ausgezeichnetes Fernrohr. Mit diesem liegt er nun den ganzen Tag auf dem Dach seines Hauses und sieht auf das Moor hinaus in der Hoffnung, den entsprungenen Zuchthäusler zu entdecken. Wollte er seine Thatkraft hierauf beschränken, so wäre^dlles schön und gut, aber wie das Gerücht wissen will, beabsichtigtr dem Dr. Mortimer wegen seiner Ausgrabung des vorgeschichtlichen Schädels in Long Down einen Prozeß anzuhängen, weil er ohne Einwilligung des nächsten Anverwandten ein Grab geöffnet habe! Herr Frank land bring! ein bißchen Abwechselung in unser gar zu eintöniges Leben hier und sorgt für etwas Komik, die wir hier wirklich recht nötig haben.

Und nun, nachdem ich Dir über den entsprungenen Sträfling, über die Stapletons, Dr. Mortimer und Herrn Frankland von Lafter Hall alles mir Bekannte mitgeteilt habe, will ich mich zum Schluß dem wichtigsten Teil meines Berichtes zuwenden und Dir einiges Neue über die Barrymores melden, besonders eine überraschende Wendung, die die vorige Nacht gebracht hat.

Zunächst noch einiges über das Telegramm, das Du von London aus sandtest, um Gewißheit zu erlangen, ob Barrymore in Wirklichkeit hier anwesend wäre oder nicht. Wie ich bereits auseinandersetzte, geht aus dem Zeugnis des Postmeisters von Grimpen hervor, daß in keiner Weise ein gültiger Beweis für den einen oder für den anderen Fall erbracht worden ist- Ich sagte Sir Henry, wie die Sache stände, und in seiner geraden offenen Art ließ er sofort Barrymore rufen und fragte ihn, ob er das Telegramm selber in Empfang genommen hätte. Der Kammerdiener bejahte die Frage.

"Did the boy deliver it into your own hands?" asked Sir Henry.

Barrymore looked surprised, and considered for a little time.

"No," said he, "I was in the box-room at the time, and my wife brought it up to me."

"Did you answer it yourself?"

"No; I told my wife what to answer and she went down to write it."

In the evening he recurred to the subject of his own accord.

"I could not quite understand the object of your questions this morning, Sir Henry," said he. "I trust that they do not mean that I have done anything to forfeit your confidence?"

Sir Henry had to assure him that it was not so and pacify him by giving him a considerable part of his old wardrobe, the London outfit having now all arrived.

Mrs. Barrymore is of interest to me. She is a heavy, solid person, very limited, intensely respectable, and inclined to be puritanical. You could hardly conceive a less emotional subject. Yet I have told you how, on the first night here, I heard her sobbing bitterly, and since then I have more than once observed traces of tears upon her face. Some deep sorrow gnaws ever at her heart. Sometimes I wonder if she has a guilty memory which haunts her, and sometimes I suspect Barrymore of being a domestic tyrant. I have always felt that there was something singular and questionable in this man's character, but the adventure of last night brings all my suspicions to a head.

"Lieferte der Iunge es zu Ihren eigenen Händen ab?" fragte der Baronet weiter.

Barrymore machte ein überraschtes Gesicht, dachte eine kleine Weile nach und sagte dann:

"Nein; ich war in dem Augenblick gerade auf dem Boden und meine Frau brachte es mir herauf."

"Beantworteten Sie es selber?"

"Nein, ich sagte meiner Frau, was zu antworten sei, und sie ging hinunter, um es aufzuschreiben."

Am Abend kam Barrymore von selber auf den Gegenstand zurück, indem er sagte:

"Ich konnte nicht recht verstehen, welche Absicht Ihre Fragen von heute früh verfolgten, Sir Henry. Es war damit doch gewiß nicht bezweckt, mir eine Täuschung Ihres Vertrauens zur Last zu legen?"

Sir Henry mußte ihm versichern, dies sei nicht der Fall und gab ihm schließlich, um ihn nur wieder zu beruhigen, einen beträchtlichen Teil seiner alten Sachen; die in London bestellte neue Ausrüstung ist nämlich jetzt eingetroffen.

Frau Barrymore interessiert mich. Sie ist eine derbe, grobschlächtige Person, sehr beschränkt, durch und durch ehrenwert und mit einer Neigung zum Puritanischen. Rührselig ist sie sicherlich nicht im geringsten. Und doch hörte ich sie in der ersten Nacht meines Hierseins schluchzen, wie ich Dir bereits schrieb, und seitdem habe ich mehr als einmal auf ihrem Gesicht die Spuren von Thränen bemerkt. Irgend ein tiefer Kummer nagt ihr am Herzen. Manchmal frage ich mich, ob vielleicht ein schuldbeladenes Gewissen sie quält, manchmal habe ich Barrymore im Verdacht, ein Haustyrann zu sein. Von Anfang an hatte ich das Gefühl, daß sein Charakter seltsam und fragwürdig sei, aber mein Erlebnis von voriger Nacht giebt meinem Verdacht eine bestimmte Richtung — obgleich es Dir vielleicht an und für sich unbedeutend vorkommen wird.

And yet it may seem a small matter in itself. You are aware that I am not a very sound sleeper, and since I have been on guard in this house my slumbers have been lighter than ever. Last night, about two in the morning, I was aroused by a stealthy step passing my room. I rose, opened my door, and peeped out. A long black shadow was trailing down the corridor. It was thrown by a man who walked softly down the passage with a candle held in his hand. He was in shirt and trousers, with no covering to his feet. I could merely see the outline, but his height told me that it was Barrymore. He walked very slowly and circumspectly, and there was something indescribably guilty and furtive in his whole appearance.

I have told you that the corridor is broken by the balcony which runs round the hall, but that it is resumed upon the farther side. I waited until he had passed out of sight and then I followed him. When I came round the balcony he had reached the end of the farther corridor, and I could see from the glimmer of light through an open door that he had entered one of the rooms. Now, all these rooms are unfurnished and unoccupied so that his expedition became more mysterious than ever. The light shone steadily as if he were standing motionless. I crept down the passage as noiselessly as I could and peeped round the corner of the door.

Barrymore was crouching at the window with the candle held against the glass. His profile was half turned towards me, and his face seemed to be rigid with expectation as he stared out into the blackness of the moor. For some minutes he stood watching intently. Then he gave a deep groan and with an impatient gesture he put out the light. Instantly I made my way back to my room, and very shortly came the stealthy steps passing once more upon their return journey. Long afterwards when I had fallen into a light sleep I heard a key turn somewhere in a lock, but I could not tell whence the sound came. What it all means I cannot guess, but there is some secret business going on in this house of gloom which sooner or later we shall get to the bottom of. I do not trouble you with my theories, for you asked me to furnish you only with facts. I have had a long talk with Sir Henry this morning, and we have made a plan of campaign founded upon my observations of last night. I will not speak about it just now, but it should make my next report interesting reading.

Wie du weißt, habe ich keinen sehr festen Schlaf, und seitdem ich hier auf meinem Beobachtungsposten bin, ist mein Schlummer leiser denn je. Heute nacht — es war gegen zwei Uhr morgens — weckte mich das Geräusch verstohlener Schritte auf dem Korridor. Ich stand auf, öffnete meine Thür und lugte hinaus. Ein langer schwarzer Schatten schwebte den Gang entlang. Es war ein Mann, der mit einer Kerze in der Hand behutsam den Korridor hinunterging. Er war in Hemd und Hofen und barfüßig; ich konnte nur die Umrisse seiner Gestalt sehen, merkte aber cm der Größe, daß es Barrymore war. Er ging sehr langsam und vorsichtig und seine ganze Erscheinung hatte etwas unbeschreiblich Scheues und Schuldbewußtes an sich.

Wie ich Dir bereits schrieb, wird der Korridor von dem rund um die große Halle laufenden Balkon unterbrochen, hat aber eine Fortsetzung jenseits desselben. Ich wartete, bis Barrymore verschwunden war und ging ihm dann nach. Als ich am Balkon vorbei war, hatte er bereits das andere Ende des Korridors erreicht und war, wie ich an einem aus einer offenen Thür herausfallenden Lichtscheine sehen konnte, in eines der Zimmer eingetreten. Da nun alle diese Räume unbewohnt und unmöbliert sind, so wurde sein Vorhaben immer rätselhafter für mich. Der Lichtschein blieb immer auf einer Stelle, woraus man schließen konnte, daß Barrymore still stand. Ich schlich mich so geräusch los wie möglich den Gang entlang und sah in das Zimmer hinein.

Barrymore hockte am Fenster und hielt sein Licht an die Scheibe. Sein Profil war mir halb zugewandt und sein Gesicht war starr gespannt; er spähte in die auf dem Moor liegende Finsternis hinaus. Mehrere Minuten lang wartete er; dann stieß er einen tiefen Seufzer aus und löschte das Licht. Sofort ging ich nach meinem Zimmer zurück, und ganz wenige Augenblicke darauf kamen wieder die verstohlenen Schritte an meiner Thür vorbei.

Lange Zeit nachher, als ich in einen leichten Schlummer gefallen war, hörte ich einen Schlüssel sich in einem Schloß drehen, konnte aber nicht feststellen, aus welcher Richtung der Laut kam.

Was dies alles bedeutet, davon kann ich mir keine Vorstellung machen, aber soviel ist sicher: etwas Geheimnisvolles geht in diesem Hause vor, und früher oder fpäter werden wir dahinter kommen. Ich will Dich nicht mit Theorien behelligen, denn Du batest mich ja, bloß Thatsachen mitzuteilen. Ich habe heute früh ein langes Gespräch mit Sir Henry gehabt, und wir haben auf Grund meiner in der vorigen Nacht gemachten Beobachtungen einen Feldzugsplan entworfen. Ich will heute nichts mehr darüber sagen, um nicht das meinem nächsten Bericht zukommende Interesse vorwegzunehmen.

Chapter 9. The Light upon the Moor
[Second Report of Dr. Watson]

Baskerville Hall, Oct. 15th. MY DEAR HOLMES: If I was compelled to leave you without much news during the early days of my mission you must acknowledge that I am making up for lost time, and that events are now crowding thick and fast upon us. In my last report I ended upon my top note with Barrymore at the window, and now I have quite a budget already which will, unless I am much mistaken, considerably surprise you. Things have taken a turn which I could not have anticipated. In some ways they have within the last forty-eight hours become much clearer and in some ways they have become more complicated. But I will tell you all and you shall judge for yourself.

Before breakfast on the morning following my adventure I went down the corridor and examined the room in which Barrymore had been on the night before. The western window through which he had stared so intently has, I noticed, one peculiarity above all other windows in the house—it commands the nearest outlook on to the moor. There is an opening between two trees which enables one from this point of view to look right down upon it, while from all the other windows it is only a distant glimpse which can be obtained. It follows, therefore, that Barrymore, since only this window would serve the purpose, must have been looking out for something or somebody upon the moor. The night was very dark, so that I can hardly imagine how he could have hoped to see anyone. It had struck me that it was possible that some love intrigue was on foot. That would have accounted for his stealthy movements and also for the uneasiness of his wife. The man is a striking-looking fellow, very well equipped to steal the heart of a country girl, so that this theory seemed to have something to support it. That opening of the door which I had heard after I had returned to my room might mean that he had gone out to keep some clandestine appointment. So I reasoned with myself in the morning, and I tell you the direction of my suspicions, however much the result may have shown that they were unfounded.

Neuntes Kapitel.
(Zweiter Bericht des Doktor Watson.)

Baskerville Hall, den 15. Oktober. Mein lieber Holmes!

Wenn ich in den ersten Tagen meiner hiesigen Thätigkeit genötigt war, Dich mit recht spärlichen Nachrichten abzuspeisen, so mußt Du zugeben, daß ich das Versäumte jetzt nachhole, denn die Ereignisse drängen und jagen jetzt einander. Der Höhepunkt meines letzten Berichtes war die Ueberraschung Barrymores am Fenster; und heute habe ich wieder einen ganzen Vorrat an Neuigkeiten, von denen ich annehmen darf, daß sie Dir nicht wenig überraschend kommen werden. Die Ereignisse haben eine Wendung genommen, die sich gar nicht vorhersehen ließ. Die Verhältnisse sind in den letzten achtundvierzig Stunden in mancher Beziehung viel klarer, in mancher Beziehung aber auch viel verworrener geworden. Aber ich will Dir das Ganze berichten, und Du kannst dann selber urteilen.

Ehe ich mich am anderen Morgen zum Frühstück begab, ging ich in den Korridor hinunter und untersuchte das Zimmer, worin Barrymore die Nacht vorher gewesen war. Das Fenster in der Westwand, durch welches er mit so gespannter Aufmerksamkeit in die Nacht hinausgespäht hatte, zeichnet sich, wie ich sofort bemerkte, vor allen anderen Fenstern des Gebäudes durch eine ganz besondere Eigentümlichkeit aus: Man hat von dort einen vollkommenen Ueberblick über das Moor. Durch eine Lücke zwischen zwei Bäumen sieht man es ganz nahe und deutlich vor sich liegen, während man von den anderen Fenstern aus nur entferntere Partien des Moors in verschwommenen Umrissen sieht. Da also nur dies eine Fenster die erwähnte Eigenschaft aufweist, so folgt daraus, daß Barrymore irgend wen oder irgend was auf dem Moor suchte. Die Nacht war sehr finster, ich kann mir daher kaum vorstellen, wie er hoffen konnte, jemanden in der Dunkelheit zu sehen. Mir war der Gedanke gekommen, es könnte sich möglicherweise um irgend eine Liebesintrigue handeln. Das hätte sein heimliches Umherschleichen und zugleich auch die niedergedrückte Stimmung seiner Frau erklärt. Der Mann ist ein auffallend hübscher Bursche, von dem man sich wohl denken kann, daß er einem Landmädel das Herz zu stehlen vermag; die Annahme erschien daher nicht ganz unbegründet. Das Oeffnen der Thür, das ich später im Halbschlummer gehört hatte, ließ sich damit erklären, daß er zu einem heimlichen Stelldichein ins Freie gegangen war. Mit diesem Gedanken beschäftigte ich mich den Morgen über, und ich wollte Dir meinen Verdacht doch jedenfalls mitteilen, wenngleich der Lauf der Ereignisse wohl dargethan haben dürfte, daß derselbe unbegründet war.

But whatever the true explanation of Barrymore's movements might be, I felt that the responsibility of keeping them to myself until I could explain them was more than I could bear. I had an interview with the baronet in his study after breakfast, and I told him all that I had seen. He was less surprised than I had expected.

"I knew that Barrymore walked about nights, and I had a mind to speak to him about it," said he. "Two or three times I have heard his steps in the passage, coming and going, just about the hour you name."

"Perhaps then he pays a visit every night to that particular window," I suggested.

"Perhaps he does. If so, we should be able to shadow him and see what it is that he is after. I wonder what your friend Holmes would do if he were here."

"I believe that he would do exactly what you now suggest," said I. "He would follow Barrymore and see what he did."

"Then we shall do it together."

"But surely he would hear us."

"The man is rather deaf, and in any case we must take our chance of that. We'll sit up in my room tonight and wait until he passes." Sir Henry rubbed his hands with pleasure, and it was evident that he hailed the adventure as a relief to his somewhat quiet life upon the moor.

Aber mochte nun Barrymores nächtliches Herumwandern hiermit oder auf eine andere Weise zu erklären sein — ich fühlte, daß die Verantwortlichkeit, das Rätsel so lange für mich allein zu behalten, bis ich selber die Lösung gefunden, zu schwer auf mir lasten würde. Ich suchte also nach dem Frühstück den Baronet in seinem Arbeitszimmer auf und teilte ihm alles mit, was ich gesehen hatte. Er war weniger überrascht, als ich es erwartet hatte.

"Ich wußte bereits," sagte er, "daß Barrymore nächtlicherweile herumgeht und hatte die Absicht, mit ihm darüber zu sprechen. Zwei- oder dreimal habe ich, gerade um die von Ihnen genannte Stunde, seine Schritte im Korridor kommen und gehen hören."

"Dann macht er also vielleicht jede Nacht den Gang zu jenem Fenster?"

"Kann sein. Wenn es der Fall wäre, so könnten wir ihm ja heimlich nachgehen und sehen, was er dort treibt. Was würde wohl Ihr Freund Holmes thun, wenn er hier wäre?"

"Vermutlich genau dasselbe, was Sie soeben anregten," antwortete ich. "Er würde Barrymore nachgehen und mit eigenen Augen sehen, was er macht."

"Dann wollen wir zusammen gehen!"

"Aber er würde uns ganz gewiß hören!"

"Der Mann ist ziemlich schwerhörig — aber einerlei, wir müssen es darauf ankommen lassen. Wir wollen heute nacht aufbleiben und in meinem Zimmer warten, bis er vorbeikommt."

Sir Henry rieb sich vergnügt die Hände; augenscheinlich begrüßte er das Abenteuer als eine Abwechselung in seinem so ruhigen Leben auf dem Moor.

The baronet has been in communication with the architect who prepared the plans for Sir Charles, and with a contractor from London, so that we may expect great changes to begin here soon. There have been decorators and furnishers up from Plymouth, and it is evident that our friend has large ideas and means to spare no pains or expense to restore the grandeur of his family. When the house is renovated and refurnished, all that he will need will be a wife to make it complete. Between ourselves there are pretty clear signs that this will not be wanting if the lady is willing, for I have seldom seen a man more infatuated with a woman than he is with our beautiful neighbour, Miss Stapleton. And yet the course of true love does not run quite as smoothly as one would under the circumstances expect. Today, for example, its surface was broken by a very unexpected ripple, which has caused our friend considerable perplexity and annoyance.

After the conversation which I have quoted about Barrymore, Sir Henry put on his hat and prepared to go out. As a matter of course I did the same.

"What, are you coming, Watson?" he asked, looking at me in a curious way.

"That depends on whether you are going on the moor," said I.

"Yes, I am."

"Well, you know what my instructions are. I am sorry to intrude, but you heard how earnestly Holmes insisted that I should not leave you, and especially that you should not go alone upon the moor."

Sir Henry put his hand upon my shoulder with a pleasant smile.

"My dear fellow," said he, "Holmes, with all his wisdom, did not foresee some things which have happened since I have been on the moor. You understand me? I am sure that you are the last man in the world who would wish to be a spoil-sport. I must go out alone."

Der Baronet hat sich mit dem Baumeister, der für Sir Charles die Pläne entworfen hatte, und auch mit einem Londoner Bauunternehmer in Verbindung gesetzt; wir können daher erwarten, daß hier in kurzer Zeit große Veränderungen platzgreifen. Möbellieferanten und Tapezierer waren von Plymouth hier, und es geht aus allem hervor, daß unser Freund sich mit großen Plänen trägt, und weder Geld noch Mühe zu sparen gedenkt, um den alten Glanz seiner Familie wiederherzustellen. Wenn das Haus umgebaut und neu eingerichtet ist, fehlt bloß noch eine Frau, um es vollständig zu machen. Unter uns gesagt: es geht aus recht deutlichen Anzeichen hervor, daß es daran nicht fehlen wird, wenn nur die Dame will, denn ich habe selten jemand so verliebt gesehen, wie er's in unsere schöne Nachbarin, Fräulein Stapleton ist. Es geht jedoch mit dieser Liebe nicht so sacht und eben, wie man's den Umständen nach erwarten sollte. Heute zum Beispiel kam ganz unerwartet etwas in die Quere, was unseren Freund sehr überrascht und geärgert hat.

Nach der soeben geschilderten Unterhaltung betreffs Barrymores setzte Sir Henry seinen Hut auf und machke sich zum Ausgehen fertig. Natürlich that ich dasselbe.

"Was, gehen Sie auch aus, Watson?" fragte er, indem er mich ganz sonderbar ansah.

"Das kommt darauf an, ob Sie aufs Moor hinausgehen," antwortete ich.

"Jawohl, das thue ich."

"Nun, Sie wissen, was für Vorschriften ich habe. Es thut mir leid, mich aufzudrängen, aber Sie hörten ja selbst, wie ernstlich Holmes darauf bestand, daß ich Ihnen nicht von der Seite gehen, und besonders, daß ich Sie nicht allein aufs Moor hinauslassen dürfte."

Sir Henry legte mit einem freundlichen Lächeln seine Hand auf meine Schulter und sagte:

"Mein lieber Junge, Holmes hat in aller seiner Weisheit gewisse Dinge nicht vorausgesehen, die sich während meines Aufenthaltes hier auf dem Moor zugetragen haben. Sie verstehen mich! Ich bin gewiß, Sie sind der letzte, der den Spielverderber machen möchte. Ich muß allein gehen."

It put me in a most awkward position. I was at a loss what to say or what to do, and before I had made up my mind he picked up his cane and was gone.

But when I came to think the matter over my conscience reproached me bitterly for having on any pretext allowed him to go out of my sight. I imagined what my feelings would be if I had to return to you and to confess that some misfortune had occurred through my disregard for your instructions. I assure you my cheeks flushed at the very thought. It might not even now be too late to overtake him, so I set off at once in the direction of Merripit House.

I hurried along the road at the top of my speed without seeing anything of Sir Henry, until I came to the point where the moor path branches off. There, fearing that perhaps I had come in the wrong direction after all, I mounted a hill from which I could command a view—the same hill which is cut into the dark quarry. Thence I saw him at once. He was on the moor path about a quarter of a mile off, and a lady was by his side who could only be Miss Stapleton. It was clear that there was already an understanding between them and that they had met by appointment. They were walking slowly along in deep conversation, and I saw her making quick little movements of her hands as if she were very earnest in what she was saying, while he listened intently, and once or twice shook his head in strong dissent. I stood among the rocks watching them, very much puzzled as to what I should do next. To follow them and break into their intimate conversation seemed to be an outrage, and yet my clear duty was never for an instant to let him out of my sight. To act the spy upon a friend was a hateful task. Still, I could see no better course than to observe him from the hill, and to clear my conscience by confessing to him afterwards what I had done. It is true that if any sudden danger had threatened him I was too far away to be of use, and yet I am sure that you will agree with me that the position was very difficult, and that there was nothing more which I could do.

Das brachte mich in eine höchst unangenehme Lage. Ich wußte nicht, was ich sagen oder machen sollte, und bevor ich mit mir selbst im reinen war, hatte er seinen Stock aus der Ecke genommen und war gegangen.

Als ich mir dann aber die Sache recht überdachte, machte ich mir in meinem Gewissen die bittersten Vorwürfe, daß ich ihn unter irgend welchem Vorwande aus den Augen gelassen hatte. Ich malte mir aus, mit welchen Gefühlen ich Dir vor Augen treten würde, wenn ich bekennen mußte, es hätte sich durch meine Vernachlässigung Deiner Vorschriften irgend ein Unglück zugetragen. Ich kann Dir sagen, bei dem bloßen Gedanken errötete ich! Dann fiel mir ein, es könnte vielleicht noch nicht zu spät sein, ihn einzuholen; ich machte mich daher unverzüglich in der Richtung nach Merripit House auf den Weg.

So schnell ich laufen konnte, eilte ich die Straße entlang, konnte aber von Sir Henry nichts entdecken, bis ich an die Stelle kam, wo der Fußweg über das Moor sich abzweigt. In der Befürchtung, ich wäre vielleicht überhaupt auf ganz falschem Wege, erstieg ich einen Hügel, von welchem aus ich eine weite Aussicht haben mußte. Wirklich sah ich ihn sofort. Er ging ungefähr eine Viertelmeile entfernt auf dem Moorwege, und an seiner Seite befand sich eine Dame, die nur Fräulein Stapleton sein konnte. Offenbar herrschte bereits ein Einverständnis zwischen ihnen; sie mußten sich auf Verabredung getroffen haben. In ihr Gespräch vertieft, gingen sie langsam auf dem Fußpfade weiter. Oft machte sie rasche, kleine Handbewegungen, wie wenn sie etwas mit besonderem Nachdruck sagte; er hingegen hörte sie mit gespannter Aufmerksamkeit an und schüttelte ein paarmal in energischer Verneinung den Kopf. Hinter einem Felsblock verborgen, beobachtete ich sie mit größter Aufmerksamkeit; ich war ganz ratlos, was ich weiter thun sollte. Wäre ich ihnen nachgegangen und hätte mich in ihre vertrauliche Unterhaltung eingemischt, so wäre das eine beleidigende Taktlosigkeit gewesen; dabei aber schrieb mir meine Pflicht klar und deutlich vor, ihn keinen Augenblick aus dem Gesicht zu verlieren. Einen Freund auszuspionieren, war eine erbärmliche Aufgabe. Ich fand jedoch keinen anderen Ausweg, als ihn von meinem Hügel aus zu beobachten und hinterher ihm dies einzugestehen und dadurch mein Gewissen zu reinigen. Wäre er von einer plötzlichen Gefahr bedroht worden, dann war ich freilich zu weit entfernt, um ihm von Nutzen sein zu können; Du wirst mir aber gewiß zugeben, daß ich in schwieriger Lage, und daß eine andere Handlungsweise für mich nicht möglich war.

Our friend, Sir Henry, and the lady had halted on the path and were standing deeply absorbed in their conversation, when I was suddenly aware that I was not the only witness of their interview. A wisp of green floating in the air caught my eye, and another glance showed me that it was carried on a stick by a man who was moving among the broken ground. It was Stapleton with his butterfly-net. He was very much closer to the pair than I was, and he appeared to be moving in their direction. At this instant Sir Henry suddenly drew Miss Stapleton to his side. His arm was round her, but it seemed to me that she was straining away from him with her face averted. He stooped his head to hers, and she raised one hand as if in protest. Next moment I saw them spring apart and turn hurriedly round. Stapleton was the cause of the interruption. He was running wildly towards them, his absurd net dangling behind him. He gesticulated and almost danced with excitement in front of the lovers. What the scene meant I could not imagine, but it seemed to me that Stapleton was abusing Sir Henry, who offered explanations, which became more angry as the other refused to accept them. The lady stood by in haughty silence. Finally Stapleton turned upon his heel and beckoned in a peremptory way to his sister, who, after an irresolute glance at Sir Henry, walked off by the side of her brother. The naturalist's angry gestures showed that the lady was included in his displeasure. The baronet stood for a minute looking after them, and then he walked slowly back the way that he had come, his head hanging, the very picture of dejection.

What all this meant I could not imagine, but I was deeply ashamed to have witnessed so intimate a scene without my friend's knowledge. I ran down the hill therefore and met the baronet at the bottom. His face was flushed with anger and his brows were wrinkled, like one who is at his wit's ends what to do.

Unser Freund Sir Henry und die Dame waren stehen geblieben und hatten augenscheinlich über ihrem Gespräch die ganze Außenwelt vergessen; plötzlich bemerkte ich, daß ich nicht der einzige Zeuge ihrer Zusammenkunft war. Es flatterte irgend etwas Grünes in der Luft und als ich näher hinsah, bemerkte ich, daß dieses Grüne an einem Stock befestigt war, und daß diesen Stock ein Mann trug, der sich schnell über den Moorgrund bewegte. Es war Stapleton mit seinem Schmetterlingsnetz. Er war viel näher bei dem Paar als ich und ging augenscheinlich geraden Weges auf die beiden jungen Leute zu. In diesem Augenblick zog plötzlich Sir Henry Fraulein Stapleton an sich. Sein Arm hielt sie um schlungen, aber es kam mir vor, als suchte sie sich mit abgewandtem Antlitz von ihm loszumachen. Er beugte sein Gesicht zu dem ihrigen herunter, und sie hob die eine Hand auf, wie wenn sie ihm wehren wollte. Unmittelbar darauf sah ich sie auseinanderfahren und sich schnell umdrehen. Stapleton war der Störenfried. Er sprang in wilden Sätzen auf sie zu, wobei fein Schmetterlingsnetz in lächerlicher Weise hinter ihm in der Luft flatterte. Die Bedeutung des ganzen Vorganges konnte ich mir nicht erklären, aber mir kam es vor, als ob Stapleton Sir Henry heftige Vorwürfe machte. Dieser gab, wie es schien, Erklärungen ab und wurde dann auch ärgerlich, als der andere davon nichts hören wollte. Die Dame stand in stolzem Schweigen dabei. Zuletzt drehte Stapleton sich kurz um und winkte mit gebieterischer Gebärde seiner Schwester; diese warf noch einen unentschlossenen Blick auf Sir Henry und entfernte sich dann an der Seite ihres Bruders. An den ärgerlichen Gestikulationen des Naturforschers ließ sich erkennen, daß er auch mit seiner Schwester unzufrieden war. Der Baronet sah ihnen etwa eine Minute lang nach, dann ging er gesenkten Hauptes langsam den Weg zurück, den er gekommen war; offenbar war er in tiefer Niedergeschlagenheit.

Die Bedeutung des Vorfalls war mir, wie gesagt, unklar, aber ich schämte mich aufs tiefste, ohne Wissen meines Freundes einem nicht für Zeugen bestimmten Auftritt beigewohnt zu haben. Ich eilte daher den Hügel hinunter und traf unten mit dem Baronet zusammen. Sein Gesicht war vor Aerger gerötet und seine Augenbrauen waren in scharfem Nachdenken zusammengezogen, als wüßte er nicht, welchen Entschluß er fassen sollte.

"Halloa, Watson! Where have you dropped from?" said he. "You don't mean to say that you came after me in spite of all?"

I explained everything to him: how I had found it impossible to remain behind, how I had followed him, and how I had witnessed all that had occurred. For an instant his eyes blazed at me, but my frankness disarmed his anger, and he broke at last into a rather rueful laugh.

"You would have thought the middle of that prairie a fairly safe place for a man to be private," said he, "but, by thunder, the whole countryside seems to have been out to see me do my wooing—and a mighty poor wooing at that! Where had you engaged a seat?"

"I was on that hill."

"Quite in the back row, eh? But her brother was well up to the front. Did you see him come out on us?"

"Yes, I did."

"Did he ever strike you as being crazy—this brother of hers?"

"I can't say that he ever did."

"I dare say not. I always thought him sane enough until today, but you can take it from me that either he or I ought to be in a straitjacket. What's the matter with me, anyhow? You've lived near me for some weeks, Watson. Tell me straight, now! Is there anything that would prevent me from making a good husband to a woman that I loved?"

"I should say not."

"He can't object to my worldly position, so it must be myself that he has this down on. What has he against me? I never hurt man or woman in my life that I know of. And yet he would not so much as let me touch the tips of her fingers."

"Did he say so?"

"Hallo, Watson!" rief er, als er mich bemerkte. "Wo kommen Sie denn hergeschneit? Sie sind mir doch nicht etwa trotz alledem nachgegangen?"

Ich gab ihm eine offene Erklärung, daß es mir unmöglich gewesen wäre, zurückzubleiben, daß ich ihm deshalb gefolgt wäre und den ganzen Vorfall mit angesehen hätte. Zuerst sah er mich mit funkelnden Augen an, aber meine Freimütigkeit entwaffnete seinen Zorn, und zuletzt brach er in ein allerdings ziemlich trauriges Lachen aus und sagte:

"Man hätte doch denken sollen, daß mitten auf dieser Ebene jemand ungestört seinen Privatangelegenheiten nachgehen könnte; aber, zum Donnerwetter, die ganze Nachbarschaft scheint sich auf die Beine gemacht zu haben, um sich meine Liebeswerbung anzusehen — freilich, eine recht klägliche Liebeswerbung. Welchen Platz hatten Sie denn, Doktor?"

"Ich war da oben auf dem Hügel."

"Also Stehplatz ganz hinten. Dafür aber war ihr Bruder ganz vorn, sozusagen Orchesterfauteuil. Sahen Sie ihn auf uns loskommen?"

"Ia."

"Machte er je auf Sie den Eindruck, daß er verrückt ist — ich meine ihren Bruder?" ..Das kann ich nicht von ihm sagen."

"Ich auch nicht. Ich hielt ihn bis heute für vollkommen vernünftig, aber glauben Sie mir, entweder er oder ich gehören in eine Zwangsjacke. Nun, wie steht's denn mit mir? Sie haben jetzt mehrere Wochen in meiner Gesellschaft gelebt, Watson. Sagen Sie mir frei heraus: Ist an mir irgend etwas, das mich verhindern würde, für das Weib, das ich liebe, ein guter Gatte zu sein?"

"Das kann man ganz gewiß nicht behaupten!"

"Gegen meine Stellung in der Welt kann er nichts einzuwenden haben, also muß ich selber ihm nicht recht sein. Was hat er gegen mich? Ich habe, so viel ich weiß, meiner Lebtage weder Mann noch Weib was zuleide gethan. Und dabei will er mich nicht mal ihre Fingerspitzen anrühren lassen."

"Sagte er das?"

"That, and a deal more. I tell you, Watson, I've only known her these few weeks, but from the first I just felt that she was made for me, and she, too—she was happy when she was with me, and that I'll swear. There's a light in a woman's eyes that speaks louder than words. But he has never let us get together and it was only today for the first time that I saw a chance of having a few words with her alone. She was glad to meet me, but when she did it was not love that she would talk about, and she wouldn't have let me talk about it either if she could have stopped it. She kept coming back to it that this was a place of danger, and that she would never be happy until I had left it. I told her that since I had seen her I was in no hurry to leave it, and that if she really wanted me to go, the only way to work it was for her to arrange to go with me. With that I offered in as many words to marry her, but before she could answer, down came this brother of hers, running at us with a face on him like a madman. He was just white with rage, and those light eyes of his were blazing with fury. What was I doing with the lady? How dared I offer her attentions which were distasteful to her? Did I think that because I was a baronet I could do what I liked?

If he had not been her brother I should have known better how to answer him. As it was I told him that my feelings towards his sister were such as I was not ashamed of, and that I hoped that she might honour me by becoming my wife. That seemed to make the matter no better, so then I lost my temper too, and I answered him rather more hotly than I should perhaps, considering that she was standing by. So it ended by his going off with her, as you saw, and here am I as badly puzzled a man as any in this county. Just tell me what it all means, Watson, and I'll owe you more than ever I can hope to pay."

"Das und noch viel mehr. Wissen Sie, Watson, ich habe sie erst diese paar Wochen gekannt, aber vom ersten Augenblick an fühlte ich, daß sie für mich geschaffen war, und auch sie — sie war glücklich, wenn sie mit mir zusammen war, darauf will ich schwören. In einem Frauenauge ist ein gewisser Glanz, der deutlicher spricht als Worte. Aber er ließ uns nie ungestört beisammen sein und heute zum erstenmal ergab sich die Möglichkeit, ein paar Worte mit ihr unter vier Augen zu sprechen. Sie freute sich ebenfalls, mit mir zusammen zu kommen, aber als wir uns dann trafen, wollte sie nichts von Liebe hören, geschweige denn selbst davon sprechen. Fortwährend kam sie darauf zurück, daß die Gegend gefahrvoll wäre und daß sie nicht mehr glücklich sem könnte, als bis ich den Ort verlassen hätte. Ich sagte ihr: seit ich sie gesehen, hätte ich's mit der Abreise durchaus nicht eilig, und wenn sie wirklich wünschte, daß ich ginge, so gebe es kein anderes Mittel, als wenn sie mit mir ginge. Und ich bot ihr in beredten Worten mich als Gatten an; aber bevor sie antworten konnte, da kam ihr Bruder auf uns losgesprungen mit einem Gesicht wie ein Irrsinniger. Er war kreideweiß vor Wut, und seine hellblauen Augen schleuderten Blitze. Was machte ich da mit der Dame? Wie könnte ich's wagen, ihr Aufmerksamkeiten zu erweisen, die ihr nicht willkommen wären. Glaubte ich vielleicht, weil ich Baronet wäre, könnte ich thun was mir gefiele?

"Wäre er nicht ihr Bruder gewesen, so hätte ich wohl die richtige Antwort für ihn gehabt. So begnügte ich mich damit ihm zu sagen, meine Gesinnungen gegen seine Schwester wären von der Art, daß ich mich ihrer nicht zu schämen brauchte, und ich hoffte, sie würde mir die Ehre erweisen, mein Weib zu werden. Diese Erklärung hatte aber anscheinend keine Wirkung; da verlor auch ich die Geduld und antwortete ihm hitziger als ich's wohl eigentlich hätte dürfen, da sie ja neben uns stand. Das Ende vom Liede war, daß er mit ihr fortging, wie Sie sahen, und hier stehe ich nun und bin ganz außer Rand und Band. Sagen Sie mir doch um Gottes willen, Watson, was dies alles bedeutet!"

I tried one or two explanations, but, indeed, I was completely puzzled myself. Our friend's title, his fortune, his age, his character, and his appearance are all in his favour, and I know nothing against him unless it be this dark fate which runs in his family. That his advances should be rejected so brusquely without any reference to the lady's own wishes and that the lady should accept the situation without protest is very amazing. However, our conjectures were set at rest by a visit from Stapleton himself that very afternoon. He had come to offer apologies for his rudeness of the morning, and after a long private interview with Sir Henry in his study the upshot of their conversation was that the breach is quite healed, and that we are to dine at Merripit House next Friday as a sign of it.

"I don't say now that he isn't a crazy man," said Sir Henry; "I can't forget the look in his eyes when he ran at me this morning, but I must allow that no man could make a more handsome apology than he has done."

"Did he give any explanation of his conduct?"

Ich versuchte ein paar Erklärungen des Rätsels zu geben, aber ich war in der That selber vollkommen verblüfft. Unseres Freundes Adelstitel, sein Vermögen, sein Alter, sein Charakter, seine äußere Erscheinung— dies alles spricht zu seinen Gunsten, und ich weiß nicht, was man überhaupt gegen ihn anführen könnte — abgesehen etwa von dem düsteren Verhängnis, das seine Familie verfolgt. Daß seine Anträge so schroff zurückgewiesen werden, ohne daß die Dame überhaupt nur um ihre Meinung gefragt wird, und daß die Dame sich ohne ein Wort des Protestes in diese Lage fügt — das ist sehr überraschend. Wir wurden indessen der Beschäftigung mit unseren Mutmaßungen bald überhoben, indem der Bruder noch am selben Nachmittag einen Besuch auf Baskerville Hall machte. Er kam, um sich wegen seines ungezogenen Benehmens zu entschuldigen, und das Endergebnis einer langen Unterredung, die er mit Sir Henry unter vier Augen in dessen Arbeitszimmer hatte, ist, daß der Bruch vollkommen wieder ausgeglichen ist und daß wir zum Zeichen der Versöhnung am Freitag nach Merripit House zum Essen kommen sollen.

"Ich will nicht behaupten, daß er nicht verrückt ist!" sagte Sir Henry zu mir. "Ich kann den Ausdruck nicht vergessen, der in seinen Augen lag, als er heute früh auf mich losstürzte, aber ich muß zugeben, daß niemand eine bessere Entschuldigung vorbringen konnte, als er es gethan hat."

"Gab er irgend eine Erklärung für sein Benehmen?"

"His sister is everything in his life, he says. That is natural enough, and I am glad that he should understand her value. They have always been together, and according to his account he has been a very lonely man with only her as a companion, so that the thought of losing her was really terrible to him. He had not understood, he said, that I was becoming attached to her, but when he saw with his own eyes that it was really so, and that she might be taken away from him, it gave him such a shock that for a time he was not responsible for what he said or did. He was very sorry for all that had passed, and he recognized how foolish and how selfish it was that he should imagine that he could hold a beautiful woman like his sister to himself for her whole life. If she had to leave him he had rather it was to a neighbour like myself than to anyone else. But in any case it was a blow to him and it would take him some time before he could prepare himself to meet it. He would withdraw all opposition upon his part if I would promise for three months to let the matter rest and to be content with cultivating the lady's friendship during that time without claiming her love. This I promised, and so the matter rests."

So there is one of our small mysteries cleared up. It is something to have touched bottom anywhere in this bog in which we are floundering. We know now why Stapleton looked with disfavour upon his sister's suitor—even when that suitor was so eligible a one as Sir Henry. And now I pass on to another thread which I have extricated out of the tangled skein, the mystery of the sobs in the night, of the tear-stained face of Mrs. Barrymore, of the secret journey of the butler to the western lattice window. Congratulate me, my dear Holmes, and tell me that I have not disappointed you as an agent—that you do not regret the confidence which you showed in me when you sent me down. All these things have by one night's work been thoroughly cleared.

"Er sagt, seine Schwester sei alles und jedes in seinem Leben. Das ist ja auch ganz natürlich, und ich freue mich sogar darüber, daß er ihren Wert zu schätzen weiß. Sie sind immer zusammen gewesen, und er war, wie er sagt, jederzeit ein einsamer Mann, der niemals andere Gesellschaft hatte außer ihr; der Gedanke, sie verlieren zu müssen, sei für ihn daher geradezu fürchterlich gewesen. Er hätte nichts davon gemerkt, daß sich ein Verhältnis zwischen uns anbahnte, als er es dann aber mit eigenen Augen gesehen hätte und ihm zum Bewußtsein gekommen wäre, daß sie ihm vielleicht genommen würde, da hätte ihm das einen solchen Stoß gegeben, daß er eine Zeit lang nicht gewußt hätte, was er sagte oder that. Der ganze Vorfall thäte ihm außerordentlich leid, und er müßte zugeben, daß es thöricht und selbstsüchtig von ihm sei sich einzubilden, daß er ein schönes Mädchen wie seine Schwester ihr ganzes Leben lang für sich behalten könnte. Wenn sie ihn denn doch verlassen müßte, so wäre es ihm noch lieber, ein Nachbar wie ich bekäme sie, als sonst jemand. Aber jedenfalls wäre es ein harter Schlag für ihn, und er bedürfte einer gewissen Zeit, um sich damit abzufinden. Er wollte seinerseits auf jeden Widerstand verzichten, wenn ich dafür verspräche, drei Monate lang die Angelegenheit ruhen zu lassen, um mich damit zu begnügen, während dieser Zeit der Dame meine Freundschaft zu bezeigen und nicht um ihre Liebe zu werben. Das versprach ich ihm, und somit ist die Sache vorläufig erledigt."

So ist also eines von unseren kleinen Geheimnissen aufgeklärt! Es ist immerhin schon etwas, in diesem Morast, worin wir uns bewegen, wenigstens an einer Stelle auf festen Grund gekommen zu sein. Wir wissen jetzt, warum Stapleton mit so scheelen Blicken auf seiner Schwester Freier sah, obwohl dieser Freier ein so begehrenswerter Mann ist wie Sir Henry.

Und nun komme ich zu dem anderen Faden, den ich aus dem wirren Knäuel freigemacht habe, zu dem Geheimnis der nächtlichen Seufzer, der Thränenspuren auf Frau Barrymores Gesicht, der verstohlenen Wanderungen des Schloßverwalters zu dem Fenster an der westlichen Seite des Hauses. Wünsche mir Glück, mein lieber Holmes, und sage mir, daß ich Dich in meiner Thätigkeit als Dein Abgesandter nicht enttäuscht habe — daß Dir das Vertrauen, das Du mir mit Uebertragung dieser Sendung bezeigtest, nicht leid thut. Alle diese dunklen Punkte sind durch die Thätigkeit einer einzigen Nacht vollkommen aufgeklärt worden.

I have said "by one night's work," but, in truth, it was by two nights' work, for on the first we drew entirely blank. I sat up with Sir Henry in his rooms until nearly three o'clock in the morning, but no sound of any sort did we hear except the chiming clock upon the stairs. It was a most melancholy vigil and ended by each of us falling asleep in our chairs. Fortunately we were not discouraged, and we determined to try again. The next night we lowered the lamp and sat smoking cigarettes without making the least sound. It was incredible how slowly the hours crawled by, and yet we were helped through it by the same sort of patient interest which the hunter must feel as he watches the trap into which he hopes the game may wander. One struck, and two, and we had almost for the second time given it up in despair when in an instant we both sat bolt upright in our chairs with all our weary senses keenly on the alert once more. We had heard the creak of a step in the passage.

Very stealthily we heard it pass along until it died away in the distance. Then the baronet gently opened his door and we set out in pursuit. Already our man had gone round the gallery and the corridor was all in darkness. Softly we stole along until we had come into the other wing. We were just in time to catch a glimpse of the tall, black-bearded figure, his shoulders rounded as he tiptoed down the passage. Then he passed through the same door as before, and the light of the candle framed it in the darkness and shot one single yellow beam across the gloom of the corridor. We shuffled cautiously towards it, trying every plank before we dared to put our whole weight upon it. We had taken the precaution of leaving our boots behind us, but, even so, the old boards snapped and creaked beneath our tread. Sometimes it seemed impossible that he should fail to hear our approach. However, the man is fortunately rather deaf, and he was entirely preoccupied in that which he was doing. When at last we reached the door and peeped through we found him crouching at the window, candle in hand, his white, intent face pressed against the pane, exactly as I had seen him two nights before.

Ich sagte: ‚durch die Thätigkeit einer einzigen nacht aber in Wirklichkeit brauchten wir zwei Nächte dazu, denn in der ersten war unsere Mühe völlig vergeblich. Ich saß mit Sir Henry bis gegen drei Uhr früh in seinem Zimmer auf, aber kein Laut irgend welcher Art ließ sich vernehmen; nur die Wanduhr auf dem Treppenflur hörten wir schlagen. Es war eine höchst melancholische Nachtwache, die damit endete, daß wir alle beide in unseren Stühlen einschliefen. Zum Glück waren wir durch unseren Mißerfolg nicht entmutigt, sondern beschlossen, noch einen Versuch zu machen. Am nächsten Abend schraubten wir wieder unser Lampenlicht niedrig und saßen Cigaretten rauchend in lautloser Stille da. Die Stunden schlichen mit unglaublicher Langsamkeit dahin; doch half uns eine Art von geduldiger Neugier darüber hinweg, wie wohl der Jäger sie spüren mag, der neben einer Falle, in der er ein wildes Tier zu fangen hofft, auf der Lauer liegt.

Es schlug eins — dann zwei — und wir hätten es beinahe zum zweitenmal«, am Erfolg verzweifelnd, aufgegeben — da plötzlich richteten wir uns beide zugleich kerzengerade in unseren Stühlen auf; alle unsere Sinne waren aufs schärfste angespannt: wir hörten auf dem Gange das leise Geräusch eines Schrittes!

Ganz leise, leise hörten wir den Mann entlangschleichen, bis das Geräusch in der Ferne erstarb. Dann öffnete der Baronet leise die Thür, und wir machten uns zur Verfolgung auf. Unser Mann war bereits bei der Galerie um die Ecke gebogen, und der Korridor lag in tiefer Finsternis da. Leise schlichen wir uns den Gang entlang nach dem anderen Flügel. Wir erhaschten gerade noch den Anblick der langen, schwarzbärtigen Gestalt, die vornübergebeugt und auf den Zehenspitzen gehend den Korridor entlangschlich. Dann trat er in dieselbe Thür ein wie das vorigemal, und in dem Kerzenlicht zeichnete sich der viereckige Thürrahmen mit gelbem Schein auf dem schwarzen Korridor ab. Wir tasteten uns vorsichtig nach jener Stelle hin; jedes Brett untersuchten wir erst mit dem Fuß, ehe wir wagten, es mit unserem ganzen Gewicht zu belasten. Aus Vorsicht hatten wir auch unsere Stiefel vorher ausgezogen, aber trotzdem ächzten und knarrten die alten Bretter unter unseren Tritten. Zuweilen dachten wir, es wäre unmöglich, daß er unsere Annäherung nicht hörte. Aber der Mann ist zum Glück wirklich recht schwerhörig, und zudem waren seine Gedanken völlig von seinem Thun in Anspruch genommen. Nachdem wir endlich die Thür erreicht hatten und durch die Oeffnung in das Zimmer spähten, sahen wir ihn mit der Kerze in der Hand vor dem Fenster hocken, das blasse Gesicht mit einem Ausdruck gespannter Aufmerksamkeit gegen eine der Scheiben gepreßt. Es war genau dieselbe Stellung, in der ich ihn zwei Nächte vorher überrascht hatte.

We had arranged no plan of campaign, but the baronet is a man to whom the most direct way is always the most natural. He walked into the room, and as he did so Barrymore sprang up from the window with a sharp hiss of his breath and stood, livid and trembling, before us. His dark eyes, glaring out of the white mask of his face, were full of horror and astonishment as he gazed from Sir Henry to me.

"What are you doing here, Barrymore?"

"Nothing, sir." His agitation was so great that he could hardly speak, and the shadows sprang up and down from the shaking of his candle. "It was the window, sir. I go round at night to see that they are fastened."

"On the second floor?"

"Yes, sir, all the windows."

"Look here, Barrymore," said Sir Henry sternly, "we have made up our minds to have the truth out of you, so it will save you trouble to tell it sooner rather than later. Come, now! No lies! What were you doing at that window?"

The fellow looked at us in a helpless way, and he wrung his hands together like one who is in the last extremity of doubt and misery.

"I was doing no harm, sir. I was holding a candle to the window."

"And why were you holding a candle to the window?"

"Don't ask me, Sir Henry—don't ask me! I give you my word, sir, that it is not my secret, and that I cannot tell it. If it concerned no one but myself I would not try to keep it from you."

A sudden idea occurred to me, and I took the candle from the trembling hand of the butler.

"He must have been holding it as a signal," said I. "Let us see if there is any answer."

Wir hatten uns keinen bestimmten Plan gemacht, aber dem Wesen des Baronets entspricht es, stets den geradesten Weg zu gehen. Er betrat das Zimmer, und sofort sprang Barrymore mit einem scharfen, keuchenden Atemzuge von seinem Platze am Fenster auf und stand bleich und zitternd vor uns. Seine dunklen Augen glühten aus der Blässe seines maskengleichen Gesichtes hervor und blickten voll von entsetzter Ueberraschung auf Sir Henry und mich.

"Was machen Sie hier, Barrymore?"

"Nichts, Herr!"

Seine Aufregung war so groß, daß er kaum sprechen konnte; er zitterte so stark, daß die Kerze, die er hielt, hüpfende Schatten an die Wand warf.

"Es war wegen des Fensters, Herr! Ich mache nachts die Runde, um nachzusehen, ob sie auch fest geschlossen sind."

"Im zweiten Stock?"

"Iawohl, Herr, ich untersuche alle Fenster!"

"Hören Sie zu, Barrymore!" sagte Sir Henry ernst. "Wir sind entschlossen, die Wahrheit aus Ihnen herauszubekommen. Sie sparen sich also Unannehmlichkeiten, wenn Sie sofort die Wahrheit sagen, anstatt noch länger damit zu warten. Also vorwärts! Keine Lügen! Was wollten Sie an diesem Fenster?"

Der Mann sah uns mit einem hilflosen Ausdruck an und kämpfte die Hände zusammen, wie wenn er im höchsten Grade verzweifelt wäre.

"Ich that nichts Böses, Herr. Ich hielt bloß ein Licht an das Fenster."

"Und warum hielten Sie ein Licht an das Fenster?"

"Fragen Sie mich nicht danach, Sir Henry — bitte, fragen Sie mich nicht! Ich gebe Ihnen mein Wort, Herr, daß es nicht mein Geheimnis ist, und daß ich es also nicht sagen kann. Wenn es nur mich selber beträfe, so würde ich nicht versuchen, es Ihnen vorzuenthalten."

Ein plötzlicher Gedanke durchfuhr mich, und ich nahm die Kerze von dem Fensterbrett, worauf der Mann sie gestellt hatte.

"Er muß die Kerze als ein Zeichen ans Fenster gehalten haben," sagte ich. "Wir wollen doch mal sehen, ob nicht irgend eine Antwort darauf gegeben wird."

I held it as he had done, and stared out into the darkness of the night. Vaguely I could discern the black bank of the trees and the lighter expanse of the moor, for the moon was behind the clouds. And then I gave a cry of exultation, for a tiny pinpoint of yellow light had suddenly transfixed the dark veil, and glowed steadily in the centre of the black square framed by the window.

"There it is!" I cried.

"No, no, sir, it is nothing—nothing at all!" the butler broke in; "I assure you, sir—"

"Move your light across the window, Watson!" cried the baronet. "See, the other moves also! Now, you rascal, do you deny that it is a signal? Come, speak up! Who is your confederate out yonder, and what is this conspiracy that is going on?"

The man's face became openly defiant. "It is my business, and not yours. I will not tell."

"Then you leave my employment right away."

"Very good, sir. If I must I must."

"And you go in disgrace. By thunder, you may well be ashamed of yourself. Your family has lived with mine for over a hundred years under this roof, and here I find you deep in some dark plot against me."

"No, no, sir; no, not against you!" It was a woman's voice, and Mrs. Barrymore, paler and more horror-struck than her husband, was standing at the door. Her bulky figure in a shawl and skirt might have been comic were it not for the intensity of feeling upon her face.

"We have to go, Eliza. This is the end of it. You can pack our things," said the butler.

Ich hielt das Licht genau so, wie Barrymore es gethan hatte, und spähte in die nächtliche Finsternis hinaus. Nur undeutlich konnte ich die schwarze Masse der Baumwipfel unterscheiden und dahinter die hellere Fläche des Moors, denn der Mond war hinter den Wolken verborgen. Dann auf einmal stieß ich einen triumphierenden Ruf aus, denn ein feines, nadelförmiges Lichtpünktchen durchbrach plötzlich den schwarzen Schleier und glühte, auf demselben Fleck bleibend, in dem dunklen, vom Fenster eingerahmten Viereck.

"Da ist's!" rief ich.

"Nein, nein, Herr; es ist nichts, wirklich nichts!" fiel der Diener ein. "Ich versichere Ihnen, Herr . . ."

"Bewegen Sie Ihr Licht vor dem Fenster hin und her, Watson!" rief der Baronet. "Sehen Sie, das andere bewegt sich ebenfalls! Nun, Sie Schurke, leugnen Sie immer noch, daß es ein Signal ist? Vorwärts, heraus mit der Sprache! Wer ist Ihr Mitverschworener da draußen, und was für 'ne Verschwörung ist hier im Gange?"

Barrymores Gesicht nahm plötzlich einen trotzigen Ausdruck an; er sagte:

"Das ist meine Sache und nicht Ihre. Ich sage nichts!"

"Dann verlassen Sie auf der Stelle meinen Dienst." "Sehr wohl, Herr. Wenn es sein muß, so rhu' ich's!"

"Und mit Schimpf und Schande gehen Sie aus meinem Hause! Zum Donnerwetter, Sie sollten sich doch schämen! Ihre Familie hat mit der meinigen seit einem Jahrhundert unter diesem Dach gewohnt, und hier finde ich Sie in eine lichtscheue Verschwörung gegen mich verwickelt!"

"Nein, Herr, nein! Nicht gegen Sie!"

Es war eine weibliche Stimme, die diese Worte sprach, und als wir uns umdrehten, sahen wir Frau Barrymore noch bleicher und verstörter, als ihr Mann es war, in der Thür stehen. Ihre vierschrötige Gestalt, die in einen Unterrock und ein Umschlagetuch gehüllt war, machte fast einen komischen Eindruck; dieser verschwand jedoch sofort, wenn man den Ausdruck tiefer Angst auf ihrem Gesicht bemerkte.

"Wir müssen gehen, Eliza. Das ist das Ende vom Liede. Du kannst unsere Sachen packen!" sagte der Mann.

"Oh, John, John, have I brought you to this? It is my doing, Sir Henry—all mine. He has done nothing except for my sake and because I asked him."

"Speak out, then! What does it mean?"

"My unhappy brother is starving on the moor. We cannot let him perish at our very gates. The light is a signal to him that food is ready for him, and his light out yonder is to show the spot to which to bring it."

"Then your brother is—"

"The escaped convict, sir—Selden, the criminal."

"That's the truth, sir," said Barrymore. "I said that it was not my secret and that I could not tell it to you. But now you have heard it, and you will see that if there was a plot it was not against you."

This, then, was the explanation of the stealthy expeditions at night and the light at the window. Sir Henry and I both stared at the woman in amazement. Was it possible that this stolidly respectable person was of the same blood as one of the most notorious criminals in the country?

"O, John, John, habe ich dich dahingebracht? Es ist meine Schuld, Sir Henry — nur meine ganz allein. Er hat nichts gethan, als um mir zu Gefallen zu sein, und weil ich ihn darum bat."

"Dann heraus mit der Sprache! Was bedeutet dies alles?"

"Mein unglücklicher Bruder irrt hungernd auf dem Moor umher. Wir können ihn nicht unmittelbar vor unserer Thür umkommen lassen. Das Licht ist ein Zeichen für ihn, daß wir Lebensmittel für ihn bereit halten, und das Licht dort drüben bezeichnet die Stelle, wohin wir das Essen bringen müssen."

"Dann ist also Ihr Bruder . . .?"

"Der entsprungene Sträfling, ja, Herr... der Verbrecher Selden."

"Das ist die Wahrheit, Herr," bestätigte Barrymore. "Ich sagte Ihnen, es wäre nicht mein Geheimnis, und ich könnte Ihnen nichts sagen. Aber nun haben Sie es selber gehört, und Sie werden einsehen, daß gegen Sie keine Verschwörung vorhanden war, wenn überhaupt von einer solchen die Rede sein kann."

Das also war die Erklärung des heimlichen nächtlichen Herumschleichens und des an das Fenster gehaltenen Lichtes! Sir Henry und ich starrten ganz verdutzt die Frau an. War es möglich, konnte diese augenscheinlich beschränkte, aber dabei ehrbare Person vom selben Fleisch und Blut sein wie einer der berüchtigtsten Verbrecher im ganzen Lande?

"Yes, sir, my name was Selden, and he is my younger brother. We humoured him too much when he was a lad and gave him his own way in everything until he came to think that the world was made for his pleasure, and that he could do what he liked in it. Then as he grew older he met wicked companions, and the devil entered into him until he broke my mother's heart and dragged our name in the dirt. From crime to crime he sank lower and lower until it is only the mercy of God which has snatched him from the scaffold; but to me, sir, he was always the little curly-headed boy that I had nursed and played with as an elder sister would. That was why he broke prison, sir. He knew that I was here and that we could not refuse to help him. When he dragged himself here one night, weary and starving, with the warders hard at his heels, what could we do? We took him in and fed him and cared for him. Then you returned, sir, and my brother thought he would be safer on the moor than anywhere else until the hue and cry was over, so he lay in hiding there. But every second night we made sure if he was still there by putting a light in the window, and if there was an answer my husband took out some bread and meat to him. Every day we hoped that he was gone, but as long as he was there we could not desert him. That is the whole truth, as I am an honest Christian woman and you will see that if there is blame in the matter it does not lie with my husband but with me, for whose sake he has done all that he has."

The woman's words came with an intense earnestness which carried conviction with them.

"Is this true, Barrymore?"

"Yes, Sir Henry. Every word of it."

"Well, I cannot blame you for standing by your own wife. Forget what I have said. Go to your room, you two, and we shall talk further about this matter in the morning."

When they were gone we looked out of the window again. Sir Henry had flung it open, and the cold night wind beat in upon our faces. Far away in the black distance there still glowed that one tiny point of yellow light.

"Ia, Herr!" fuhr sie fort. "Ich hieß früher Selden, und er ist mein jüngerer Bruder. Wir verzogen ihn zu sehr, als er ein kleiner Knirps war, und ließen ihm in allem seinen Willen, bis er zuletzt dachte, die ganze Welt sei nur zu seinem Vergnügen da, und er könne thun, was ihm gefiele. Als er dann älter wurde, kam er in schlechte Gesellschaft, und der Teufel wurde Herr über ihn, bis er zuletzt meiner Mutter Herz brach und unseren guten Namen in den Kot zog. Von Verbrechen zu Verbrechen sank er immer tiefer und tiefer, und nur Gottes Gnade hat ihn vor dem Galgen bewahrt. Für mich aber, Herr, war er immer der krausköpfige kleine Junge, den ich als ältere Schwester aufgezogen und mit dem ich gespielt hatte. Deshalb brach er aus dem Zuchthause aus, Herr. Er wußte, daß ich hier war und ihm nicht meine Hilfe verweigern würde. Und als er sich dann eines Nachts abgemattet und halb verhungert an unsere Thür schleppte und die Aufseher ihm dicht auf der Spur waren — ja, was konnten wir da thun? Wir ließen ihn ein und gaben ihm zu essen und pflegten ihn. Dann kamen Sie hierher, Herr, und mein Bruder dachte, es wäre sicherer für ihn draußen auf dem Moor, bis der erste Lärm und die Hetzjagd vorüber wäre; deshalb verbarg er sich draußen. Aber jede zweite Nacht vergewisserten wir uns, ob er noch da wäre, indem wir ein Licht ins Fenster stellten, und wenn er auf dieses Zeichen antwortete, brachte mein Mann ihm Brot und Fleisch hinaus. Jeden Tag hofften wir, er wäre fort, aber so lange er noch hier war, konnten wir ihn nicht im Stich lassen. Das ist die ganze Wahrheit — so war ich eine ehrliche Christin bin, und Sie werden einsehen, wenn dabei jemand zu tadeln ist, so fällt der Vorwurf nicht auf meinen Mann, sondern nur auf mich allein, denn nur um meinetwillen hat er alles gethan."

Die Frau sprach mit solchem Ernst, daß man von ihrer Wahrhaftigkeit überzeugt sein mußte.

"Ist dies wahr, Barrymore?"

"Ia, Sir Henry! Vom ersten bis zum letzten Wort!"

"Nun, ich kann Sie nicht dafür tadeln, daß Sie Ihrer Frau geholfen haben. Vergessen Sie, was ich Ihnen gesagt habe. Gehen Sie mit Ihrer Frau in Ihr Zimmer; morgen wollen wir weiter darüber sprechen."

Als sie fort waren, sahen wir wieder aus dem Fenster. Sir Henry hatte es aufgestoßen, und der kalte Nachtwind schlug uns ins Gesicht. In der finsteren Ferne glomm noch immer das gelbe Lichtpünktchen.

"I wonder he dares," said Sir Henry.

"It may be so placed as to be only visible from here."

"Very likely. How far do you think it is?"

"Out by the Cleft Tor, I think."

"Not more than a mile or two off."

"Hardly that."

"Well, it cannot be far if Barrymore had to carry out the food to it. And he is waiting, this villain, beside that candle. By thunder, Watson, I am going out to take that man!"

The same thought had crossed my own mind. It was not as if the Barrymores had taken us into their confidence. Their secret had been forced from them. The man was a danger to the community, an unmitigated scoundrel for whom there was neither pity nor excuse. We were only doing our duty in taking this chance of putting him back where he could do no harm. With his brutal and violent nature, others would have to pay the price if we held our hands. Any night, for example, our neighbours the Stapletons might be attacked by him, and it may have been the thought of this which made Sir Henry so keen upon the adventure.

"I will come," said I.

"Then get your revolver and put on your boots. The sooner we start the better, as the fellow may put out his light and be off."

In five minutes we were outside the door, starting upon our expedition. We hurried through the dark shrubbery, amid the dull moaning of the autumn wind and the rustle of the falling leaves. The night air was heavy with the smell of damp and decay. Now and again the moon peeped out for an instant, but clouds were driving over the face of the sky, and just as we came out on the moor a thin rain began to fall. The light still burned steadily in front.

"Are you armed?" I asked.

"Ich wundere mich, daß er das wagt!" rief Sir Henry.

"Vielleicht ist das Licht so aufgestellt, daß es nur von hier aus sichtbar ist."

"Höchstwahrscheinlich. Wie weit ist es Ihrer Meinung nach entfernt?"

"Es scheint mir bei Clest Tor zu sein."

"Also nur eine oder zwei Meilen von hier?"

"Kaum so weit!"

"Iedenfalls kann es nicht sehr weit sein, da Barrymore die Lebensmittel hinauszubringen hatte. Und da draußen wartet der Schurke, neben seinem Licht! Zum Donnerwetter, Watson, ich will hinaus und den Kerl festnehmen!"

Derselbe Gedanke war auch mir schon gekommen. Es konnte nicht davon die Rede sein, daß die Barrymores uns ins Vertrauen gezogen hatten. Ihr Geheimnis war ihnen mit Gewalt entrissen worden. Der Mann war eine Gefahr für die menschliche Gesellschaft, ein unbarmherziger Schurke, für den es kein Erbarmen und kein Mitleid gab. Wir thaten nur unsere Pflicht, wenn wir ihn an den Ort zurückbrachten, wo er keinen Schaden anrichten konnte. Ließen wir diesen rohen, gewaltthätigen Verbrecher aus den Händen, so würden andere dafür büßen müssen. Jede Nacht waren zum Beispiel unsere Nachbarn, die Stapletons, durch einen Angriff von ihm bedroht; vielleicht war es dieser letztere Gedanke, der Sir Henry so besonders erpicht auf das Abenteuer machte.

"Ich werde mitkommen," sagte ich.

"Dann holen Sie Ihren Revolver und ziehen Sie Ihre Stiefel an. Je eher wir uns auf den Weg machen, desto besser, sonst bläst der Kerl vielleicht sein Licht aus und macht sich davon."

Keine fünf Minuten später waren wir draußen. Schnell durchschritten wir den finsteren Baumgarten; der Nachtwind brauste eintönig, die fallenden Blätter raschelten. Die Nachtluft war drückend schwer von Nebel und Dunst. Ab und zu wurde der Mond für einen Augenblick sichtbar, aber der Himmel war dicht von eilenden Wolken überzogen, und gerade als wir auf das Moor hinaustraten, begann ein feiner Regen zu fallen. Das Licht brannte noch immer gerade vor uns auf demselben Fleck.

"Sind Sie bewaffnet?" fragte ich.

"I have a hunting-crop."

"We must close in on him rapidly, for he is said to be a desperate fellow. We shall take him by surprise and have him at our mercy before he can resist."

"I say, Watson," said the baronet, "what would Holmes say to this? How about that hour of darkness in which the power of evil is exalted?"

As if in answer to his words there rose suddenly out of the vast gloom of the moor that strange cry which I had already heard upon the borders of the great Grimpen Mire. It came with the wind through the silence of the night, a long, deep mutter, then a rising howl, and then the sad moan in which it died away. Again and again it sounded, the whole air throbbing with it, strident, wild, and menacing. The baronet caught my sleeve and his face glimmered white through the darkness.

"My God, what's that, Watson?"

"I don't know. It's a sound they have on the moor. I heard it once before."

It died away, and an absolute silence closed in upon us. We stood straining our ears, but nothing came.

"Watson," said the baronet, "it was the cry of a hound."

My blood ran cold in my veins, for there was a break in his voice which told of the sudden horror which had seized him.

"What do they call this sound?" he asked.

"Who?"

"The folk on the countryside."

"Oh, they are ignorant people. Why should you mind what they call it?"

"Tell me, Watson. What do they say of it?"

I hesitated but could not escape the question.

"Ich habe einen Reitstock mit Bleiknopf."

"Wir müssen blitzschnell über ihn herfallen, denn er soll ein ganz verzweifelter Geselle sein. Wir werden ihn überraschen und ihn wehrlos machen, ehe er nur an Widerstand denken kann."

"Na, Watson," sagte der Baronet, "was würde Holmes hierzu sagen? Wie war's doch mit der Stunde der Finsternis, da die Macht des Bösen entfesselt ist?"

Gleichsam als Antwort auf diese Frage erhob sich plötzlich aus der düsteren weiten Fläche des Moors jener seltsame Schrei, den ich schon einmal, am Rande des großen Grimpener Sumpfes, vernommen hatte. Der Wind trug ihn durch das nächtliche Schweigen zu uns heran — ein langes, tiefes Stöhnen, dann ein anschwellendes Heulen und dann das grausige Seufzen, worin es ausklang. Immer und immer wieder erhob sich der Laut, die ganze Luft schien von dem wilden, drohenden, durchdringenden Klang erfüllt zu sein. Der Baronet packte mich am Aermel, und ich sah trotz der Finsternis, daß sein Gesicht leichenblaß geworden war.

"Um Gottes willen, was ist das, Watson?"

"Ich weiß es nicht. Es ist ein Laut, der dem Moor eigentümlich ist. Ich hörte ihn früher schon einmal."

Der Ton verstummte, und tiefstes Schweigen umhüllte uns. Wir lauschten mit Anspannung aller unserer Gehörnerven, aber es kam nichts mehr.

"Watson," sagte der Baronet, "es war das Geheul eines Hundes."

Mir erstarrte das Blut in den Adern, denn seine Stimme klang ganz gebrochen; offenbar hatte ihn ein plötzliches Entsetzen gepackt.

"Wie nennt man diesen Laut?" fragte er.

"Wer?"

"Nun, die Leute hier in der Gegend."

"Ach, das ist ja unwissendes Volk. Was kümmert es Sie, was die Leute darüber sagen?"

"Sprechen Sie, Watson! Was sagen sie darüber?"

Ich zauderte, aber ich konnte der Beantwortung der Frage nicht ausweichen.

"They say it is the cry of the Hound of the Baskervilles."

He groaned and was silent for a few moments.

"A hound it was," he said at last, "but it seemed to come from miles away, over yonder, I think."

"It was hard to say whence it came."

"It rose and fell with the wind. Isn't that the direction of the great Grimpen Mire?"

"Yes, it is."

"Well, it was up there. Come now, Watson, didn't you think yourself that it was the cry of a hound? I am not a child. You need not fear to speak the truth."

"Stapleton was with me when I heard it last. He said that it might be the calling of a strange bird."

"No, no, it was a hound. My God, can there be some truth in all these stories? Is it possible that I am really in danger from so dark a cause? You don't believe it, do you, Watson?"

"No, no."

"And yet it was one thing to laugh about it in London, and it is another to stand out here in the darkness of the moor and to hear such a cry as that. And my uncle! There was the footprint of the hound beside him as he lay. It all fits together. I don't think that I am a coward, Watson, but that sound seemed to freeze my very blood. Feel my hand!"

It was as cold as a block of marble.

"You'll be all right tomorrow."

"I don't think I'll get that cry out of my head. What do you advise that we do now?"

"Shall we turn back?"

"No, by thunder; we have come out to get our man, and we will do it. We after the convict, and a hell-hound, as likely as not, after us. Come on! We'll see it through if all the fiends of the pit were loose upon the moor."

"Man sagt, es ist das Geheul des Baskerville Hundes."

Er stöhnte und schwieg einige Augenblicke. Endlich sagte er:

"Ein Hund war es; aber das Geheul schien aus weiter Ferne zu kommen; von dort drüben her, glaube ich."

"Es läßt sich schwer angeben, woher es kam."

"Es schwoll an und wurde schwächer mit dem Wind. Liegt nicht in jener Richtung der große Grünpener Sumpf?"

"Ja."

"Hm, dorther kam es. Seien Sie offen, Watson! Glauben Sie nicht selber, es war das Geheul eines Hundes? Ich bin kein Kind. Sie können ohne Furcht die Wahrheit sagen."

"Stapleton war bei mir, als ich es das vorigemal hörte; er sagte, es könnte möglicherweise der Schrei eines seltsamen Vogels sein."

"Nein, nein, es war ein Hund. Mein Gott, kann denn wirklich was Wahres an all diesen Geschichten sein? Ist es möglich, daß wirklich eine so geheimnisdunkle Gefahr mich ernstlich bedroht? Sie glauben doch nicht daran, Watson, nicht wahr?"

"Nein, nein!"

"Und doch, in London konnte man wohl darüber lachen, aber es ist was anderes, hier in der Finsternis auf dem Moor zu stehen und ein solches Geheul zu hören. Und mein Onkel! Neben der Stelle, wo er lag, war die Fußspur eines riesigen Hundes. Es stimmt alles zusammen. Ich glaube, kein Feigling zu sein, Watson, aber bei jenem Ton war es mir, als gefröre das Blut in meinen Adern. Fühlen Sie meine Hand!"

Sie war so kalt wie ein Stück Marmor.

"Morgen wird Ihnen wieder ganz wohl sein."

"Ich glaube, das Geheul werde ich nicht so leicht wieder aus den Ohren los. Was sollen wir nach Ihrer Meinung jetzt zunächst thun?"

"Sollen wir umkehren?"

"Zum Donnerwetter, nein! Wir sind herausgekommen, um den Kerl zu fangen, und wir werden ihn fangen. Wir sind hinter dem Sträfling her, und ein Höllenhund ist ohne Zweifel hinter uns her. Vorwärts! Wir wollen die Sache zum Ende führen, und wenn alle Teufel der Hölle auf das Moor losgelassen wären!"

We stumbled slowly along in the darkness, with the black loom of the craggy hills around us, and the yellow speck of light burning steadily in front. There is nothing so deceptive as the distance of a light upon a pitch-dark night, and sometimes the glimmer seemed to be far away upon the horizon and sometimes it might have been within a few yards of us. But at last we could see whence it came, and then we knew that we were indeed very close. A guttering candle was stuck in a crevice of the rocks which flanked it on each side so as to keep the wind from it and also to prevent it from being visible, save in the direction of Baskerville Hall. A boulder of granite concealed our approach, and crouching behind it we gazed over it at the signal light. It was strange to see this single candle burning there in the middle of the moor, with no sign of life near it—just the one straight yellow flame and the gleam of the rock on each side of it.

"What shall we do now?" whispered Sir Henry.

"Wait here. He must be near his light. Let us see if we can get a glimpse of him."

The words were hardly out of my mouth when we both saw him. Over the rocks, in the crevice of which the candle burned, there was thrust out an evil yellow face, a terrible animal face, all seamed and scored with vile passions. Foul with mire, with a bristling beard, and hung with matted hair, it might well have belonged to one of those old savages who dwelt in the burrows on the hillsides. The light beneath him was reflected in his small, cunning eyes which peered fiercely to right and left through the darkness like a crafty and savage animal who has heard the steps of the hunters.

Wir tappten langsam in der Finsternis vorwärts, rings um uns war der schwarze Kranz der zerklüfteten Felsenhügel, vor uns brannte, immer auf demselben Fleck, der gelbe Lichtpunkt. Ueber nichts täuscht man sich so leicht wie über die Entfernung eines Lichtes in pechfinsterer Nacht; zuweilen sah es aus wie ein Flimmern am fernen Horizont, dann wieder schien es ein paar Ellen vor uns zu sein. Schließlich aber sahen wir, woher der Schein kam, und erkannten zugleich, daß wir ganz dicht dabei waren. Eine tropfende Kerze war in eine Felsenspalte gestellt; das Gestein beschützte die Flamme auf beiden Seiten gegen den Wind und bewirkte zugleich, daß der Lichtschein nur von Baskerville Hall her gesehen werden konnte. Ein Granitblock ermöglichte uns, ungesehen näher zu kommen; wir kauerten uns hinter dieser Deckung zusammen und spähten nach dem Signallicht. Einen seltsamen Anblick bot diese einsame Kerze, die hier mitten auf dem Moor brannte. Kein Zeichen des Lebens ringsum — nur diese eine gelbe Flamme und der Widerschein des Lichtes auf dem Gestein zu beiden Seiten.

"Was sollen wir jetzt zunächst thun?" flüsterte Sir Henry.

"Hier warten! Er muß in der Nähe seines Lichtes sein. Wir wollen versuchen, ob wir ihn nicht zu Gesicht bekommen können."

Ich hatte kaum diese Worte ausgesprochen, als wir ihn beide sahen. Ueber den Felsen, in der Spalte, worin das Licht brannte, streckte sich ein fahlgelbes Gesicht vor, ein scheußlich viehisches Gesicht, von niedrigen Leidenschaften verzerrt und durchfurcht. Von dem Morast besudelt, von zottigem Bart und wirrem Haar umgeben, hätte man es wohl für das Gesicht eines jener vorgeschichtlichen Wilden halten können, die in den Höhlen am Hügelabhang gelebt hatten. Das unter ihm brennende Licht spiegelte sich in seinen kleinen schlauen Augen, die mit wildem Blick sich nach rechts und links durch die Finsternis bohrten, wie die Augen eines listigen Raubtiers, das den Schritt des Jägers gehört hat.

Something had evidently aroused his suspicions. It may have been that Barrymore had some private signal which we had neglected to give, or the fellow may have had some other reason for thinking that all was not well, but I could read his fears upon his wicked face. Any instant he might dash out the light and vanish in the darkness. I sprang forward therefore, and Sir Henry did the same. At the same moment the convict screamed out a curse at us and hurled a rock which splintered up against the boulder which had sheltered us. I caught one glimpse of his short, squat, strongly built figure as he sprang to his feet and turned to run. At the same moment by a lucky chance the moon broke through the clouds. We rushed over the brow of the hill, and there was our man running with great speed down the other side, springing over the stones in his way with the activity of a mountain goat. A lucky long shot of my revolver might have crippled him, but I had brought it only to defend myself if attacked and not to shoot an unarmed man who was running away.

We were both swift runners and in fairly good training, but we soon found that we had no chance of overtaking him. We saw him for a long time in the moonlight until he was only a small speck moving swiftly among the boulders upon the side of a distant hill. We ran and ran until we were completely blown, but the space between us grew ever wider. Finally we stopped and sat panting on two rocks, while we watched him disappearing in the distance.

Augenscheinlich hatte irgend etwas seinen Verdacht erregt. Vielleicht hatte sonst Barrymore irgend ein anderes Zeichen gegeben, das wir natürlich nicht kannten, vielleicht hatte der Mann sonst einen Grund, anzunehmen, daß nicht alles in Ordnung war. Die Furcht war deutlich auf seinem Verbrechergesicht zu lesen. Jeden Augenblick konnte er mit einem Sprung sich aus dem Bereich des Lichtes entfernen und in der Dunkelheit verschwinden. Ich sprang deshalb auf ihn zu, uud Sir Henry folgte meinem Beispiel. Im selben Augenblick schrie der Zuchthäusler uns einen wütenden Fluch entgegen und schleuderte einen großen Stein, der an dem uns bisher zur Deckung dienenden Granitblock in Stücke zerschellte. Als er auf die Füße sprang und sich zur Flucht wandte, konnte ich einen kurzen Blick auf seine kurze, stämmige und kräftige Gestalt werfen. Im selben Augenblick hatten wir das Glück, daß der Mond die Wolken durchbrach. Wir sprangen eiligst auf den Gipfel des Hügels hinauf, und da sahen wir unseren Mann mit großer Schnelligkeit auf der anderen Seite herunterrennen und die Steine, die ihm im Wege waren, mit der Gewandtheit einer Bergziege überspringen. Ein glücklicher Schuß meines Revolvers hätte ihn vielleicht zum Krüppel machen können, aber ich hatte die Waffe nur zu meiner Verteidigung mitgenommen und nicht, um auf einen unbewaffneten und fliehenden Menschen damit zu schießen.

Wir waren beide gute Läufer und beide gesund und kräftig, aber wir fanden bald, daß wir keine Aussicht hatten, ihn einzuholen. Lange sahen wir ihn im Mondschein vor uns herrennen, bis er endlich nur noch wie ein kleiner Punkt zwischen den Granitblöcken am Abhange eines entfernten Hügels sich in eiligem Laufe hindurchwand. Wir rannten und rannten, bis uns der Atem völlig ausging, aber der Abstand wurde nur immer größer. Schließlich gaben wir die Verfolgung auf und setzten uns keuchend auf zwei große Steine; von hier aus sahen wir ihn in der Ferne verschwinden.

And it was at this moment that there occurred a most strange and unexpected thing. We had risen from our rocks and were turning to go home, having abandoned the hopeless chase. The moon was low upon the right, and the jagged pinnacle of a granite tor stood up against the lower curve of its silver disc. There, outlined as black as an ebony statue on that shining background, I saw the figure of a man upon the tor. Do not think that it was a delusion, Holmes. I assure you that I have never in my life seen anything more clearly. As far as I could judge, the figure was that of a tall, thin man. He stood with his legs a little separated, his arms folded, his head bowed, as if he were brooding over that enormous wilderness of peat and granite which lay before him. He might have been the very spirit of that terrible place. It was not the convict. This man was far from the place where the latter had disappeared. Besides, he was a much taller man. With a cry of surprise I pointed him out to the baronet, but in the instant during which I had turned to grasp his arm the man was gone. There was the sharp pinnacle of granite still cutting the lower edge of the moon, but its peak bore no trace of that silent and motionless figure.

I wished to go in that direction and to search the tor, but it was some distance away. The baronet's nerves were still quivering from that cry, which recalled the dark story of his family, and he was not in the mood for fresh adventures. He had not seen this lonely man upon the tor and could not feel the thrill which his strange presence and his commanding attitude had given to me. "A warder, no doubt," said he. "The moor has been thick with them since this fellow escaped."

Und in diesem Augenblick trat etwas ganz Seltsames und Unerwartetes ein. Wir waren von unseren Steinblöcken aufgestanden, um nach Hause zu gehen, denn die Verfolgung hatten wir als gänzlich hoffnungslos aufgegeben. Zu unserer Rechten stand der Mond niedrig am Himmel, und die zackige Spitze eines Granitfelsens hob sich von dem unteren Rande der silbernen Mondscheibe ab. Und in scharfen Umrissen, schwarz wie eine Ebenholzstatue von dem leuchtenden Hintergrunde sich abhebend, sah ich die Gestalt eines Mannes auf der Felsspitze stehen. Glaube ja nicht, Holmes, es sei eine Augentäuschung gewesen! Ich versichere Dir, ich habe nie in meinem Leben etwas klarer und deutlicher gesehen. Soweit ich es beurteilen konnte, war es die Gestalt eines großen, schlanken Mannes. Er stand mit etwas auseinandergespreizten Beinen, mit gefalteten Armen und gesenktem Kopfe, als betrachte er grübelnd die ungeheure Einöde von Moor und Granit, die da vor ihm lag. So konnte man sich den bösen Geist denken, der an diesem furchtbaren Ort gebot. Der Sträfling war es nicht. Dieser Mann stand weit von der Stelle ab, wo Seiden verschwunden war. Außerdem war er viel größer. Mit einem Ausruf der Ueberraschung streckte ich meinen Arm aus, um ihn dem Baronet zu zeigen; aber in dem Augenblick, wo ich mich zu Sir Henry umgedreht hatte, war der Mann verschwunden. Die scharfe Granitspitze hob sich noch immer vom unteren Rande der Mondscheibe ab, aber von der schweigenden und regungslosen Gestalt war jede Spur verschwunden.

Ich wäre gern hingegangen und hätte die Felsspitze untersucht, aber die Entfernung bis dahin war ziemlich groß. Des Baronets Nerven waren noch von jenem Geheul angegriffen, das ihm die düstere Geschichte seiner Familie zum Bewußtsein gebracht hatte, und er war nicht in der Stimmung, noch neue Abenteuer aufzusuchen. Er hatte den einsamen Mann auf der Felsenspitze nicht gesehen und hatte den Schauer nicht gefühlt, der bei dem Anblick der seltsamen, mächtigen Gestalt mich durchrieselt hatte. "Ohne Zweifel einer von den Zuchthausaufsehern!" bemerkte Sir Henry. "Seit der Flucht dieses Kerls hat das Moor von ihnen gewimmelt."

Well, perhaps his explanation may be the right one, but I should like to have some further proof of it. Today we mean to communicate to the Princetown people where they should look for their missing man, but it is hard lines that we have not actually had the triumph of bringing him back as our own prisoner. Such are the adventures of last night, and you must acknowledge, my dear Holmes, that I have done you very well in the matter of a report. Much of what I tell you is no doubt quite irrelevant, but still I feel that it is best that I should let you have all the facts and leave you to select for yourself those which will be of most service to you in helping you to your conclusions. We are certainly making some progress. So far as the Barrymores go we have found the motive of their actions, and that has cleared up the situation very much. But the moor with its mysteries and its strange inhabitants remains as inscrutable as ever. Perhaps in my next I may be able to throw some light upon this also. Best of all would it be if you could come down to us. In any case you will hear from me again in the course of the next few days.

Nun, vielleicht mag er mit dieser Erklärung recht haben, aber es wäre mir doch lieb, noch weitere Beweise dafür zu erhalten. Heute gedenken wir, den Beamten von Princetown mitzuteilen, wo sie nach ihrem Flüchtling suchen müssen, aber es thut uns doch außerordentlich leid, daß wir nicht den Triumph gehabt haben, ihn als unseren eigenen Gefangenen einzuliefern. Dies sind die Abenteuer der letzten Nacht, mein lieber Holmes, und Du wirst anerkennen, daß ich Dich mit meinem Bericht sehr gut bedient habe. Ohne Zweifel wird vieles von dem Angeführten ohne jede Bedeutung sein, ich bin aber überzeugt, es ist das beste, wenn ich Dir alle Thatsachen ohne Ausnahme überliefere und Dich selber Deine Auswahl treffen lafse, um Deine Schlüsse zu bilden. Ganz sicherlich machen wir Fortschritte. In Bezug auf die Barrymores haben wir den Beweggrund ihrer Handlungsweise ausfindig gemacht, und das hat die Lage ganz bedeutend aufgeklärt. Aber das Moor mit seinen Geheimnissen und seinen seltsamen Bewohnern bleibt unergründlich wie immer. Vielleicht kann ich in meinem nächsten Brief auch diese Dunkelheit ein wenig aufhellen. Am allerbesten aber wäre es, Du kämst selber zu uns herüber.

Chapter 10.
Extract from the Diary of Dr. Watson

So far I have been able to quote from the reports which I have forwarded during these early days to Sherlock Holmes. Now, however, I have arrived at a point in my narrative where I am compelled to abandon this method and to trust once more to my recollections, aided by the diary which I kept at the time. A few extracts from the latter will carry me on to those scenes which are indelibly fixed in every detail upon my memory. I proceed, then, from the morning which followed our abortive chase of the convict and our other strange experiences upon the moor.

October 16th. A dull and foggy day with a drizzle of rain. The house is banked in with rolling clouds, which rise now and then to show the dreary curves of the moor, with thin, silver veins upon the sides of the hills, and the distant boulders gleaming where the light strikes upon their wet faces. It is melancholy outside and in. The baronet is in a black reaction after the excitements of the night. I am conscious myself of a weight at my heart and a feeling of impending danger—ever present danger, which is the more terrible because I am unable to define it.

Zehntes Kapitel.
(Auszug aus meinem Tagebuch.)

Bis zu diesem Punkt meiner Erzählung brauchte ich nur die Berichte abzuschreiben, die ich im Anfang meines Aufenthaltes auf Baskerville Hall an Sherlock Holmes sandte. Jetzt bin ich jedoch an einer Wendung angelangt, wo diese Methode sich nicht mehr anwenden läßt; ich muß von nun an wieder aus meinen Erinnerungen schöpfen, habe dabei aber als Unterlage die Aufzeichnungen, die ich damals in mein Tagebuch eintrug. Ich gebe zunächst einige Auszüge daraus und komme dann sofort zu jenen Ereignissen, die sich in unauslöschlichen Zügen meinem Gedächtnis eingeprägt haben. Ich beginne mit dem Morgen, der auf unsere ergebnislose Jagd nach dem Sträfling und auf die anderen seltsamen Erscheinungen in der Mooreinsamkeit folgte.

Den 16. Oktober. Ein trüber, nebeliger Tag mit unaufhörlichem feinen Sprühregen. Das Haus ist in schwere Wolken gehüllt, die sich von Zeit zu Zeit lichten und dann einen Blick auf die öden Wellenlinien der Moorlandschaft eröffnen; auf den Flanken der Hügel sieht man dünne, silberweiße Adern, und die Granitblöcke leuchten in der Ferne auf, wenn ein Lichtschein auf ihr nasses Gestein fällt. Melancholische Stimmung draußen und drinnen. Der Baronet ist nach den Aufregungen der letzten Nacht abgespannt und in düsterer Laune. Mir selber ist das Herz schwer, und ich habe das Gefühl, daß eine Gefahr droht — eine immer gegenwärtige Gefahr, die um so furchtbarer ist, da ich nicht angeben kann, worin sie besteht.

And have I not cause for such a feeling? Consider the long sequence of incidents which have all pointed to some sinister influence which is at work around us. There is the death of the last occupant of the Hall, fulfilling so exactly the conditions of the family legend, and there are the repeated reports from peasants of the appearance of a strange creature upon the moor. Twice I have with my own ears heard the sound which resembled the distant baying of a hound. It is incredible, impossible, that it should really be outside the ordinary laws of nature. A spectral hound which leaves material footmarks and fills the air with its howling is surely not to be thought of. Stapleton may fall in with such a superstition, and Mortimer also, but if I have one quality upon earth it is common sense, and nothing will persuade me to believe in such a thing. To do so would be to descend to the level of these poor peasants, who are not content with a mere fiend dog but must needs describe him with hell-fire shooting from his mouth and eyes. Holmes would not listen to such fancies, and I am his agent. But facts are facts, and I have twice heard this crying upon the moor. Suppose that there were really some huge hound loose upon it; that would go far to explain everything. But where could such a hound lie concealed, where did it get its food, where did it come from, how was it that no one saw it by day? It must be confessed that the natural explanation offers almost as many difficulties as the other. And always, apart from the hound, there is the fact of the human agency in London, the man in the cab, and the letter which warned Sir Henry against the moor. This at least was real, but it might have been the work of a protecting friend as easily as of an enemy. Where is that friend or enemy now? Has he remained in London, or has he followed us down here? Could he—could he be the stranger whom I saw upon the tor?

Und habe ich nicht Ursache zu solchen Befürchtungen? Wir blicken jetzt auf eine lange Reihenfolge einzelner Ereignisse zurück, die alle ohne Ausnahme darauf schließen lassen, daß irgend eine umheimliche Macht in unserer Nähe am Werke ist. Da ist zunächst der Tod des vorigen Schloßherrn, ein Ereignis, das so genau mit den Ueberlieferungen der alten Familiensage übereinstimmt. Dann haben wir die Berichte zahlreicher Landleute, die alle eine grausige Kreatur auf dem Moor gesehen haben. Zweimal hörte ich mit meinen eigenen Ohren jenen Laut, der dem fernen Gebell eines großen Hundes gleicht. Es ist unglaublich, ja unmöglich, daß dieser Laut wirklich dem Gebiet des Ubernatürlichen angehört. Einen Gespensterhund, der körperliche Fußspuren zurückläßt und die Luft mit seinem Geheul erfüllt, den giebt es nicht, ganz gewiß nicht! Mag Stapleton sich solchem Aberglauben hingeben und Doktor Mortimer sich ihm anschließen — aber wenn ich überhaupt irgend eine hervorstechende Eigenschaft habe, so ist es nüchterner, gesunder Menschenverstand, und nichts wird mich dahin bringen, an so etwas zu glauben! Damit würde ich ja zu dem Niveau der armen Bauersleute herabsteigen, die nicht einmal mit einem gewöhnlichen Geisterhund zufrieden sind, sondern ihn als ein Tier beschreiben, dem IM lisches Feuer aus Maul und Augen sprüht. Von solchen Phantastereien würde Holmes nichts wissen wollen, und ich bin hier als sein Vertreter. Wer Thatsachen sind und bleiben Thatsachen, und ich habe zweimal sein Geheul auf dem Moor gehört. Nehmen wir an, es triebe sich wirklich irgend ein riesiger Hund auf dem Moor herum — damit ließe sich ja alles erklären. Aber wo könnte ein solcher Hund verborgen liegen, wo bekäme er zu fressen, woher wäre er gekommen, und wie ginge es zu, daß kein Mensch ihn je bei Tage gesehen hat? Ich muß zugeben, daß die natürliche Erklärung fast ebenso viele Schwierigkeiten darbietet wie die andere. Und ganz abgesehen vom Hund — es bleibt die Thatsache bestehen, daß in London irgend eine menschliche Thatkraft im Spiele war; wir hatten den Mann in der Droschke und den Warnungsbrief, der Sir Henry aufforderte, dem Moor fernzubleiben. Dieser Brief zum mindesten existierte thalsächlich, aber er konnte ebensowohl von einem beschützenden Freund, wie von einem Feinde ausgehen. Wo war jetzt in diesem Augenblick dieser Freund oder Feind? War er in London geblieben oder war er uns hierher gefolgt? Konnte er — konnte er der Fremde sein, den ich auf dem Moor gesehen hatte?

It is true that I have had only the one glance at him, and yet there are some things to which I am ready to swear. He is no one whom I have seen down here, and I have now met all the neighbours. The figure was far taller than that of Stapleton, far thinner than that of Frankland. Barrymore it might possibly have been, but we had left him behind us, and I am certain that he could not have followed us. A stranger then is still dogging us, just as a stranger dogged us in London. We have never shaken him off. If I could lay my hands upon that man, then at last we might find ourselves at the end of all our difficulties. To this one purpose I must now devote all my energies.

My first impulse was to tell Sir Henry all my plans. My second and wisest one is to play my own game and speak as little as possible to anyone. He is silent and distrait. His nerves have been strangely shaken by that sound upon the moor. I will say nothing to add to his anxieties, but I will take my own steps to attain my own end.

We had a small scene this morning after breakfast. Barrymore asked leave to speak with Sir Henry, and they were closeted in his study some little time. Sitting in the billiard-room I more than once heard the sound of voices raised, and I had a pretty good idea what the point was which was under discussion. After a time the baronet opened his door and called for me. "Barrymore considers that he has a grievance," he said. "He thinks that it was unfair on our part to hunt his brother-in-law down when he, of his own free will, had told us the secret."

The butler was standing very pale but very collected before us.

Allerdings habe ich nur jenen einzigen flüchtigen Blick auf ihn geworfen — und doch, es sind bei diesem Erlebnis verschiedene Umstände vorhanden, deren ich so sicher bin, daß ich darauf schwören kann. Der Fremde gehört nicht zu den Leuten, mit denen ich hier bekannt geworden — und ich habe jetzt sämtliche Leute der ganzen Gegend gesehen. Er war der Gestalt nach viel größer als Stapleton, viel schlanker als Frankland. Barrymore hätte es möglicherweise sein können, aber diesen hatten wir im Hause zurückgelassen, und ich bin sicher, daß er uns nicht unbemerkt hätte folgen können. Also verfolgt uns hier ein Fremder auf Schritt und Tritt, gerade wie ein Fremder uns in London ausspionierte. Wir sind ihn die ganze Zeit über nicht losgeworden! Könnte ich meine Hand auf diesen Mann legen, so wären wir vielleicht am Ende aller unserer Schwierigkeiten. Zur Erreichung dieses Ziels muß ich jetzt alle meine Kräfte anspannen!

Mein erster Gedanke war, Sir Henry von allen meinen Plänen in Kenntnis zu setzen; ein zweiter und klügerer Gedanke jedoch brachte mich zum Entschluß, auf eigene Faust zu handeln und so wenig wie möglich von meinen Gedanken verlauten zu lassen. Sir Henry ist schweigsam und zerstreut. Seine Nerven haben einen seltsamen Stoß erlitten, seitdem er jenes Geheul auf dem Moor hörte. Ich will nichts sagen, was seine Beängstigungen womöglich noch vermehren könnte, aber ich will meine Vorkehrungen treffen, um meinen Zweck zu erreichen.

Heute morgen nach dem Frühstück hatten wir eine kleine Szene. Barrymore bat Sir Henry um eine Unterredung, und sie verweilten kurze Zeit unter vier Augen in seinem Arbeitszimmer. Ich saß im Billardzimmer und hörte mehreremal, daß sie ihre Stimmen erhoben; ich konnte mir wohl denken, was den Gegenstand ihres Gespräches bildete. Nach einer Weile öffnete der Baronet die Thür und bat mich, hereinzukommen. "Barrymore glaubt Grund zu Beschwerden zu haben," sagte er. "Er meint, es sei unredlich von uns gewesen, auf seinen Schwager Jagd zu machen, nachdem er uns aus freiem Willen das Geheimnis mitgeteilt hätte."

Der Schloßverwalter stand, sehr bleich, jedoch vollkommen gefaßt, vor uns.

"I may have spoken too warmly, sir," said he, "and if I have, I am sure that I beg your pardon. At the same time, I was very much surprised when I heard you two gentlemen come back this morning and learned that you had been chasing Selden. The poor fellow has enough to fight against without my putting more upon his track."

"If you had told us of your own free will it would have been a different thing," said the baronet, "you only told us, or rather your wife only told us, when it was forced from you and you could not help yourself."

"I didn't think you would have taken advantage of it, Sir Henry—indeed I didn't."

"The man is a public danger. There are lonely houses scattered over the moor, and he is a fellow who would stick at nothing. You only want to get a glimpse of his face to see that. Look at Mr. Stapleton's house, for example, with no one but himself to defend it. There's no safety for anyone until he is under lock and key."

"He'll break into no house, sir. I give you my solemn word upon that. But he will never trouble anyone in this country again. I assure you, Sir Henry, that in a very few days the necessary arrangements will have been made and he will be on his way to South America. For God's sake, sir, I beg of you not to let the police know that he is still on the moor. They have given up the chase there, and he can lie quiet until the ship is ready for him. You can't tell on him without getting my wife and me into trouble. I beg you, sir, to say nothing to the police."

"What do you say, Watson?"

I shrugged my shoulders. "If he were safely out of the country it would relieve the tax-payer of a burden."

"But how about the chance of his holding someone up before he goes?"

"Ich mag vielleicht zu heftig gesprochen haben, Herr," sagte er, "und wenn dies der Fall sein sollte, so bitte ich recht sehr um Vergebung. Ich war eben sehr überrascht, als ich die beiden Herren heute früh zurückkommen hörte und erfuhr, daß sie Selden verfolgt hätten. Der arme Kerl hat gerade genug durchzumachen und es war nicht nötig, daß sich ihm noch jemand auf die Hacken setzte!"

"Wenn Sie zu uns aus freiem Antrieb davon gesprochen hätten, so wäre es allerdings was anderes,"

antwortete der Baronet. "Sie sprachen aber erst — oder vielmehr Ihre Frau that es — als Sie nicht mehr anders konnten."

"Ich glaubte aber nicht, daß Sie von meiner Mitteilung Gebrauch machen würden, Sir Henry — wirklich, dieser Gedanke lag mir völlig fern!"

"Der Mann ist eine Gefahr für die Menschheit. Ueberall über das Moor verstreut liegen einsame Wohnungen, und er ist ein Bursche, der vor nichts zurückschrecken würde. Man braucht nur mal einen Augenblick sein Gesicht zu sehen, um das zu wissen. Nun nehmen Sie mal zum Beispiel Herrn Stapletons Haus; da ist bloß er allein, der die Bewohner verteidigen könnte. Nein, die ganze Gegend ist unsicher, so lange Selden nicht wieder hinter Schloß und Riegel ist!"

"Er bricht in kein Haus ein, Herr! Darauf gebe ich Ihnen mein heiliges Wort. Aber er wird überhaupt keinen Menschen mehr in dieser Gegend belästigen. Ich versichere Ihnen, Sir Henry, in ganz wenig Tagen werden die nötigen Vorkehrungen getroffen und wird mein Schwager nach Südamerika unterwegs sein. Um des Himmels Willen, Herr, bitte ich Sie, teilen Sie der Polizei nicht mit, daß er noch auf dem Moor ist. Sie haben es aufgegeben, ihn dort zu suchen, und wenn er sich ruhig verhält, so kann er's abwarten, bis sein Schiff abgeht. Wenn Sie ihn angeben, so bringen Sie damit unbedingt auch meine Frau und mich in Ungelegenheiten. Ich bitte Sie, Herr, sagen Sie der Polizei nichts davon!"

"Was meinen Sie dazu, Watson?"

Ich zuckte die Achseln und erwiderte:

"Wenn er außer Landes wäre, so wäre der ruhige Steuerzahler damit 'ne Last los!"

"Aber wenn er nun noch jemanden anfällt, ehe er abreist?"

"He would not do anything so mad, sir. We have provided him with all that he can want. To commit a crime would be to show where he was hiding."

"That is true," said Sir Henry. "Well, Barrymore—"

"God bless you, sir, and thank you from my heart! It would have killed my poor wife had he been taken again."

"I guess we are aiding and abetting a felony, Watson? But, after what we have heard I don't feel as if I could give the man up, so there is an end of it. All right, Barrymore, you can go."

With a few broken words of gratitude the man turned, but he hesitated and then came back.

"You've been so kind to us, sir, that I should like to do the best I can for you in return. I know something, Sir Henry, and perhaps I should have said it before, but it was long after the inquest that I found it out. I've never breathed a word about it yet to mortal man. It's about poor Sir Charles's death."

The baronet and I were both upon our feet. "Do you know how he died?"

"No, sir, I don't know that."

"What then?"

"I know why he was at the gate at that hour. It was to meet a woman."

"To meet a woman! He?"

"Yes, sir."

"And the woman's name?"

"I can't give you the name, sir, but I can give you the initials. Her initials were L. L."

"How do you know this, Barrymore?"

"So einen wahnsinnigen Streich wird er nicht begehen, Herr. Wir haben ihn mit allem versorgt, was er nur braucht. Wenn er ein Verbrechen beginge, so würde dadurch ja bekannt werden, daß er hier auf dem Moor versteckt liegt!"

"Da haben Sie recht!" sagte Sir Henry. "Nun, Barrymore . . ."

"O, Gott segne Sie, Herr! Ich danke Ihnen von ganzem Herzen. Es wäre meiner armen Frau Tod gewesen, hätte man ihren Bruder wieder ergriffen!"

"Ich glaube, Watson, wir machen uns da einer Begünstigung schuldig. Aber nach dem, was ich gehört habe, glaube ich, ich könnte es nicht übers Herz bringen, den Mann anzugeben, — und damit basta! — Es ist gut, Barrymore, Sie können gehen."

Der Mann stammelte noch einige Worte des Dankes und ging. Plötzlich aber blieb er zögernd stehen, kam zurück und sagte:

"Sie sind so freundlich gegen uns gewesen, Herr, daß ich es gern vergelten möchte, so gut ich's nur kann. Ich weiß etwas, Sir Henry, und hätte es vielleicht früher sagen sollen, aber als ich Kenntnis davon erhielt, war seit Sir Charles' Leichenschau schon lange Zeit verstrichen. Ich habe bis jetzt zu keiner Menschenseele ein Wort davon verlauten lassen. Es betrifft den Tod meines armen früheren Herrn!"

Der Baronet und ich sprangen beide gleichzeitig von unseren Stühlen auf und riefen:

"Wissen Sie, wie er ums Leben kam?" "Nein, Herr, davon weiß ich nichts!" "Was wissen Sie denn?", "Ich weiß, warum er um jene Stunde an der Pforte war. Er hatte eine Verabredung mit einem Weibe." "Mit einem Weibe? Was?" "Ja."

"Und wie hieß sie?"

"Den Namen kann ich Ihnen nicht angeben, wohl aber seine Anfangsbuchstaben. Diese sind L. L."

"Woher wissen Sie das, Barrymore?"

"Well, Sir Henry, your uncle had a letter that morning. He had usually a great many letters, for he was a public man and well known for his kind heart, so that everyone who was in trouble was glad to turn to him. But that morning, as it chanced, there was only this one letter, so I took the more notice of it. It was from Coombe Tracey, and it was addressed in a woman's hand."

"Well?"

"Well, sir, I thought no more of the matter, and never would have done had it not been for my wife. Only a few weeks ago she was cleaning out Sir Charles's study—it had never been touched since his death—and she found the ashes of a burned letter in the back of the grate. The greater part of it was charred to pieces, but one little slip, the end of a page, hung together, and the writing could still be read, though it was gray on a black ground. It seemed to us to be a postscript at the end of the letter and it said: 'Please, please, as you are a gentleman, burn this letter, and be at the gate by ten o clock. Beneath it were signed the initials L. L."

"Have you got that slip?"

"No, sir, it crumbled all to bits after we moved it."

"Had Sir Charles received any other letters in the same writing?"

"Well, sir, I took no particular notice of his letters. I should not have noticed this one, only it happened to come alone."

"And you have no idea who L. L. is?"

"No, sir. No more than you have. But I expect if we could lay our hands upon that lady we should know more about Sir Charles's death."

"I cannot understand, Barrymore, how you came to conceal this important information."

"Nun, Sir Henry, Ihr Onkel bekam an jenem Morgen einen Brief. Für gewöhnlich bekam er sehr viele Briefe, denn er war eine hervorragende Persönlichkeit hier in der Gegend, und seine Gutherzigkeit war allgemein bekannt; deshalb wandte sich jeder, der in Verlegenheit war, mit Vorliebe an Sir Charles. Aber an jenem Morgen war nur der einzige Brief angekommen; deshalb fiel er mir umsomehr auf. Der Brief war in Coombe Tracey aufgegeben und die Adresse von einer Frauenhand geschrieben."

"Weiter?"

"Nun, Herr, ich dachte nicht mehr daran und würde überhaupt nicht mehr daran gedacht haben. Indessen vor ein paar Wochen räumte meine Frau Sir Charles' Arbeitszimmer auf — es war feit seinem Tode nichts darin angerührt worden —, und da fand sie hinten amKaminrost die Asche von einem verbrannten Briefe. Sein größerer Teil war in kleine Stückchen zerfallen, aber ein kleiner Streifen vom unteren Ende einer Seite hing noch zusammen, und die Schriftzüge waren zu lesen, indem sie sich grau von dem schwarzen Grunde abhoben. Wir hielten es für eine Nachschrift zu dem Briefe, und die Worte lauteten folgendermaßen: ‚Bitte, bitte! Da Sie ein Gentleman sind, so verbrennen Sie diesen Brief und seien Sie um zehn an der Pforte!^ Unterzeichnet war dieser Satz mit den Buchstaben L. L."

"Haben Sie den Streifen aufbewahrt?"

"Nein, Herr, er fiel uns unter den Händen in Asche zusammen."

"Hatte Sir Charles schon früher Briefe mit derselben Handschrift erhalten?"

"Hm, ich sah mir sonst seine Briefe nicht an und achtete nicht besonders darauf. Ich hätte auch auf diesen Brief nicht geachtet, wenn er nicht eben allein gekommen wäre."

"Und Sie haben keine Ahnung, wer L. L. ist?"

"Nein, Herr — so wenig wie Sie selber! Aber ich nehme an, wenn wir die Dame ausfindig machen könnten, so würden wir mehr über Sir Charles' Ende erfahren!'"

"Ich begreife nicht, Barrymore, wie Sie dazu kamen, einen so wichtigen Umstand zu verheimlichen."

"Well, sir, it was immediately after that our own trouble came to us. And then again, sir, we were both of us very fond of Sir Charles, as we well might be considering all that he has done for us. To rake this up couldn't help our poor master, and it's well to go carefully when there's a lady in the case. Even the best of us—"

"You thought it might injure his reputation?"

"Well, sir, I thought no good could come of it. But now you have been kind to us, and I feel as if it would be treating you unfairly not to tell you all that I know about the matter."

"Very good, Barrymore; you can go." When the butler had left us Sir Henry turned to me. "Well, Watson, what do you think of this new light?"

"It seems to leave the darkness rather blacker than before."

"So I think. But if we can only trace L. L. it should clear up the whole business. We have gained that much. We know that there is someone who has the facts if we can only find her. What do you think we should do?"

"Let Holmes know all about it at once. It will give him the clue for which he has been seeking. I am much mistaken if it does not bring him down."

I went at once to my room and drew up my report of the morning's conversation for Holmes. It was evident to me that he had been very busy of late, for the notes which I had from Baker Street were few and short, with no comments upon the information which I had supplied and hardly any reference to my mission. No doubt his blackmailing case is absorbing all his faculties. And yet this new factor must surely arrest his attention and renew his interest. I wish that he were here.

"Nun, Sir Henry, wir fanden den Brief gerade in jenen Tagen, als wir selber durch meinen Schwager in eine so fatale Verlegenheit versetzt wurden. Und dann, Herr — wir hatten alle beide Sir Charles sehr lieb gehabt — wie es ja nach allem, was er für uns gethan hatte, gar nicht anders sein konnte. Wenn wir die Geschichte wieder aufrührten, so konnte das unserem armen alten Herrn nichts nützen — und wenn irgendwo eine Dame im Spiel ist, so ist es besser, vorsichtig zu sein. Auch der beste Mensch . . ."

"Sie meinten, es könnte seinem guten Rufe schaden?"

"Nun, jedenfalls dachte ich, es könnte nichts Gutes daraus entstehen! Aber jetzt sind Sie so gut zu uns gewesen, und ich fühle, es wäre nicht recht von mir gewesen, wenn ich Ihnen nicht alles gesagt hätte, was ich von der Geschichte weiß."

"Sehr gut, Barrymore! Sie können gehen."

Nachdem der Mann hinausgegangen war, wandte Sir Henry sich zu mir und sagte:

"Nun, Watson, was meinen Sie zu diesem neuen Licht, das auf meines Onkels Ende fällt?"

"Mir scheint, die Dunkelheit ist nur noch schwärzer geworden, als sie schon war!"

"Das ist auch meine Meinung. Aber wenn wir nur L. L. aufspüren könnten, so würde sich die ganze Sache aufklären! Was sollen wir nach Ihrer Meinung thun?"

"Sofort Holmes von allem in Kenntnis setzen! Für ihn wird dies der Anhaltspunkt sein, nach welchem er so lange gesucht hat."

Ich begab mich sogleich auf mein Zimmer, um für Holmes einen Bericht über das Gespräch dieses Morgens niederzuschreiben. Augenscheinlich mußte er in der letzten Zeit mit Arbeit überhäuft gewesen sein, denn ich hatte aus der Bakerstraße nur ein paar ganz kurze Notizen erhalten, worin von meinen Berichten überhaupt nicht die Rede war; sogar die Aufgabe, die ich auf Baskerville Hall zu erfüllen hatte, war nur ganz obenhin erwähnt. Ohne Zweifel nimmt die Untersuchung wegen der Erpressung alle seine Geisteskräfte in Anspruch.

October 17th. All day today the rain poured down, rustling on the ivy and dripping from the eaves. I thought of the convict out upon the bleak, cold, shelterless moor. Poor devil! Whatever his crimes, he has suffered something to atone for them. And then I thought of that other one—the face in the cab, the figure against the moon. Was he also out in that deluged—the unseen watcher, the man of darkness?

In the evening I put on my waterproof and I walked far upon the sodden moor, full of dark imaginings, the rain beating upon my face and the wind whistling about my ears. God help those who wander into the great mire now, for even the firm uplands are becoming a morass. I found the black tor upon which I had seen the solitary watcher, and from its craggy summit I looked out myself across the melancholy downs. Rain squalls drifted across their russet face, and the heavy, slate-coloured clouds hung low over the landscape, trailing in gray wreaths down the sides of the fantastic hills. In the distant hollow on the left, half hidden by the mist, the two thin towers of Baskerville Hall rose above the trees.

They were the only signs of human life which I could see, save only those prehistoric huts which lay thickly upon the slopes of the hills. Nowhere was there any trace of that lonely man whom I had seen on the same spot two nights before.

Aber der heute neu hinzugekommene Umstand muß ganz gewiß seine Aufmerksamkeit fesseln und seine Teilnahme neu beleben. Ich wollte, er wäre hier . . . Den 17. Oktober. — Heute strömte den ganzen Tag der Regen hernieder, raschelte im Epheu des alten Hauses und troff aus den Dachrinnen. Ich dachte an den entsprungenen Sträfling, der obdachlos draußen auf dem öden kalten Moor umherirrt. Der arme Kerl! Wie furchtbar auch seine Verbrechen gewesen sind, er hat gelitten und dadurch wenigstens teilweise gesühnt. Und dann dachte ich an den anderen — den Mann, dessen Gesicht wir in der Droschke sahen, dessen Gestalt sich im Moor gegen die Mondscheibe abhob. War er ebenfalls draußen in der Regenflut — der unsichtbare Späher, der Mann der Finsternis?

Als es Abend wurde, zog ich meinen Regenmantel an und wanderte voll düsterer Gedanken weit hinaus in die regendurchweichte Heide, und ließ mir den kalten Regen ins Gesicht schlagen und den Wind um die Ohren pfeifen. Gott sei bei denen, die jetzt in den großen Morast hineingeraten, denn selbst das feste Land ist beinahe schon ein Sumpf. Ich fand die schwarze Felsenspitze, auf dessen Höhe ich den einsamen nächtlichen Gesellen gesehen hatte; ich erklomm die schroffe Zacke, und blickte von der Höhe aus über die traurig düstere Hügellandschaft hin. Ueberall nichts als das öde Land, schwere Regengüsse, die die Flanken der Hügel peitschten, und langsam ziehende schiefergraue Wolken. Fern zur Linken ragten, halb verborgen durch den Nebel, die beiden schlanken Türme von Baskerville über den Bäumen auf.

Sie waren die einzigen Anzeichen menschlichen Lebens, die ich erblicken konnte; die einzigen Wohnungen weit und breit waren die plumpen prähistorischen Steinhütten auf den Abhängen der Hügel. Nirgends eine Spur von dem einsamen Manne, den ich in der vergangenen Nacht an dieser selben Stelle sah.

As I walked back I was overtaken by Dr. Mortimer driving in his dog-cart over a rough moorland track which led from the outlying farmhouse of Foulmire. He has been very attentive to us, and hardly a day has passed that he has not called at the Hall to see how we were getting on. He insisted upon my climbing into his dog-cart, and he gave me a lift homeward. I found him much troubled over the disappearance of his little spaniel. It had wandered on to the moor and had never come back. I gave him such consolation as I might, but I thought of the pony on the Grimpen Mire, and I do not fancy that he will see his little dog again.

"By the way, Mortimer," said I as we jolted along the rough road, "I suppose there are few people living within driving distance of this whom you do not know?"

"Hardly any, I think."

"Can you, then, tell me the name of any woman whose initials are L. L.?"

He thought for a few minutes.

"No," said he. "There are a few gipsies and labouring folk for whom I can't answer, but among the farmers or gentry there is no one whose initials are those. Wait a bit though," he added after a pause. "There is Laura Lyons—her initials are L. L.—but she lives in Coombe Tracey."

"Who is she?" I asked.

"She is Frankland's daughter."

"What! Old Frankland the crank?"

Auf dem Rückwege überholte mich Dr. Mortimer in seinem Wägelchen. Er kam auf holperigem Heidewege von dem einsam liegenden Pachthof Foulmire her. Er hat sich uns gegenüber sehr aufmerksam benommen, und es ist kaum ein Tag vergangen, daß er nicht auf Baskerville Hall vorgesprochen und sich nach dem Fortgang unserer Nachforschungen erkundigt hätte. Er bat mich dringend, in seinen Wagen zu steigen, da er mich durchaus nach Hause bringen wollte. Ich fand ihn verstimmt und zerstreut, und die Zerstreutheit rührte von dem Verschwinden seines Hündchens her, das aufs Moor hinausgelaufen und nicht wieder zurückgekommen war. Ich suchte ihn möglichst zu trösten, konnte mich aber innerlich des Gedankens an das Pferd, das ich im Grimpener Sumpf verschwinden sah, nicht erwehren, und ich glaube nicht, daß er seinen kleinen Freund jemals wiedersehen wird.

"Ach, sagen Sie doch mal, Mortimer," fragte ich, als wir den schlechten Weg entlang rumpelten, "es giebt wohl wenig Leute hier in der Gegend, die Sie nicht kennen?"

"Wohl kaum einen einzigen Menschen."

"Können Sie mir dann vielleicht den Namen einer weiblichen Person sagen, deren Anfangsbuchstaben L. L. sind?"

Er dachte ein paar Minuten nach und antwortete:

"Nein. Es giebt hier ein paar Zigeuner und einige Leute aus dem Arbeiterstand, von denen ich nicht genau Bescheid weiß, aber unter dem Landvolk oder den Gebildeten giebt es keine, deren Namen diese Anfangsbuchstaben aufweist.... Doch halt! Warten Sie mal!" fuhr er nach einer kleinen Pause fort. "Da ist Laura Lyons — das stimmt mit den Buchstaben L. L. — sie wohnt jedoch in Coombe Tracey."

"Wer ist das?" fragte ich.

"Herrn Franklands Tochter."

"Was? Vom alten Frankland, dem Rechtsverdreher?"

"Exactly. She married an artist named Lyons, who came sketching on the moor. He proved to be a blackguard and deserted her. The fault from what I hear may not have been entirely on one side. Her father refused to have anything to do with her because she had married without his consent and perhaps for one or two other reasons as well. So, between the old sinner and the young one the girl has had a pretty bad time."

"How does she live?"

"I fancy old Frankland allows her a pittance, but it cannot be more, for his own affairs are considerably involved. Whatever she may have deserved one could not allow her to go hopelessly to the bad. Her story got about, and several of the people here did something to enable her to earn an honest living. Stapleton did for one, and Sir Charles for another. I gave a trifle myself. It was to set her up in a typewriting business."

He wanted to know the object of my inquiries, but I managed to satisfy his curiosity without telling him too much, for there is no reason why we should take anyone into our confidence. Tomorrow morning I shall find my way to Coombe Tracey, and if I can see this Mrs. Laura Lyons, of equivocal reputation, a long step will have been made towards clearing one incident in this chain of mysteries. I am certainly developing the wisdom of the serpent, for when Mortimer pressed his questions to an inconvenient extent I asked him casually to what type Frankland's skull belonged, and so heard nothing but craniology for the rest of our drive. I have not lived for years with Sherlock Holmes for nothing.

I have only one other incident to record upon this tempestuous and melancholy day. This was my conversation with Barrymore just now, which gives me one more strong card which I can play in due time.

"Ganz recht. Sie heiratete einen Maler Namens Lyons, der hierher aufs Moor kam, um Skizzen zu machen. Nachher stellte es sich heraus, daß er ein Lump war, und er verließ sie. Nach allem, was ich gehört habe, mag indessen die Schuld nicht ausschließlich auf seiner Seite gelegen haben. Ihr Vater weigerte sich, auch nur das Geringste zu thun; sie hatte nämlich gegen seinen Willen geheiratet, und vielleicht hatte er auch sonst noch einige Gründe. Sie hat daher mit dem alten Sünder sowohl wie mit dem jungen einen ziemlich schweren Stand gehabt." "Wovon lebt sie?"

"Ich glaube, der alte Frankland hat ihr 'ne Kleinigkeit ausgesetzt; viel kann das jedenfalls nicht fein, denn mit seinen eigenen Verhältnissen steht es ziemlich faul. Mag fie nun auch an ihrem Unglück selber schuld sein, jedenfalls konnten wir nicht ruhig mit ansehen, daß sie hoffnungslos unter die Räder kam. Man beschäftigte sich mit ihrer Lage, und verschiedene von den Leuten hier in der Gegend sprangen ihr bei, um ihr einen anständigen Erwerb zu ermöglichen. Stapleton that etwas und Sir Charles ebenfalls; ich steuerte auch eine Kleinigkeit bei. Sie schaffte sich eine Schreibmaschine an und lebt nun von der Anfertigung von Abschriften."

Er wollte wissen, warum ich fragte, doch gelang es mir, seine Neugier zu befriedigen, ohne ihm allzu viel zu sagen, denn wir haben durchaus keinen Anlaß, jedermann ins Vertrauen zu ziehen. Morgen früh werde ich mich nach Coombe Tracey aufmachen, und wenn es mir gelingt, diese Frau Laura Lyons von etwas zweifelhaftem Rufe zu sprechen, so bringt uns dies der Aufklärung von einem der vielen geheimnisvollen Ereignisse um ein gutes Stück näher. Ich kann von mir sagen, daß ich heute klug wie eine Schlange gewesen bin, denn als Dr. Mortimer mit seinen Fragen ein bißchen gar zu unbequem wurde, fragte ich ihn so ganz nebenbei, zu welchem Typus eigentlich Franklands Schädel gehöre. Die Folge davon war, daß ich während des ganzen Restes unserer Fahrt nichts als Schädellehre zu hören bekam. Ia, ich habe nicht umsonst jahrelang mit Sherlock Holmes zusammen gelebt!

Von dem heutigen trüben Regentag habe ich nur noch einen einzigen Vorfall zu verzeichnen. Ich hatte nämlich gerade eben eine Unterhaltung mit Barrymore und bekam dabei eine Trumpfkarte in die Hand, die sich gewiß als wertvoll erweisen wird, wenn der rechte Zeitpunkt da ist.

Mortimer had stayed to dinner, and he and the baronet played ecarte afterwards. The butler brought me my coffee into the library, and I took the chance to ask him a few questions.

"Well," said I, "has this precious relation of yours departed, or is he still lurking out yonder?"

"I don't know, sir. I hope to heaven that he has gone, for he has brought nothing but trouble here! I've not heard of him since I left out food for him last, and that was three days ago."

"Did you see him then?"

"No, sir, but the food was gone when next I went that way."

"Then he was certainly there?"

"So you would think, sir, unless it was the other man who took it."

I sat with my coffee-cup halfway to my lips and stared at Barrymore.

"You know that there is another man then?"

"Yes, sir; there is another man upon the moor."

"Have you seen him?"

"No, sir."

"How do you know of him then?"

"Selden told me of him, sir, a week ago or more. He's in hiding, too, but he's not a convict as far as I can make out. I don't like it, Dr. Watson—I tell you straight, sir, that I don't like it." He spoke with a sudden passion of earnestness.

"Now, listen to me, Barrymore! I have no interest in this matter but that of your master. I have come here with no object except to help him. Tell me, frankly, what it is that you don't like."

Mortimer blieb bei uns zu Tisch, und nach dem Essen spielten der Baronet und er Ecarts. Ich ging ins Bibliothekzimmer und ließ mir dorthin von Barrymore meinen Kaffee bringen. Da die Gelegenheit günstig war, so benutzte ich sie, ein paar Fragen an ihn zu richten.

"Na?" sagte ich. "Ist denn nun Ihr braver Verwandter fort oder haust er noch auf dem Moor?" "Ich weiß es nicht, Herr. Ich boffe zu Gott.daß er fort ist, denn er hat uns nichts als Verlegenheiten bereitet. Ich habe nichts mehr von ihm gehört, seitdem ich ihm das letztemal Speisen brachte, und das war vor drei Tagen."

"Sahen Sie ihn denn damals?"

"Nein; aber das Essen war verschwunden, als ich das nächstemal nach jener Stelle ging."

"Dann muß er also ganz bestimmt dagewesen sein?"

"Man sollte das annehmen; indessen wäre es auch möglich, daß der andere es genommen hätte."

Ich wollte gerade die Kaffeetasse an meine Lippen führen, hielt aber auf halbem Wege inne und starrte Barrymore an.

"Der andere? Sie wissen also, daß noch ein anderer Mann da ist?"

"Ja, Herr; es ist noch einer auf dem Moor."

"Haben Sie ihn gesehen?"

"Nein."

"Woher wissen Sie denn etwas von ihm?"

"Selden erzählte mir von ihm; es mag etwa eine Woche her sein, vielleicht auch etwas länger. Er hält sich ebenfalls versteckt, ist aber kein entsprungener Sträfling, nach allem, was ich erfahren konnte. Es gefällt mir nicht, Herr Doktor — ich muß Ihnen aufrichtig sagen, die Sache gefällt mir ganz und gar nicht."

Es lag plötzlich ein seltsam eindringlicher Ernst in dem Ton, womit Barrymore sprach.

"Nun, Barrymore, hören Sie mal, was ich Ihnen sage! Ich verfolge bei dieser ganzen Angelegenheit kein Interesse als das Ihres Herrn. Ich bin nur zu dem Zweck hierhergekommen, ihm beizustehen. Sagen Sie mir also frei und offen: Was ist bei dieser Sache, das Ihnen nicht gefällt?"

Barrymore hesitated for a moment, as if he regretted his outburst or found it difficult to express his own feelings in words.

"It's all these goings-on, sir," he cried at last, waving his hand towards the rain-lashed window which faced the moor. "There's foul play somewhere, and there's black villainy brewing, to that I'll swear! Very glad I should be, sir, to see Sir Henry on his way back to London again!"

"But what is it that alarms you?"

"Look at Sir Charles's death! That was bad enough, for all that the coroner said. Look at the noises on the moor at night. There's not a man would cross it after sundown if he was paid for it. Look at this stranger hiding out yonder, and watching and waiting! What's he waiting for? What does it mean? It means no good to anyone of the name of Baskerville, and very glad I shall be to be quit of it all on the day that Sir Henry's new servants are ready to take over the Hall."

"But about this stranger," said I. "Can you tell me anything about him? What did Selden say? Did he find out where he hid, or what he was doing?"

"He saw him once or twice, but he is a deep one and gives nothing away. At first he thought that he was the police, but soon he found that he had some lay of his own. A kind of gentleman he was, as far as he could see, but what he was doing he could not make out."

"And where did he say that he lived?"

"Among the old houses on the hillside—the stone huts where the old folk used to live."

"But how about his food?"

"Selden found out that he has got a lad who works for him and brings all he needs. I dare say he goes to Coombe Tracey for what he wants."

Barrymore zögerte einen Augenblick, als bedauerte er, daß er sich zu einem Gefühlsausbruch habe hinreißen lassen, oder als wüßte er nicht die rechten Worte zu finden. Endlich aber rief er, indem er mit der Hand nach dem aufs Moor hinausgehenden Fenster deutete, gegen dessen Scheiben der Regen peitschte:

"Es sind alle diese Vorgänge, Herr! Irgendwo ist ein Verbrechen im Spiel, und es wird irgend ein fürchterlicher Schurkenstreich ausgebrütet, darauf will ich schwören! Ich wäre wirklich von Herzen froh, wenn ich Sir Henry erst wieder auf der Rückreise nach London wüßte!"

"Aber was ist es denn, das Sie beunruhigt?"

"Nehmen Sie nur Sir Charles' Tod! Die Umstände waren ja schlimm genug, nach allem, was der Borsitzende bei der Leichenschau sagte! Dann die Töne nachts auf dem Moore! Kein Mensch hier in der Gegend würde wagen, nach Sonnenuntergang übers Moor zu gehen, und wenn er noch so viel dafür bezahlt bekäme. Dann dieser Fremde, der sich da draußen versteckt hält und überall herumschleicht und herumschnüffelt! Was sucht er? Was bedeutet das alles? Sicherlich nichts Gutes für jeden, der den Namen Baskerville trägt — und ich will mich aufrichtig freuen, wenn Sir Henrys neue Dienerschaft hier in BaskervilleHall einzieht und ich nichts mehr damit zu thun habe."

"Aber was ist's denn mit diesem Fremden?" fragte ich. "Können Sie mir irgend etwas über ihn sagen? Was sagte Selden Ihnen? Hatte er das Versteck des Mannes herausbekommen, oder wußte er, welche Zwecke dieser verfolgte?"

"Er sah ihn ein- oder zweimal —aber er ist ein verschlossener Charakter und durchaus nicht mitteilsam. Zuerst dachte er, es wäre einer von der Polizei, doch merkte er bald, daß jener seine eigenen Absichten verfolgte. Worin diese aber beständen, das konnte er nicht entdecken, nur meinte er, es wäre wohl ein feiner Herr."

"Und wo hauste dieser Mann nach Seldens Angabe?"

"In den alten Häusern am Hügel — in einer von den Steinhütten aus der Vorzeit."

"Aber wie verschaffte er sich sein Essen?"

"Selden bemerkte, daß er einen Jungen hat, der ihm alles besorgt und ihn mit dem Notwendigsten versieht. Höchst wahrscheinlich holt er dieses aus Coombe Tracey."

"Very good, Barrymore. We may talk further of this some other time."

When the butler had gone I walked over to the black window, and I looked through a blurred pane at the driving clouds and at the tossing outline of the wind-swept trees. It is a wild night indoors, and what must it be in a stone hut upon the moor. What passion of hatred can it be which leads a man to lurk in such a place at such a time! And what deep and earnest purpose can he have which calls for such a trial! There, in that hut upon the moor, seems to lie the very centre of that problem which has vexed me so sorely. I swear that another day shall not have passed before I have done all that man can do to reach the heart of the mystery.

"Schön, Barrymore. Wir können gelegentlich mal wieder darüber sprechen."

Nachdem der Diener gegangen war, trat ich an das schwarze Fenster und sah durch die vom Regenwasser trüben Scheiben nach den ziehenden Wolken und den Baumwipfeln, die sich vor dem Sturmwind bogen. Eine unbehagliche Nacht hier drinnen — und wie muß sie erst draußen fein auf dem Moor in einer Steinhütte! Welch ein leidenschaftlicher Haß muß den Mann beseelen, der sich in dieser Jahreszeit in solchen Verstecken verbirgt! Und welchen Zweck muß einer verfolgen, der sich solchen Strapazen unterzieht? Jedenfalls einen ernsten und wichtigen! Dort, in der Steinhütte auf dem Moor, liegt der wahre Mittelpunkt des Problems, das mich so fürchterlich gemartert hat. Und ich schwöre, es soll kein Tag mehr vergehen, und ich werde alles thun, was in Menschenkräften steht, um dem Geheimnis auf den Grund zu kommen.

Chapter 11. The Man on the Tor

The extract from my private diary which forms the last chapter has brought my narrative up to the eighteenth of October, a time when these strange events began to move swiftly towards their terrible conclusion. The incidents of the next few days are indelibly graven upon my recollection, and I can tell them without reference to the notes made at the time. I start them from the day which succeeded that upon which I had established two facts of great importance, the one that Mrs. Laura Lyons of Coombe Tracey had written to Sir Charles Baskerville and made an appointment with him at the very place and hour that he met his death, the other that the lurking man upon the moor was to be found among the stone huts upon the hillside. With these two facts in my possession I felt that either my intelligence or my courage must be deficient if I could not throw some further light upon these dark places.

I had no opportunity to tell the baronet what I had learned about Mrs. Lyons upon the evening before, for Dr. Mortimer remained with him at cards until it was very late. At breakfast, however, I informed him about my discovery and asked him whether he would care to accompany me to Coombe Tracey. At first he was very eager to come, but on second thoughts it seemed to both of us that if I went alone the results might be better. The more formal we made the visit the less information we might obtain. I left Sir Henry behind, therefore, not without some prickings of conscience, and drove off upon my new quest.

When I reached Coombe Tracey I told Perkins to put up the horses, and I made inquiries for the lady whom I had come to interrogate. I had no difficulty in finding her rooms, which were central and well appointed. A maid showed me in without ceremony, and as I entered the sitting-room a lady, who was sitting before a Remington typewriter, sprang up with a pleasant smile of welcome. Her face fell, however, when she saw that I was a stranger, and she sat down again and asked me the object of my visit.

Elftes Kapitel.

Der Auszug aus meinem Tagebuch, den ich im letzten Kapitel mitgeteilt habe, reicht bis zum 18. Oktober. An diesem Tage begannen die seltsamen Ereignisse sich schnell zu ihrem entsetzlichen Ende zu entwickeln. Die Vorfälle der nächsten Tage haben sich unauslöschlich meinem Gedächtnis eingegraben, und ich brauche, um sie zu erzählen, nicht meine damaligen Aufzeichnungen zu Hilfe zu nehmen.

Ich hatte, wie bereits berichtet, am 17. Oktober zwei Thatsachen von großer Bedeutung festgestellt: erstens, daß Frau Laura Lyons in Coombe Tracey an Sir Charles Baskerville geschrieben und ihm ein Stelldichein gegeben hatte, und daß dieses Zusammentreffen genau an dem Ort und zu der Stunde seines jähen Todes hatte stattfinden sollen; zweitens, daß der Mann, der sich auf dem Moor versteckt hielt, in den Steinhäusern am Hügelabhang zu finden war. Da ich von diesen beiden Thatsachen Kenntnis hatte, so mußte ich unbedingt neues Licht in die noch dunklen Rätsel hineinbringen, falls nicht etwa meine Intelligenz oder mein Mut mich in Stich ließen — und das befürchtete ich nicht.

Ich hatte keine Gelegenheit gefunden, den Baronet noch im Laufe des Abends von den neuen Mitteilungen betreffs Frau Lyons in Kenntnis zu setzen, denn Doktor Mortimer blieb bis tief in die Nacht hinein mit ihm am Spieltische sitzen. Beim Frühstück jedoch teilte ich ihm meine Entdeckung mit und fragte ihn, ob er Lust hätte, mich nach Coombe Tracey zu begleiten. Zuerst war er Feuer und Flamme für diesen Plan; nach reiflicherem Ueberlegen jedoch schien es uns beiden, ich würde vielleicht mehr ausrichten, wenn ich allein ginge. Es war sehr leicht möglich, daß wir umso weniger erfuhren, je formvoller wir den Besuch machten. Ich ließ daher, wenngleich nicht ohne einige Gewissensbisse, Sir Henry allein zurück und machte mich auf meinen Weg.

In Coombe Tracey angekommen, befahl ich Perkins, die Pferde einzustellen, und erkundigte mich nach der Dame, der mein Besuch galt. Ich fand ohne Mühe ihre Wohnung, die mitten im Ort lag und gut eingerichtet war. Ein Dienstmädchen ließ mich ohne weitere Förmlichkeiten in das Wohnzimmer eintreten, und eine Dame, die vor einer Remington-Schreibmaschine saß, sprang auf und bewillkommnete mich mit einem freundlichen Lächeln. Dieser Ausdruck von Freundlichkeit verschwand indessen, als sie sah, daß ich ein Unbekannter war; sie setzte sich wieder hin und fragte mich nach dem Anlaß meines Besuches.

The first impression left by Mrs. Lyons was one of extreme beauty. Her eyes and hair were of the same rich hazel colour, and her cheeks, though considerably freckled, were flushed with the exquisite bloom of the brunette, the dainty pink which lurks at the heart of the sulphur rose. Admiration was, I repeat, the first impression. But the second was criticism. There was something subtly wrong with the face, some coarseness of expression, some hardness, perhaps, of eye, some looseness of lip which marred its perfect beauty. But these, of course, are afterthoughts. At the moment I was simply conscious that I was in the presence of a very handsome woman, and that she was asking me the reasons for my visit. I had not quite understood until that instant how delicate my mission was.

"I have the pleasure," said I, "of knowing your father."

It was a clumsy introduction, and the lady made me feel it. "There is nothing in common between my father and me," she said. "I owe him nothing, and his friends are not mine. If it were not for the late Sir Charles Baskerville and some other kind hearts I might have starved for all that my father cared."

"It was about the late Sir Charles Baskerville that I have come here to see you."

The freckles started out on the lady's face.

"What can I tell you about him?" she asked, and her fingers played nervously over the stops of her typewriter.

"You knew him, did you not?"

"I have already said that I owe a great deal to his kindness. If I am able to support myself it is largely due to the interest which he took in my unhappy situation."

"Did you correspond with him?"

Auf den ersten Blick machte Frau Lyons den Eindruck einer außerordentlichen Schönheit. Ihre Haare waren, wie die Augen, von dunkelbrauner Farbe, ihre Wangen waren zwar etwas sommersprossig, aber es lag auf ihnen der köstliche Flaum der Brünetten, jener zartrote Hauch, der sich im Herzen der gelben Rose birgt. Bewunderung war, ich wiederhole es, das erste Gefühl, das sie einflößte; dann aber kam sofort die Kritik. Es lag in ihrem Gesicht ein eigentümlicher, nicht anziehender Ausdruck, vielleicht eine gewisse Härte des Blickes, eine Schlaffheit der Lippen — genug, die Voll' kommenheit ihrer Schönheit wurde dadurch beeinträchtigt. Doch diese Gedanken machte ich mir natürlich erst hinterher. In jenem Augenblick hatte ich nur das Gefühl, mich einer sehr hübschen Frau gegenüber zu befinden, die mich fragte, warum ich sie besuchte. Diese Frage brachte mir so recht zum Bewußtsein, wie delikat meine Aufgabe war.

"Ich habe das Vergnügen," begann ich, "Ihren Herrn Vater zu kennen."

Dies war nun freilich eine recht linkische Eröffnung des Gespräches, und die Dame gab es mir denn auch sofort zu verstehen.

"Zwischen meinem Vater und mir," sagte sie, "bestehen keine Beziehungen. Ich bin ihm nichts schuldig, und seine Freunde sind nicht die meinigen. Ware nicht der verstorbene Sir Charles Baskerville gewesen, und hätte ich nicht noch einige andere gütige Herzen gefunden, so hätte ich hungern können — mein Vater hätte sich nicht darum gekümmert!"

"Der Anlaß meines Besuches bei Ihnen betrifft gerade den verstorbenen Sir Charles Baskerville."

Die Dame wurde rot, so daß die Sommersprossen auf ihren Wangen deutlich hervortraten.

"Was wünschen Sie von mir in betreff dieses Herrn zu hören?" fragte sie, und ihre Finger spielten nervös auf den Tasten der Schreibmaschine.

"Sie kannten ihn, nicht wahr?"

"Wie ich Ihnen bereits sagte, bin ich seiner Freundlichkeit großen Dank schuldig. Wenn ich imstande bin, mein Brot selber zu verdienen, so habe ich das in weitem Maße der Teilnahme zu verdanken, die ihm meine unglückliche Lage einflößte."

"Standen Sie mit ihm in brieflichem Berkehr?"

The lady looked quickly up with an angry gleam in her hazel eyes.

"What is the object of these questions?" she asked sharply.

"The object is to avoid a public scandal. It is better that I should ask them here than that the matter should pass outside our control."

She was silent and her face was still very pale. At last she looked up with something reckless and defiant in her manner.

"Well, I'll answer," she said. "What are your questions?"

"Did you correspond with Sir Charles?"

"I certainly wrote to him once or twice to acknowledge his delicacy and his generosity."

"Have you the dates of those letters?"

"No."

"Have you ever met him?"

"Yes, once or twice, when he came into Coombe Tracey. He was a very retiring man, and he preferred to do good by stealth."

"But if you saw him so seldom and wrote so seldom, how did he know enough about your affairs to be able to help you, as you say that he has done?"

She met my difficulty with the utmost readiness.

"There were several gentlemen who knew my sad history and united to help me. One was Mr. Stapleton, a neighbour and intimate friend of Sir Charles's. He was exceedingly kind, and it was through him that Sir Charles learned about my affairs."

I knew already that Sir Charles Baskerville had made Stapleton his almoner upon several occasions, so the lady's statement bore the impress of truth upon it.

Sie warf einen raschen Blick auf mich, und in ihren nußbraunen Augen lag ein ärgerlicher Schein.

"Was bezwecken Sie mit diesen Fragen?" rief sie dann scharf.

"Ich bezwecke damit einen öffentlichen Skandal zu vermeiden. Es ist besser, ich richte diese Frage hier an Sie als an einem anderen Ort, wo die Sache vielleicht eine Wendung nehmen möchte, gegen die wir nichts machen könnten."

Sie schwieg und ihr Gesicht war sehr blaß. Schließlich blickte sie auf, und in ihrer Haltung sprach sich ein gewisser leichtfertiger und herausfordernder Trotz aus.

"Gut, ich will antworten!" sagte sie. "Fragen Sie!"

"Standen Sie mit Sir Charles in Briefwechsel?"

"Gewiß; ich schrieb ihm ein- oder zweimal, um ihm für sein Zartgefühl und seinen Edelmut zu danken."

"Wissen Sie die Daten dieser Briefe?"

"Nein."

"Sind Sie jemals persönlich mit ihm zusammengetroffen?"

"Ia, ein- oder zweimal hier in Coombe Tracey. Er lebte sehr zurückgezogen, und wenn er Gutes that, so liebte er, daß es im Verborgenen geschah."

"Wer wenn Sie ihm so selten schrieben und ihn so selten sprachen, wie kommt es dann, daß er mit Ihren Angelegenheiten so gut Bescheid wußte, um Ihnen helfen zu können, wie er es doch that, nach dem, was Sie sagten?" ...

Auf diesen Einwurf war sie sofort mit einer Erklärung bei der Hand.

"Mehrere Herren kannten meine traurige Geschichte und thaten sich zusammen, um mir zu helfen. Einer von ihnen war Herr Stapleton, ein Nachbar und intimer Freund von Sir Charles. Er war außerordentlich freundlich und durch ihn wurde Sir Charles mit dem Stande meiner Angelegenheiten genauer bekannt."

Ich wußte bereits, daß Sir Charles Baskerville sich bei verschiedenen Gelegenheiten Stapletons als seines Almoseniers bedient hatte; die Angabe der Dame trug daher den Stempel der Wahrheit.

"Did you ever write to Sir Charles asking him to meet you?" I continued.

Mrs. Lyons flushed with anger again. "Really, sir, this is a very extraordinary question."

"I am sorry, madam, but I must repeat it."

"Then I answer, certainly not."

"Not on the very day of Sir Charles's death?"

The flush had faded in an instant, and a deathly face was before me. Her dry lips could not speak the "No" which I saw rather than heard.

"Surely your memory deceives you," said I. "I could even quote a passage of your letter. It ran 'Please, please, as you are a gentleman, burn this letter, and be at the gate by ten o'clock.'"

I thought that she had fainted, but she recovered herself by a supreme effort.

"Is there no such thing as a gentleman?" she gasped.

"You do Sir Charles an injustice. He did burn the letter. But sometimes a letter may be legible even when burned. You acknowledge now that you wrote it?"

"Yes, I did write it," she cried, pouring out her soul in a torrent of words. "I did write it. Why should I deny it? I have no reason to be ashamed of it. I wished him to help me. I believed that if I had an interview I could gain his help, so I asked him to meet me."

"But why at such an hour?"

"Because I had only just learned that he was going to London next day and might be away for months. There were reasons why I could not get there earlier."

"But why a rendezvous in the garden instead of a visit to the house?"

"Do you think a woman could go alone at that hour to a bachelor's house?"

"Schrieben Sie jemals an Sir Charles, um ihn um eine Begegnung zu bitten?" fuhr ich fort.

Frau Lyons wurde abermals rot vor Aerger.

"In der That, mein Herr, das ist eine höchst eigentümliche Frage!"

"Es thut mir leid, gnädige Frau, aber ich muß sie wiederholen."

"Dann antworte ich Ihnen: nein! ich schrieb ganz gewiß nicht!"

"Auch nicht an eben jenem Tage, als Sir Charles starb?"

Die Röte war augenblicklich verflogen und ein totenbleiches Antlitz starrte mich an. Ihre trockenen Lippen vermochten kaum das ‚Nein' hervorzubringen, das ich mehr sah als hörte.

"Ihr Gedächtnis täuscht Sie ganz gewiß!" sagte ich. "Ich könnte Ihnen sogar eine Stelle Ihres Briefes wortgetreu Hersagen. Sie lautete: ‚Bitte, bitte, da Sie ein Gentleman sind, so verbrennen Sie diesen Brief und seien Sie um zehn Uhr an der Pforte!'

Ich glaubte, sie fiele in Ohnmacht, aber sie hielt sich mit höchster Anspannung ihrer Willenskraft aufrecht, doch stöhnte sie:

"So giebt es also keinen Gentleman?!"

"Sie sind ungerecht gegen Sir Charles. Er verbrannte wirklich den Brief. Aber ein Brief kann zuweilen noch leserlich sein, selbst wenn er verbrannt ist. Sie erkennen jetzt also an, daß Sie ihn geschrieben?"

"Ja, ich schrieb ihn!" rief sie, und die ganze Erregung ihrer Seele brach sich in einem Strom von Worten Bahn. "Ich schrieb ihn. Warum sollte ich das leugnen? Ich habe keinen Grund, mich deswegen zu schämen. Ich wünschte von ihm Hilfe zu erhalten. Ich glaube, wenn ich ein Zusammentreffen erlangte, so wäre mir seine Hilfe sicher, und deshalb bat ich ihn um das Stelldichein."

"Aber warum zu solch einer Stunde?"

"Weil ich gerade erst erfahren hatte, daß er am nächsten Tage nach London reiste und vielleicht monatelang abwesend fein würde. Aus verschiedenen Gründen konnte ich mich nicht früher einfinden."

"Aber warum ein Stelldichein im Garten statt eines einfachen Besuches im Hause?"

"Sind Sie der Meinung, eine Frau könnte zu solcher Stunde allein in die Wohnung eines unverheirateten Herrn gehen?"

"Well, what happened when you did get there?"

"I never went."

"Mrs. Lyons!"

"No, I swear it to you on all I hold sacred. I never went. Something intervened to prevent my going."

"What was that?"

"That is a private matter. I cannot tell it."

"You acknowledge then that you made an appointment with Sir Charles at the very hour and place at which he met his death, but you deny that you kept the appointment."

"That is the truth."

Again and again I cross-questioned her, but I could never get past that point.

"Mrs. Lyons," said I as I rose from this long and inconclusive interview, "you are taking a very great responsibility and putting yourself in a very false position by not making an absolutely clean breast of all that you know. If I have to call in the aid of the police you will find how seriously you are compromised. If your position is innocent, why did you in the first instance deny having written to Sir Charles upon that date?"

"Because I feared that some false conclusion might be drawn from it and that I might find myself involved in a scandal."

"And why were you so pressing that Sir Charles should destroy your letter?"

"If you have read the letter you will know."

"I did not say that I had read all the letter."

"You quoted some of it."

"Nun, was passierte denn weiter, als Sie an der Pforte ankamen?"

"Ich bin gar nicht hingegangen."

"Frau Lyons!"

"Nein. Ich schwöre es Ihnen bei allem, was mir heilig ist. Ich ging nicht. Es kam etwas dazwischen, was mich davon abhielt."

"Und was war das?"

"Das ist eine Privatangelegenheit. Ich kann es Ihnen nicht sagen."

"Sie geben also zu, daß Sie mit Sir Charles am Tage seines Todes eine Verabredung hatten und sogar für die Stunde und den Ort, wo er starb, Sie leugnen aber, diese Verabredung eingehalten zu haben?"

"So ist es!"

Immer und immer wieder fragte ich sie aus wie in einem Kreuzverhör, aber über diesen Punkt gelang es mir nicht hinwegzukommen. Schließlich stand ich auf, um dem langen und ergebnislosen Gespräch ein Ende zu machen.

"Frau Lyons," sagte ich, als ich mich erhob, "Sie laden eine sehr große Verantwortlichkeit auf sich und bringen sich selber in eine ganz schiefe Lage, indem Sie nicht frei heraus alles sagen, was Sie wissen. Wenn ich die Hilfe der Polizei anrufen muß, so werden Sie finden, wie ernstlich Sie sich bloßgestellt haben. Sind Sie vollkommen unschuldig, warum leugneten Sie denn im ersten Augenblick, daß Sie an jenem Tage an Sir Charles geschrieben hatten?"

"Weil ich fürchtete, es könnten falsche Schluß» folgerungen daraus gezogen werden, durch welche ich mich möglicherweise in einen Skandal verwickelt gesehen hätte!"

"Und warum drangen Sie so sehr darauf, daß Sir Charles Ihren Brief vernichten sollte?"

"Wenn Sie den Brief gelesen haben, so werden Sie das ja selber wissen!"

"Ich habe nicht behauptet, daß ich den ganzen Brief gelesen hätte."

"Sie zitierten doch etwas daraus."

"I quoted the postscript. The letter had, as I said, been burned and it was not all legible. I ask you once again why it was that you were so pressing that Sir Charles should destroy this letter which he received on the day of his death."

"The matter is a very private one."

"The more reason why you should avoid a public investigation."

"I will tell you, then. If you have heard anything of my unhappy history you will know that I made a rash marriage and had reason to regret it."

"I have heard so much."

"My life has been one incessant persecution from a husband whom I abhor. The law is upon his side, and every day I am faced by the possibility that he may force me to live with him. At the time that I wrote this letter to Sir Charles I had learned that there was a prospect of my regaining my freedom if certain expenses could be met. It meant everything to me—peace of mind, happiness, self-respect—everything. I knew Sir Charles's generosity, and I thought that if he heard the story from my own lips he would help me."

"Then how is it that you did not go?"

"Because I received help in the interval from another source."

"Why then, did you not write to Sir Charles and explain this?"

"So I should have done had I not seen his death in the paper next morning."

The woman's story hung coherently together, and all my questions were unable to shake it. I could only check it by finding if she had, indeed, instituted divorce proceedings against her husband at or about the time of the tragedy.

"Ja, die Nachschrift. Der Brief war, wie ich bereits sagte, verbrannt worden, und es war nicht mehr alles leserlich. Ich frage noch einmal, warum Sie Sir Charles so dringend baten, diesen Brief zu vernichten, den er an seinem Todestage empfing."

"Die Angelegenheit ist rein persönlich."

"Umsomehr sollten Sie bemüht sein, eine öffentliche Untersuchung fernzuhalten!"

"Nun, so will ich's Ihnen denn sagen! Wenn Sie einiges von meiner unglücklichen Geschichte gehört haben, so werden Sie wissen, daß ich mich in unbesonnener Weise verheiratete, und daß ich Ursache hatte, diesen Schritt zu bereuen."

"Ich habe davon gehört."

"Seit jenem Augenblick wurde ich unaufhörlich von meinem Manne verfolgt, den ich verabscheue. Das Gesetz steht auf seiner Seite, und jeden Tag sehe ich mich der Möglichkeit gegenübergestellt, daß er mich zwingt, wieder mit ihm zusammenzuleben. Damals, als ich Sir Charles jenen Brief schrieb, hatte ich erfahren, es wäre für mich Aussicht vorhanden, meine Freiheit wiederzuerlangen, wenn ich über eine gewisse Summe Geldes verfügen könnte. Für mich hing alles davon ab: Seelenruhe, Glück, Selbstachtung — mit einem Wort: alles! Ich kannte Sir Charles' Freigiebigkeit, und ich dachte, wenn er die Geschichte aus meinem eigenen Munde hörte, so würde er mir ganz gewiß Helfen."

"Wie kommt es dann aber, daß Sie nicht hingingen?"

"Weil mir in der Zwischenzeit von anderer Seite her Hilfe kam."

"Aber warum schrieben Sie dies nicht an Sir Charles?"

"Ich hätte das gethan, wenn ich nicht am anderen Morgen seinen Tod in der Zeitung gelesen hätte."

Die Geschichte der Frau war in sich zusammenhängend, und mit all meinen Fragen gelang es mir nicht, ihre Angaben zum Wanken zu bringen. Ich konnte nichts weiter thun, als Nachforschungen anzustellen, ob sie wirklich zur Zeit, wo die Tragödie von Baskerville Hall sich abgespielt hatte, Schritte gethan, um sich von ihrem Gatten scheiden zu lassen.

It was unlikely that she would dare to say that she had not been to Baskerville Hall if she really had been, for a trap would be necessary to take her there, and could not have returned to Coombe Tracey until the early hours of the morning. Such an excursion could not be kept secret. The probability was, therefore, that she was telling the truth, or, at least, a part of the truth. I came away baffled and disheartened. Once again I had reached that dead wall which seemed to be built across every path by which I tried to get at the object of my mission. And yet the more I thought of the lady's face and of her manner the more I felt that something was being held back from me. Why should she turn so pale? Why should she fight against every admission until it was forced from her? Why should she have been so reticent at the time of the tragedy? Surely the explanation of all this could not be as innocent as she would have me believe. For the moment I could proceed no farther in that direction, but must turn back to that other clue which was to be sought for among the stone huts upon the moor.

And that was a most vague direction. I realized it as I drove back and noted how hill after hill showed traces of the ancient people. Barrymore's only indication had been that the stranger lived in one of these abandoned huts, and many hundreds of them are scattered throughout the length and breadth of the moor. But I had my own experience for a guide since it had shown me the man himself standing upon the summit of the Black Tor. That, then, should be the centre of my search. From there I should explore every hut upon the moor until I lighted upon the right one. If this man were inside it I should find out from his own lips, at the point of my revolver if necessary, who he was and why he had dogged us so long. He might slip away from us in the crowd of Regent Street, but it would puzzle him to do so upon the lonely moor. On the other hand, if I should find the hut and its tenant should not be within it I must remain there, however long the vigil, until he returned. Holmes had missed him in London. It would indeed be a triumph for me if I could run him to earth where my master had failed.

Es war nicht anzunehmen, daß sie geleugnet hätte, in der Taxusallee von Baskerville Hall gewesen zu sein, wenn sie in Wirklichkeit dort gewesen wäre, denn, um dorthin zu gelangen, hätte sie sich unbedingt eines Wagens bedienen müssen, und dieser hätte nicht vor den frühen Morgenstunden wieder in Coombe Tracey anlangen können. Eine solche Ausfahrt ließ sich nicht geheim halten. Es war also anzunehmen, daß sie in dieser Hinsicht die Wahrheit sagte — oder wenigstens einen Teil der Wahrheit. Ich fühlte mich gefoppt und fuhr niedergeschlagen von Coombe Tracey ab. Abermals stand ich vor jener unübersteiglichen Mauer, die anscheinend auf jedem Wege sich erhob, den ich einschlug, um zu meinem Ziel zu gelangen. Und doch, je mehr ich an das Mienenspiel und das Benehmen der Dame dachte, desto stärker wurde der Eindruck, daß sie mir irgend etwas verheimlichte.

Warum war sie so bleich geworden? Warum mußte ihr jedes Zugeständnis sozusagen abgekämpft werden? Warum war sie in jenen Tagen, als die Tragödie die ganze Gegend in Aufruhr versetzt hatte, so schweigsam gewesen? Ganz gewiß ließ dies alles sich nicht auf eine so unschuldige Art erklären, wie sie mich glauben machen wollte! Für den Augenblick konnte ich indessen keine weiteren Schritte in jener Richtung thun, sondern mußte mich zu der anderen Spur wenden, die.in den Steinhütten auf dem Moor zu suchen war.

Und das war eine von sehr ungewisser ArtI Es kam mir so recht zum Bewußtsein, als ich auf der Rückfahrt bemerkte, wie Hügel um Hügel die Spuren des Heidenvolkes zeigte. Barrymore hatte nichts weiter sagen können, als daß der Fremde in einer von den verlassenen Hütten hauste, und nun sah ich, daß diese zu Hunderten überall und überall übers Moor zerstreut waren. Immerhin hatte ich mein eigenes nächtliches Erlebnis als Ausgangspunkt, denn ich hatte mit meinen Augen den Mann selber auf dem Gipfel des ‚Black Tor' stehen sehen. Von diesem Punkt aus mußte ich also meine Nachforschungen beginnen. Ich konnte nichts anderes thun, als von diesem Mittelpunkt aus jede Hütte auf dem Moor zu untersuchen, bis ich die richtige traf. War dieser Mann in der Hütte, so mußte er mir selber gestehen — wenn nötig, vor der Mündung meines Revolvers — wer er war und warum er uns so lange nachgespürt hatte. Im Gedränge der Regent Street konnte er uns wohl entschlüpfen, aber hier auf dem einsamen Moor sollte ihm das doch schwer werden! Sollte ich dagegen die Hütte finden, ihr Bewohner aber nicht anwesend sein — nun so mußte ich dort warten, bis er zurückkehrte, mochte meine Wache auch noch so lange dauern. HolmeZ hatte ihn in London entwischen lassen. Es wäre in der That ein Triumph für mich gewesen, hätte ich den Mann dingfest gemacht, den mein Meister nicht hatte halten können!

Luck had been against us again and again in this inquiry, but now at last it came to my aid. And the messenger of good fortune was none other than Mr. Frankland, who was standing, gray-whiskered and red-faced, outside the gate of his garden, which opened on to the highroad along which I travelled.

"Good-day, Dr. Watson," cried he with unwonted good humour, "you must really give your horses a rest and come in to have a glass of wine and to congratulate me."

My feelings towards him were very far from being friendly after what I had heard of his treatment of his daughter, but I was anxious to send Perkins and the wagonette home, and the opportunity was a good one. I alighted and sent a message to Sir Henry that I should walk over in time for dinner. Then I followed Frankland into his dining-room.

"It is a great day for me, sir—one of the red-letter days of my life," he cried with many chuckles. "I have brought off a double event. I mean to teach them in these parts that law is law, and that there is a man here who does not fear to invoke it. I have established a right of way through the centre of old Middleton's park, slap across it, sir, within a hundred yards of his own front door. What do you think of that? We'll teach these magnates that they cannot ride roughshod over the rights of the commoners, confound them! And I've closed the wood where the Fernworthy folk used to picnic. These infernal people seem to think that there are no rights of property, and that they can swarm where they like with their papers and their bottles. Both cases decided, Dr. Watson, and both in my favour. I haven't had such a day since I had Sir John Morland for trespass because he shot in his own warren."

"How on earth did you do that?"

"Look it up in the books, sir. It will repay reading—Frankland v. Morland, Court of Queen's Bench. It cost me 200 pounds, but I got my verdict."

"Did it do you any good?"

Während all unserer Bemühungen war das Glück immer und immer wieder uns feindlich gewesen — nun auf einmal kam es uns zu Hilfe. Und der Glücksbringer war niemand anderes als der alte Frankland, der mit seinem grauen Backenbart und roten Gesicht vor seiner Gartenpforte auf dem Wege stand, den ich entlang fuhr.

"Guten Tag, Doktor Watson!" rief er mit ungewohntem guten Humor. "Sie müssen wirklich Ihre Pferde ein bißchen ausruhen lassen und mit mir hereinkommen, um ein Glas Wein mit mir zu trinken und mir zu gratulieren."

Ich empfand durchaus keine freundschaftlichen Gefühle für den Mann, der nach allem, was man mir erzählt, seine Tochter so schlecht behandelt hatte, aber mir lag viel daran, Perkins mit dem Fuhrwerk nach Hause zu schicken, und diese Gelegenheit war günstig. Ich stieg also aus und sagte dem Kutscher, er möchte Sir Henry bestellen, daß ich zur Essenszeit zu Hause sein würde. Dann folgte ich Frankland in sein Speisezimmer.

"Heut ist ein großer Tag für mich, Herr Doktor — einer von den wenigen Tagen in meinem Leben, die ich rot anstreichen kann!" rief er, unaufhörlich kichernd. "Ich habe einen Doppelsieg! Ja, ich will den Leuten hier beibringen, daß das Gesetz Gesetz ist, und daß es hier einen Mann giebt, der sich nicht fürchtet, es anzurufen! Ich habe ein Wegerecht mitten durch des alten Middletons Park nachgewiesen, mitten durch, Herr Doktor, keine hundert Ellen von seiner Hausthür. Was sagen Sie dazu? Wir wollen diesen Magnaten zeigen, daß sie nicht so mir nichts dir nichts sich über die Rechte von uns Bürgerlichen hinwegsetzen können, hol' sie der Henker! Dann habe ich den Wald gesperrt, wo die Fernworthyer immer Picknicks hielten. Diese Höllenbrut scheint zu glauben, es gebe keine Eigentumsrechte und sie können nach freiem Belieben überall herumschwärmen mit ihren Flaschen und mi< ihrem Butterbrotpapier. Beide Prozesse sind entschieden, Doktor Watson, und beide zu meinen Gunsten. Solch einen Tag habe ich nicht gehabt, seitdem ich Sir John Morland verurteilen ließ, weil er in feiner eigenen Fasanerie geschossen hatte."

"Wie in aller Welt brachten Sie denn das fertig?"

"Lesen Sie's nur in den Büchern nach, Doktor! Es lohnt sich der Mühe! Frankland gegen Morland, Gerichtshof: Queens Bench. Es kostet mich 200 Pfund, aber ich fetzte mein Urteil durch!"

"Hatten Sie irgend einen Vorteil dabei?"

"None, sir, none. I am proud to say that I had no interest in the matter. I act entirely from a sense of public duty. I have no doubt, for example, that the Fernworthy people will burn me in effigy tonight. I told the police last time they did it that they should stop these disgraceful exhibitions. The County Constabulary is in a scandalous state, sir, and it has not afforded me the protection to which I am entitled. The case of Frankland v. Regina will bring the matter before the attention of the public. I told them that they would have occasion to regret their treatment of me, and already my words have come true."

"How so?" I asked.

The old man put on a very knowing expression. "Because I could tell them what they are dying to know; but nothing would induce me to help the rascals in any way."

I had been casting round for some excuse by which I could get away from his gossip, but now I began to wish to hear more of it. I had seen enough of the contrary nature of the old sinner to understand that any strong sign of interest would be the surest way to stop his confidences.

"Some poaching case, no doubt?" said I with an indifferent manner.

"Ha, ha, my boy, a very much more important matter than that! What about the convict on the moor?"

I stared. "You don't mean that you know where he is?" said I.

"I may not know exactly where he is, but I am quite sure that I could help the police to lay their hands on him. Has it never struck you that the way to catch that man was to find out where he got his food and so trace it to him?"

He certainly seemed to be getting uncomfortably near the truth. "No doubt," said I; "but how do you know that he is anywhere upon the moor?"

"Keinen, Herr Doktor, gar keinen! Ich sage es voll Stolz, ich hatte gar kein Interesse an der Sache. Ich handle durchaus nur aus Pflichtgefühl zum allgemeinen Besten. Ich zweifle zum Beispiel nicht, daß die Leute von Fernworthy mich heute abend in sttigie verbrennen werden. Als sie's das letztemal thaten, sagte ich der Polizei, sie müßte derartige anstößige Auftritte verhindern. Die Grafschaftspolizei ist in einem skandalösen Zustande, Herr Doktor, und hat mir nicht den Schutz gewährt, auf den ich Anspruch habe. Der Prozeß Frankland gegen Reginam wird die Sache vor die Öffentlichkeit bringen. Ich sagte ihnen, es würde ihnen schon noch mal leid thun, mich so behandelt zu haben, und meine Worte haben sich denn auch bereits bewahrheitet!" "Wieso?"

Der alte Mann machte ein sehr geheimnisvolles Gesicht und flüsterte:

"Weil ich ihnen was sagen könnte, wonach sie sich die Beine abgelaufen haben; aber nichts soll mich dazu bringen, diesen Schuften in irgend einer Weise beizustehen."

Ich hatte bereits nach einem Vorwand gesucht, um mich seinem Geschwätz zu entziehen; die letzten Worte erregten jedoch in mir den Wunsch, mehr zu hören. Ich hatte von dem Widerspruchsgeist des alten Sünders genug gesehen, um nicht zu begreifen, daß er seine Herzensergüsse sofort einstellen würde, wenn ich mich irgendwie neugierig zeigte. Ich sagte daher mit möglichst gleichgültiger Miene:

"Jedenfalls handelt fich's um irgend 'ne Wilddieberei."

"Haha, mein Junge! Nein, um etwas viel, viel Wichtigeres! Was meinen Sie wohl? Es betrifft de n Sträfling auf dem Moor!"

Ich fuhr in die Höhe und rief:

"Sie wollen doch nicht etwa sagen, daß Sie wissen, wo der Mann ist?"

"Ich weiß vielleicht nicht ganz genau, wo er ist, aber ich bin vollkommen sicher, daß ich der Polizei helfen könnte, ihn festzunehmen! Ist es Ihnen niemals eingefallen, daß es kein besseres Mittel giebt, den Mann zu fangen, als indem man ausfindig macht, von wem er seine Nahrungsmittel erhält? Man braucht nur die Spur zu verfolgen und man hat ihn!"

Der alte Herr schien in der That in sehr unbequemer Weise dicht bei der Wahrheit zu sein.

"Ohne Zweifel haben Sie recht," antwortete ich, "aber wie wissen Sie überhaupt, daß er irgendwo auf dem Moor ist?"

"I know it because I have seen with my own eyes the messenger who takes him his food."

My heart sank for Barrymore. It was a serious thing to be in the power of this spiteful old busybody. But his next remark took a weight from my mind.

"You'll be surprised to hear that his food is taken to him by a child. I see him every day through my telescope upon the roof. He passes along the same path at the same hour, and to whom should he be going except to the convict?"

Here was luck indeed! And yet I suppressed all appearance of interest. A child! Barrymore had said that our unknown was supplied by a boy. It was on his track, and not upon the convict's, that Frankland had stumbled. If I could get his knowledge it might save me a long and weary hunt. But incredulity and indifference were evidently my strongest cards.

"I should say that it was much more likely that it was the son of one of the moorland shepherds taking out his father's dinner."

The least appearance of opposition struck fire out of the old autocrat. His eyes looked malignantly at me, and his gray whiskers bristled like those of an angry cat.

"Indeed, sir!" said he, pointing out over the wide-stretching moor. "Do you see that Black Tor over yonder? Well, do you see the low hill beyond with the thornbush upon it? It is the stoniest part of the whole moor. Is that a place where a shepherd would be likely to take his station? Your suggestion, sir, is a most absurd one."

I meekly answered that I had spoken without knowing all the facts. My submission pleased him and led him to further confidences.

"You may be sure, sir, that I have very good grounds before I come to an opinion. I have seen the boy again and again with his bundle. Every day, and sometimes twice a day, I have been able—but wait a moment, Dr. Watson. Do my eyes deceive me, or is there at the present moment something moving upon that hillside?"

"Das weiß ich, weil ich mit eigenen Augen den Boten gesehen habe, der ihm sein Essen bringt."

Ich bekam Angst um Barrymore. Es war keine Kleinigkeit, in der Gewalt dieses boshaften alten Krakehlers zu sein. Aber als er weiter sprach, fiel mir ein Stein vom Herzen.

"Es wird Sie überraschen, wenn ich Ihnen sage, daß sein Essen ihm von einem Knaben gebracht wird. Ich sehe ihn jeden Tag durch mein Fernrohr, das oben auf meinem Dache steht. Er geht immer um dieselbe Stunde denselben Weg entlang, und zu wem sollte er gehen, als zu dem Sträfling?"

Das war allerdings wirklich Glück! Doch trotz meiner inneren Freude unterdrückte ich jedes Anzeichen von Neugier. Ein Knabe! Barrymore hatte gesagt, unser Unbekannter würde von einem Knaben bedient. Auf dessen Spur und nicht auf die des Sträflings war Frankland geraten! Wenn ich ihn dazu bringen konnte, mir alles zu sagen, was er wußte, so ersparte mir das vielleicht eine lange und mühsame Jagd. Aber das beste Mittel, um diesen Zweck zu erreichen, waren offenbar zur Schau getragene Ungläubigkeit und Gleichgültigkeit.

"Meiner Meinung nach dürfte es wahrscheinlicher sein, daß der Junge der Sohn irgend eines Moorschäfers ist und seinem Vater das Mittagessen bringt."

Bei dem geringsten Widerspruch sprühte der alte Autokrat sofort Feuer und Flammen. Er sah mich mit einem giftigen Blick an und seine grauen Barthaare sträubten sich wie die eines wütenden Katers.

"Was Sie nicht sagen!" rief er, und damit streckte er den Finger in der Richtung nach dem Moor aus. "Sehen Sie dahinten den Black Tor? Sehen Sie darunter den niedrigen Hügel mit dem Dornbusch drauf? Es ist der steinigste Teil des ganzen Moores. Würde wohl ein Schäfer da sein Standquartier aufschlagen? Ihre Meinung, Herr, ist im höchsten Grade abgeschmackt!"

Ich antwortete ganz kleinlaut, ich hätte gesprochen, ohne alle diese Thatsachen zu kennen. Meine Unterwürfigkeit gefiel ihm und veranlaßte ihn zu weiteren vertraulichen Mitteilungen.

"Verlassen Sie sich darauf, Doktor, ich habe meine guten Gründe, bevor ich mir eine Meinung bilde. Ich sah den Jungen wieder und immer wieder mit seinem Bündel. Jeden Tag und oft sogar zweimal täglich konnte ich — aber warten Sie doch 'mal, Doktor Watson! Täuschen meine Augen mich oder bewegt sich gerade in diesem Augenblick etwas den Hügel hinauf?"

It was several miles off, but I could distinctly see a small dark dot against the dull green and gray.

"Come, sir, come!" cried Frankland, rushing upstairs. "You will see with your own eyes and judge for yourself."

The telescope, a formidable instrument mounted upon a tripod, stood upon the flat leads of the house. Frankland clapped his eye to it and gave a cry of satisfaction.

"Quick, Dr. Watson, quick, before he passes over the hill!"

There he was, sure enough, a small urchin with a little bundle upon his shoulder, toiling slowly up the hill. When he reached the crest I saw the ragged uncouth figure outlined for an instant against the cold blue sky. He looked round him with a furtive and stealthy air, as one who dreads pursuit. Then he vanished over the hill.

"Well! Am I right?"

"Certainly, there is a boy who seems to have some secret errand."

"And what the errand is even a county constable could guess. But not one word shall they have from me, and I bind you to secrecy also, Dr. Watson. Not a word! You understand!"

"Just as you wish."

"They have treated me shamefully—shamefully. When the facts come out in Frankland v. Regina I venture to think that a thrill of indignation will run through the country. Nothing would induce me to help the police in any way. For all they cared it might have been me, instead of my effigy, which these rascals burned at the stake. Surely you are not going! You will help me to empty the decanter in honour of this great occasion!"

Die Entfernung betrug mehrere Meilen, aber ich konnte ganz deutlich auf dem dunkelgrauen und grünen Grunde einen schwarzen Fleck sich abheben sehen.

"Kommen Sie, kommen Sie!" rief Frankland und rannte dabei die Treppe hinauf. "Sie sollen mit Ihren eigenen Augen sehen und selber urteilen."

Das Fernrohr, ein riesiges Instrument auf einem dreibeinigen Gestell, stand auf dem flachen Dache des Hauses. Frankland legte das Auge an das Glas und stieß einen Schrei der Genugthuung aus.

"Schnell, Doktor Watson, schnell! Sonst verschwindet er über dem Hügelgipfel!"

Richtig, da ging ein Junge mit einem kleinen Bündel auf der Schulter. Er stieg langsam den Hügel hinauf, und als er oben war, sah ich einen Augenblick lang die zerlumpte Gestalt sich gegen den kalten blauen Himmel abheben. Er sah sich mit scheuem Wesen um, wie einer, der verfolgt zu werden fürchtet. Dann verschwand er jenseits des Hügels.

"Na, Hab' ich recht?"

"Jedenfalls ging da ein Iunge, der irgend eine geheime Besorgung zu machen scheint."

"Und was das für eine Besorgung ist, das könnte sogar ein Grafschaftspolizist erraten! Aber kein Wort sollen sie von mir darüber erfahren, und ich verlange auch von Ihnen Verschwiegenheit, Doktor Watson. Kein Wort! Verstehen Sie?"

"Ganz, wie Sie wünschen."

"Sie haben mich schändlich behandelt — schändlich! Wenn im Prozeß Frankland gegen Reginam die Thatsachen ans Licht kommen, so wird — das darf ich wohl annehmen — ein Schrei der Entrüstung durchs Land gehen! Nichts könnte mich dazu bringen, der Polizei in irgend einer Weise beizustehen. Die hätte ja ruhig mit zugesehen, wenn ich selber anstatt meines Abbildes von den Schurken da auf dem Scheiterhaufen verbrannt worden wäre . . . Aber Sie gehen doch nicht schon? Sie werden mir doch noch helfen, zu Ehren dieses großen Anlasses die Karaffe zu leeren?"

But I resisted all his solicitations and succeeded in dissuading him from his announced intention of walking home with me. I kept the road as long as his eye was on me, and then I struck off across the moor and made for the stony hill over which the boy had disappeared. Everything was working in my favour, and I swore that it should not be through lack of energy or perseverance that I should miss the chance which fortune had thrown in my way.

The sun was already sinking when I reached the summit of the hill, and the long slopes beneath me were all golden-green on one side and gray shadow on the other. A haze lay low upon the farthest sky-line, out of which jutted the fantastic shapes of Belliver and Vixen Tor. Over the wide expanse there was no sound and no movement. One great gray bird, a gull or curlew, soared aloft in the blue heaven. He and I seemed to be the only living things between the huge arch of the sky and the desert beneath it. The barren scene, the sense of loneliness, and the mystery and urgency of my task all struck a chill into my heart. The boy was nowhere to be seen. But down beneath me in a cleft of the hills there was a circle of the old stone huts, and in the middle of them there was one which retained sufficient roof to act as a screen against the weather. My heart leaped within me as I saw it. This must be the burrow where the stranger lurked. At last my foot was on the threshold of his hiding place—his secret was within my grasp.

As I approached the hut, walking as warily as Stapleton would do when with poised net he drew near the settled butterfly, I satisfied myself that the place had indeed been used as a habitation. A vague pathway among the boulders led to the dilapidated opening which served as a door. All was silent within. The unknown might be lurking there, or he might be prowling on the moor. My nerves tingled with the sense of adventure. Throwing aside my cigarette, I closed my hand upon the butt of my revolver and, walking swiftly up to the door, I looked in. The place was empty.

Aber ich blieb allen Einladungen gegenüber standhaft und schließlich gelang es mir auch, ihn von seiner Absicht abzubringen mich nach Baskerville Hall zu begleiten. So lange er mir noch mit dem Auge folgen konnte, blieb ich auf der Straße; dann aber bog ich vom Wege ab in das Moorland hinein und schritt auf den Felsenhügel zu, auf dessen Kuppe der Iunge verschwunden war. Alle Umstände hatten sich zu meinen Gunsten gewandt, und ich schwor mir selber zu, wenn der glückliche Zufall mir keinen Erfolg brächte, so sollte dies jedenfalls nicht an Mangel an Thatkraft oder Ausdauer von meiner Seite liegen.

Die Sonne näherte sich bereits dem Horizont, als ich den Gipfel des Hügels erreichte, und die langgestreckten Schluchten zu meinen Füßen glänzten auf der einen Seite in goldigem Grün und waren auf der anderen in graue Schatten gehüllt.

Aus dem Nebelstreifen, der in der Ferne den Horizont verbarg, ragten die phantastisch geformten Umrisse des Belliver und des Viren Tor hervor. Auf der ganzen weiten Fläche kein Laut, keine Bewegung! Ein großer grauer Vogel, eine Möwe oder ein Brachvogel, schwebte hoch über mir in der blauen Luft. Er und ich schienen die einzigen lebenden Wesen zwischen dem Riesengewölbe des Himmels und der weiten Wüste zu sein. Die traurige Landschaft, das Gefühl der Einsamkeit, das Geheimnisvolle und Dringliche meiner Aufgabe — dies alles ergriff mein Herz mit einem kalten Schauer. Der Junge war nirgends zu sehen. Aber tief unter mir in einer Schlucht war ein Kreis der alten Steinhütten, und in ihrer Mitte bemerkte ich eine, die noch hinreichend gut erhalten war, um gegen die Unbilden des Wetters Schutz bieten zu können. Das Herz klopfte mir, als ich sie sah. Dies mußte der Versteck sein, worin der Fremde hauste. Endlich berührte mein Fuß die Schwelle seiner Zufluchtsstätte — sein Geheimnis lag greifbar vor mir.

Vorsichtig näherte ich mich der Hütte — ich mußte an Stapleton denken, wenn er mit seinem Netz sich an den Schmetterling heranschlich, der sich auf eine Pflanze niedergelassen — und ich bemerkte mit Befriedigung, daß die Stätte wirklich als Wohnung benutzt worden war. Ein kaum erkennbarer Fußweg führte zwischen den Granitblöcken hindurch zu dem verfallenen Eingang der Hütte. Drinnen war alles still. Vielleicht hielt der Unbekannte sich dort versteckt, vielleicht aber streifte er auf dem Moor umher. Die Erregung der Abenteuerlust hielt meine Nerven auf das höchste gespannt. Ich warf meine Cigarette weg, umspannte mit der Faust den Kolben des Revolvers und ging schnellen Schrittes auf die Thür zu. Ich sah hinein. Der Raum war leer.

But there were ample signs that I had not come upon a false scent. This was certainly where the man lived. Some blankets rolled in a waterproof lay upon that very stone slab upon which Neolithic man had once slumbered. The ashes of a fire were heaped in a rude grate. Beside it lay some cooking utensils and a bucket half-full of water. A litter of empty tins showed that the place had been occupied for some time, and I saw, as my eyes became accustomed to the checkered light, a pannikin and a half-full bottle of spirits standing in the corner.

In the middle of the hut a flat stone served the purpose of a table, and upon this stood a small cloth bundle—the same, no doubt, which I had seen through the telescope upon the shoulder of the boy. It contained a loaf of bread, a tinned tongue, and two tins of preserved peaches. As I set it down again, after having examined it, my heart leaped to see that beneath it there lay a sheet of paper with writing upon it. I raised it, and this was what I read, roughly scrawled in pencil:

"Dr. Watson has gone to Coombe Tracey." For a minute I stood there with the paper in my hands thinking out the meaning of this curt message. It was I, then, and not Sir Henry, who was being dogged by this secret man. He had not followed me himself, but he had set an agent—the boy, perhaps—upon my track, and this was his report. Possibly I had taken no step since I had been upon the moor which had not been observed and reported.

Always there was this feeling of an unseen force, a fine net drawn round us with infinite skill and delicacy, holding us so lightly that it was only at some supreme moment that one realized that one was indeed entangled in its meshes.

Aber es waren Anzeichen in Hülle und Fülle vorhanden, die dafür sprachen, daß ich auf keiner falschen Fährte war. Ganz bestimmt mußte der Mann hier wohnen. In einen wasserdichten Regenmantel eingewickelt lagen mehrere Wolldecken auf der Steinplatte, die schon den Heiden der Vorzeit als Schlummerstätte gedient hatte. Auf einem primitiven Feuerroste lag ein Haufen Asche. Daneben bemerkte ich einige Küchengeräte und einen halbvollen Wassereimer. Eine Anzahl aufeinander geworfener leerer Zinnbüchsen bewiesen mir, daß die Hütte schon seit einiger Zeit bewohnt sein müsse, und als meine Augen sich erst an das Halbdunkel gewöhnt hatten, sah ich in der Ecke eine Pfanne und eine angebrochene Flasche Branntwein.

Mitten im Raume lag ein flacher Stein, der als Tisch diente, und auf diesem lag, in ein Tuch eingewickelt, ein kleines Bündel — ohne Zweifel dasselbe, das ich durch das Fernrohr auf der Schulter des Jungen bemerkt hatte. Es enthielt einen Laib Brot, eine Büchse mit Zunge und zwei Dosen mit eingemachten Pfirsichen. Ich prüfte alle diese Gegenstände sorgfältig, und als ich sie wieder hinsetzte, bemerkte ich plötzlich mit Herzklopfen, daß unter dem Bündel ein Blatt Papier lag, worauf etwas geschrieben war. Ich nahm es in die Hand und las folgende Worte, die in unbeholfenen Zügen mit Bleistift gekritzelt waren:

"Doktor Watson ist nach Coombe Tracey gefahren." Eine Minute lang stand ich, das Papier in der Hand haltend, regungslos da. Was bedeutete diese kurze Botschaft? So war ich es also und nicht Sir Henry, der von diesem geheimnisvollen Mann belauert wurde? Er war mir nicht selber gefolgt, sondern hatte mir einen Agenten — vielleicht den Jungen — auf die Spur gehetzt, und dies war der Bericht. Vielleicht hatte ich seit meiner Ankunft auf dem Moor keinen einzigen Schritt gethan, der nicht beobachtet und berichtet worden war!

Immer wieder drängte sich mir das Gefühl auf, daß eine unsichtbare Macht uns umgab, daß mit außerordentlicher Geschicklichkeit und Sorgfalt ein feines Netz um uns gespannt war — ein so leichtes und feines Netz, daß wir nur in gewissen, entscheidenden Augenblicken uns bewußt wurden, wirklich in die Maschen desselben verstrickt zu sein.

If there was one report there might be others, so I looked round the hut in search of them. There was no trace, however, of anything of the kind, nor could I discover any sign which might indicate the character or intentions of the man who lived in this singular place, save that he must be of Spartan habits and cared little for the comforts of life. When I thought of the heavy rains and looked at the gaping roof I understood how strong and immutable must be the purpose which had kept him in that inhospitable abode. Was he our malignant enemy, or was he by chance our guardian angel? I swore that I would not leave the hut until I knew.

Outside the sun was sinking low and the west was blazing with scarlet and gold. Its reflection was shot back in ruddy patches by the distant pools which lay amid the great Grimpen Mire. There were the two towers of Baskerville Hall, and there a distant blur of smoke which marked the village of Grimpen. Between the two, behind the hill, was the house of the Stapletons. All was sweet and mellow and peaceful in the golden evening light, and yet as I looked at them my soul shared none of the peace of Nature but quivered at the vagueness and the terror of that interview which every instant was bringing nearer. With tingling nerves but a fixed purpose, I sat in the dark recess of the hut and waited with sombre patience for the coming of its tenant.

And then at last I heard him. Far away came the sharp clink of a boot striking upon a stone. Then another and yet another, coming nearer and nearer. I shrank back into the darkest corner and cocked the pistol in my pocket, determined not to discover myself until I had an opportunity of seeing something of the stranger. There was a long pause which showed that he had stopped. Then once more the footsteps approached and a shadow fell across the opening of the hut.

"It is a lovely evening, my dear Watson," said a well-known voice. "I really think that you will be more comfortable outside than in."

Wenn der Fremde einen schriftlichen Bericht empfangen hatte, so mochten wohl auch deren mehrere vorhanden sein; ich durchsuchte deshalb die ganze Hütte danach, fand indessen nicht das allergeringste Derartige. Ebensowenig entdeckte ich irgend ein Anzeichen, woraus ich auf den Charakter oder die Absichten des Mannes hätte schließen können, der sich eine so ungewöhnliche Wohnung ausgesucht hatte. Nur so viel ergab sich klar und deutlich, daß er ein Mann von spartanischen Lebensgewohnheiten sein mußte, und daß er sich aus den Bequemlichkeiten der Häuslichkeit wenig machte. Wenn ich an die schweren Regengüsse der letzten Zeit dachte und mir die klaffenden Lücken der Bedachung ansah, so konnte ich mich der Ueberzeugung nicht verschließen, daß nur eine starke und unerschütterliche Willenskraft ihn vermögen konnte, an einem so unwirtlichen Platze zu bleiben. War er unser erbitterter Feind oder etwa unser Schutzengel? Ich nahm mir fest vor, die Hütte nicht eher zu verlassen, als bis ich mir darüber Klarheit verschafft hätte.

Draußen ging jetzt gerade die Sonne unter, und über den westlichen Himmel ergoß sich eine Glut von Rot und Gold. Ihr Widerschein lag in rötlichen Flecken auf den Wasserlachen im feinen großen Grimpencr Sumpf. Ich sah die beiden Türme von Baskerville Hall, und eine undeutliche Rauchsäule zeigte mir den Ort an, wo das Dorf Grimpen lag. Zwischen diesen beiden Punkten, hinter dem Hügel, sah ich das Stapletonsche Haus. So sanft und friedlich lag das alles da in der goldenen Abendsonne, und doch, als mein Blick darüber hinschweifte, da fühlte meine Seele nichts von dem Frieden der Natur, sondern sie erbebte nur in einen, unbestimmten Grauen vor dem Zusammentreffen, welchem jede Minute mich näher brachte. Aufgeregt, aber fest entschlossen, saß ich im finsteren Versteck der Hütte und erwartete mit düsterer Geduld die Heimkehr ihres Bewohners.

Endlich hörte ich ihn. Ein scharfes Klappen von einem Stiefel, der fest auf den Felsgrund auftrat. Und noch ein Klappen und wieder und wieder eins, näher und immer näher. Ich zog mich ganz in die dunkelste Ecke zurück und spannte den Revolver in meiner Tasche, fest entschlossen, meine Anwesenheit nicht eher zu verraten, als bis es mir gelungen wäre, einen Blick auf den Fremden zu werfen. Dann kam eine lange Pause; ich hörte nichts mehr — offenbar war er stehen geblieben. Dann kamen wieder die Fußtritte näher, und ein Schatten fiel quer über die Thüröffnung.

"'s ist ein schöner Abend, mein lieber Watson," sagte eine wohlbekannte Stimme. "Ich glaube wirklich, du sitzest hier außen angenehmer als drinnen."

Chapter 12. Death on the Moor

For a moment or two I sat breathless, hardly able to believe my ears. Then my senses and my voice came back to me, while a crushing weight of responsibility seemed in an instant to be lifted from my soul. That cold, incisive, ironical voice could belong to but one man in all the world.

"Holmes!" I cried—"Holmes!"

"Come out," said he, "and please be careful with the revolver."

I stooped under the rude lintel, and there he sat upon a stone outside, his gray eyes dancing with amusement as they fell upon my astonished features. He was thin and worn, but clear and alert, his keen face bronzed by the sun and roughened by the wind. In his tweed suit and cloth cap he looked like any other tourist upon the moor, and he had contrived, with that catlike love of personal cleanliness which was one of his characteristics, that his chin should be as smooth and his linen as perfect as if he were in Baker Street.

"I never was more glad to see anyone in my life," said I as I wrung him by the hand.

"Or more astonished, eh?"

"Well, I must confess to it."

"The surprise was not all on one side, I assure you. I had no idea that you had found my occasional retreat, still less that you were inside it, until I was within twenty paces of the door."

"My footprint, I presume?"

Zwölftes Kapitel.

Ein paar Augenblicke saß ich bewegungslos da; mir stockte der Atem, kaum wollte ich meinen Ohren trauen. Dann auf einmal hatte ich ein Gefühl, als ob eine erdrückende Last von Verantwortlichkeit mir plötzlich von der Seele genommen würde. Diese kalte, schneidende, ironische Stimme konnte auf der ganzen Welt nur einem einzigen Mann angehören. Und ich rief:

"Holmes! . . . Holmes!"

"Komme heraus," sagte er, "und sei vorsichtig mit dem Revolver."

Ich bückte mich und kroch unter dem roh behauenen Steinblock durch, der quer über der Thüröffnung lag. Richtig, da saß Holmes draußen auf einem Stein, und seine grauen Augen tanzten vor Vergnügen, als sein Blick auf mein erstauntes Gesicht fiel. Er war mager und abgezehrt, dabei aber frisch und gesund, sein scharfgeschnittenes Gesicht war von Sonne und Wind gebräunt. Seiner Kleidung nach sah er aus wie ein gewöhnlicher Tourist, der das Moor besucht, und mit seiner katzenmäßigen Vorliebe für persönliche Sauberkeit hatte er es fertig gebracht, daß sein Kinn so glatt und seine Wäsche so sauber waren, wie wenn er in seiner Wohnung in der Bakerstraße gewesen wäre.

"Nie in meinem Leben habe ich beim Anblick eines Menschen eine solche Freude empfunden!" rief ich, als ich ihm die Hand schüttelte.

"Und noch nie solches Erstaunen, he?"

"Ia, das muß ich freilich zugeben."

"Die Ueberraschung war durchaus nicht einseitig, das kann ich dir versichern. Ich hatte keine Ahnung davon, daß du meinen derzeitigen Schlupfwinkel herausgefunden hättest und noch viel weniger, daß du in eigener Person darin saßest, als bis ich zwanzig Schritte von meiner Thür entfernt war."

"Du bemerktest wahrscheinlich meine Fußspur?"

"No, Watson, I fear that I could not undertake to recognize your footprint amid all the footprints of the world. If you seriously desire to deceive me you must change your tobacconist; for when I see the stub of a cigarette marked Bradley, Oxford Street, I know that my friend Watson is in the neighbourhood. You will see it there beside the path. You threw it down, no doubt, at that supreme moment when you charged into the empty hut."

"Exactly."

"I thought as much—and knowing your admirable tenacity I was convinced that you were sitting in ambush, a weapon within reach, waiting for the tenant to return. So you actually thought that I was the criminal?"

"I did not know who you were, but I was determined to find out."

"Excellent, Watson! And how did you localize me? You saw me, perhaps, on the night of the convict hunt, when I was so imprudent as to allow the moon to rise behind me?"

"Yes, I saw you then."

"And have no doubt searched all the huts until you came to this one?"

"No, your boy had been observed, and that gave me a guide where to look."

"The old gentleman with the telescope, no doubt. I could not make it out when first I saw the light flashing upon the lens." He rose and peeped into the hut. "Ha, I see that Cartwright has brought up some supplies. What's this paper? So you have been to Coombe Tracey, have you?"

"Yes."

"Nein, Watson, so weit geht denn doch meine Beobachtungsgabe nicht, daß ich deine Fußspur unter allen Fußspuren der ganzen Welt herausfinden könnte. Wenn du im Ernst wünschest, mich in eine Falle zu locken, so mußt du dir einen anderen Tabakslieferanten anschaffen; denn wenn ich einen Cigarettenstummel finde, worauf die Firma ‚Bradley, Oxford Streek steht, so weiß ich, daß mein Freund Watson in der Nähe ist. Du kannst den Stummel dort neben dem Fußweg sehen. Ohne Zweifel warfst du ihn im letzten Augenblick weg, als du deinen Angriff auf die leere Hütte machtest."

"Ganz recht."

"Das dachte ich mir wohl — und da ich deine bewunderungswürdige Ausdauer kenne, so war ich überzeugt, daß du, mit einer Schußwaffe in Griffweite, im Hinterhalt faßest und auf die Heimkehr des Hüttenbewohners lauertest. Du glaubst also wirklich, ich sei der Verbrecher?"

"Ich wußte nicht, wer der Mann war, aber ich war fest entschlossen, das herauszubekommen."

"Ausgezeichnet, Watson! Und wie machtest du meine Wohnstätte ausfindig? Sahst du mich vielleicht in jener Nacht, wo du auf der Iagd nach dem Sträfling warst? Ich war damals so unvorsichtig, den Mond hinter mir aufgehen zu lassen."

"Ia, ich sah dich in jener Nacht."

"Und hast ohne Zweifel alle Hütten durchsucht, bis du zu dieser hier kamst?"

"Nein, dein Iunge war beobachtet worden, und dadurch bekam ich einen Anhaltspunkt, wo ich zu suchen hätte."

"Jedenfalls von dem alten Herrn mit dem Fernrohr! Ich konnte erst gar nicht herausbekommen, was es war, als ich das Sonnenlicht von der Linse seines Instruments zurückgeworfen sah." Holmes stand auf und warf einen Blick in die Hütte. "Ah, ich sehe, Cart-wright hat mir wieder einige Vorräte gebracht. Doch, was bedeutet denn dieser Zettel? Du bist also in Coombe Tracey gewesen, wirklich?"

"Ia."

"To see Mrs. Laura Lyons?"

"Exactly."

"Well done! Our researches have evidently been running on parallel lines, and when we unite our results I expect we shall have a fairly full knowledge of the case."

"Well, I am glad from my heart that you are here, for indeed the responsibility and the mystery were both becoming too much for my nerves. But how in the name of wonder did you come here, and what have you been doing? I thought that you were in Baker Street working out that case of blackmailing."

"That was what I wished you to think."

"Then you use me, and yet do not trust me!" I cried with some bitterness. "I think that I have deserved better at your hands, Holmes."

"My dear fellow, you have been invaluable to me in this as in many other cases, and I beg that you will forgive me if I have seemed to play a trick upon you. In truth, it was partly for your own sake that I did it, and it was my appreciation of the danger which you ran which led me to come down and examine the matter for myself. Had I been with Sir Henry and you it is confident that my point of view would have been the same as yours, and my presence would have warned our very formidable opponents to be on their guard. As it is, I have been able to get about as I could not possibly have done had I been living in the Hall, and I remain an unknown factor in the business, ready to throw in all my weight at a critical moment."

"But why keep me in the dark?"

"Und hast Frau Laura Lyons besucht."

"Ganz recht."

"Ausgezeichnet! Unsere Nachforschungen haben sich offenbar in parallelen Richtungen bewegt, und wenn wir unsere Erlebnisse zusammenhalten, so werden wir, davon bin ich überzeugt, eine ziemlich vollständige Kenntnis vom ganzen Fall besitzen."

"Nun, jedenfalls bin ich von Herzen froh, daß du hier bist, denn die Verantwortlichkeit und das Geheimnisvolle der Sache, das beides zusammen wurde wirklich allmählich zu viel für meine Nerven. Aber warum in aller Welt kamst du denn hierher und was hast du hier getrieben? Ich glaubte, du säßest in der Bakerstraße und zerbrächst dir den Kopf über jener Erpressungsgeschichte."

"Das solltest du auch glauben."

"Dann benutztest du mich also für deine Zwecke und traust mir doch nicht?" rief ich ziemlich bitter. "Ich glaube, ich habe Besseres um dich verdient, Holmes!"

"Mein lieber Iunge, du bist bei diesem wie bei vielen anderen Fallen für mich von unschätzbarem Wert gewesen und ich bitte dich, mir zu verzeihen, wenn ich dir anscheinend einen kleinen Streich gespielt habe. In Wirklichkeit geschah das hauptsächlich in deinem eigenen Interesse, und eben weil ich die Größe der Gefahr kannte, von der du bedroht warst, kam ich her, um den Fall ganz in der Nähe zu prüfen. Wäre ich bei Sir Henry und dir gewesen, so hätte ich augenscheinlich von demselben Standpunkt geurteilt wie ihr beide, und meine Anwesenheit würde unsere höchst gefährlichen Gegner gewarnt haben, so daß sie auf der Hut gewesen wären. Indem ich auf meine eigene Faust handelte, konnte ich mich in einer Weise frei bewegen, wie es nicht möglich gewesen wäre, hätte ich im Schloß gewohnt. Ich bin und bleibe bei der EntWickelung der Angelegenheit ein unbekannter Faktor, der im gegebenen Augenblick mit seiner ganzen Bedeutung einspringen kann."

"Aber warum ließest du mich im Dunkeln?"

"For you to know could not have helped us and might possibly have led to my discovery. You would have wished to tell me something, or in your kindness you would have brought me out some comfort or other, and so an unnecessary risk would be run. I brought Cartwright down with me—you remember the little chap at the express office—and he has seen after my simple wants: a loaf of bread and a clean collar. What does man want more? He has given me an extra pair of eyes upon a very active pair of feet, and both have been invaluable."

"Then my reports have all been wasted!"—My voice trembled as I recalled the pains and the pride with which I had composed them.

Holmes took a bundle of papers from his pocket.

"Here are your reports, my dear fellow, and very well thumbed, I assure you. I made excellent arrangements, and they are only delayed one day upon their way. I must compliment you exceedingly upon the zeal and the intelligence which you have shown over an extraordinarily difficult case."

I was still rather raw over the deception which had been practised upon me, but the warmth of Holmes's praise drove my anger from my mind. I felt also in my heart that he was right in what he said and that it was really best for our purpose that I should not have known that he was upon the moor.

"That's better," said he, seeing the shadow rise from my face. "And now tell me the result of your visit to Mrs. Laura Lyons—it was not difficult for me to guess that it was to see her that you had gone, for I am already aware that she is the one person in Coombe Tracey who might be of service to us in the matter. In fact, if you had not gone today it is exceedingly probable that I should have gone tomorrow."

"Hättest du gewußt, daß ich auf dem Moor war, so konnte uns das nichts nützen, möglicherweise aber zu meiner Entdeckung führen. Du hättest den Wunsch gehabt, mir irgend etwas mitzuteilen oder mir in deiner Gutherzigkeit die eine oder die andere Bequemlichkeit herausgebracht, und das alles wären ganz überflüssige Wagnisse gewesen. Ich habe mir Cartwright mitgenommen — du erinnerst dich wohl: der kleine Bursche von der Expreßgesellschaft — und er hat für meine einfachen Bedürfnisse gesorgt: ein Laib Brot und ein reiner Kragen — was braucht ein Mann mehr? An ihm hatte ich ein zweites Paar Augen und ein Paar sehr flinker Füße, und beides ist für mich von unschätzbarem Werte gewesen."

"Dann waren also alle meine Berichte zu gar nichts gut?"

Meine Stimme zitterte unwillkürlich, denn ich dachte an die große Mühe, die ich mir gegeben, und an den Stolz, womit ich sie ausgearbeitet hatte.

Holmes zog ein Päckchen Papiere aus der Tasche und sagte:

"Hier sind deine Berichte, mein lieber Junge, und ganz gehörig durchgearbeitet, das kannst du mir glauben. Ich hatte ausgezeichnete Vorkehrungen getroffen, und die Berichte gelangten nur um einen einzigen Tag verspätet in meine Hände. Ich muß dir meine allergrößten Komplimente machen zu dem Eifer und der Intelligenz, die du bei einem so ungewöhnlich schwierigen Falle bewiesen hast."

Ich war immer noch etwas empfindlich wegen der Komödie, die Holmes mir mir gespielt hatte, aber fein warmes Lob verscheuchte doch meinen Aerger. Ich fühlte auch innerlich, daß er mit dem, was er sagte, im Grunde genommen völlig recht hatte, und daß es in der That für unsere Absichten besser gewesen war, daß ich von seiner Anwesenheit auf dem Moor nichts gewußt.

"So ist's besser!" sagte Holmes, als er den Schatten von meinen Gesichtszügen verschwinden sah. "Und nun erzähle mir, was du mit deinem Besuche bei Frau Laura Lyons ausgerichtet hast — daß du bei ihr gewesen warst, konnte ich unschwer erraten, denn sie ist in Coombe Tracey die einzige Person, die in dieser Angelegenheit für uns von Nutzen sein kann. In der That, wärst du nicht heute bei ihr gewesen, so wäre ich aller Wahrscheinlichkeit nach morgen selber zu ihr hingegangen."

The sun had set and dusk was settling over the moor. The air had turned chill and we withdrew into the hut for warmth. There, sitting together in the twilight, I told Holmes of my conversation with the lady. So interested was he that I had to repeat some of it twice before he was satisfied.

"This is most important," said he when I had concluded. "It fills up a gap which I had been unable to bridge in this most complex affair. You are aware, perhaps, that a close intimacy exists between this lady and the man Stapleton?"

"I did not know of a close intimacy."

"There can be no doubt about the matter. They meet, they write, there is a complete understanding between them. Now, this puts a very powerful weapon into our hands. If I could only use it to detach his wife—"

"His wife?"

"I am giving you some information now, in return for all that you have given me. The lady who has passed here as Miss Stapleton is in reality his wife."

"Good heavens, Holmes! Are you sure of what you say? How could he have permitted Sir Henry to fall in love with her?"

"Sir Henry's falling in love could do no harm to anyone except Sir Henry. He took particular care that Sir Henry did not make love to her, as you have yourself observed. I repeat that the lady is his wife and not his sister."

"But why this elaborate deception?"

"Because he foresaw that she would be very much more useful to him in the character of a free woman."

All my unspoken instincts, my vague suspicions, suddenly took shape and centred upon the naturalist. In that impassive colourless man, with his straw hat and his butterfly-net, I seemed to see something terrible—a creature of infinite patience and craft, with a smiling face and a murderous heart.

Die Sonne war untergegangen, und die Dämmerung senkte sich auf das Moor herab. Die Luft war kühl geworden und wir zogen uns daher in die Hütte zurück, wo es wärmer war. Dort saßen wir im Zwielicht neben einander und ich berichtete Holmes meine Unterhaltung mit der Dame. Sie interessierte ihn in so hohem Grade, daß ich manche Stellen wiederholen mußte, ehe er sich für befriedigt erklärte.

"Dies ist von höchster Wichtigkeit!" rief er, als ich fertig war. "Eine Lücke in diesem sehr verwickelten Fall, die ich nicht überbrücken konnte, ist jetzt ausgefüllt. Du weißt vielleicht, daß zwischen der Dame und diesem Stapleton eine sehr innige Vertraulichkeit besteht?"

"Von enger Vertraulichkeit war mir nichts bekannt."

"In dieser Beziehung kann kein Zweifel obwalten. Sie kommen zusammen, sie schreiben sich, es herrscht zwischen ihnen ein vollkommenes Einverständnis. Nun, durch deine Unterredung haben wir eine sehr wirksame Waffe in unsere Hände bekommen. Wenn ich diese nur abwenden könnte, um seine Frau von ihm abzubringen . . ."

"Seine Frau?"

"Ja, jetzt bekommst du von mir etwas Neues zu hören zum Austausch für all das, was ich durch dich erfahren habe. Die Dame, die hier für Fräulein Stapleton gegolten hat, ist in Wirklichkeit seine Frau."

"Um des Himmels willen, Holmes! Bist du auch dessen sicher, was du da sagst? Wie hätte er Sir Henry erlauben können, sich in sie zu verlieben?"

"Wenn Sir Henry sich in sie verliebte, so konnte das keinem Menschen etwas schaden, als nur dem Baronet selber. Er paßte mit ganz besonderer Sorgfalt darauf auf, daß Sir Henry seine Liebe zu ihr nicht in Handlungen umsetzte; das Hilst du ja selber bemerkt. Ich wiederhole, die Dame ist seine Frau und nicht seine Schwester."

"Aber wozu diese umständliche Täuschung?"

"Weil er vorausgesehen hatte, daß sie ihm im Charakter einer Unverheirateten von viel größerem Nutzen sein würde."

Alle meine unausgesprochenen instinktivmäßigen Verdachtsgründe nahmen plötzlich bestimmte Formen an, und alles sprach gegen den Naturforscher. In diesem leidenschaftslosen, blassen Mann mit seinem Strohhut und dem Schmetterlingsnetz glaubte ich jetzt ein furchtbares Wesen zu sehen — ein Geschöpf voll unendlicher Geduld und Geschicklichkeit, mit lächelndem Antlitz und einem Mörderherzen.

"It is he, then, who is our enemy—it is he who dogged us in London?"

"So I read the riddle."

"And the warning—it must have come from her!"

"Exactly."

The shape of some monstrous villainy, half seen, half guessed, loomed through the darkness which had girt me so long.

"But are you sure of this, Holmes? How do you know that the woman is his wife?"

"Because he so far forgot himself as to tell you a true piece of autobiography upon the occasion when he first met you, and I dare say he has many a time regretted it since. He was once a schoolmaster in the north of England. Now, there is no one more easy to trace than a schoolmaster. There are scholastic agencies by which one may identify any man who has been in the profession. A little investigation showed me that a school had come to grief under atrocious circumstances, and that the man who had owned it—the name was different—had disappeared with his wife. The descriptions agreed. When I learned that the missing man was devoted to entomology the identification was complete."

The darkness was rising, but much was still hidden by the shadows.

"If this woman is in truth his wife, where does Mrs. Laura Lyons come in?" I asked.

"That is one of the points upon which your own researches have shed a light. Your interview with the lady has cleared the situation very much. I did not know about a projected divorce between herself and her husband. In that case, regarding Stapleton as an unmarried man, she counted no doubt upon becoming his wife."

"And when she is undeceived?"

"So ist also er unser Feind — er war es, der uns in London vebissen?"

"Das halte ich für des Rätsels Lösung."

"Und die Warnung — die muß dann von ihr gekommen sein!"

"Ganz gewiß."

Ein furchtbares Schurkenwerk, halb gesehen, halb nur geahnt, trat aus der Dunkelheit hervor, die mich so lange umfangen gehalten hatte.

"Aber bist du auch deiner Sache sicher, Holmes? Woher weißt du, daß sie seine Frau ist?"

"Weil er sich so weit vergessen hatte, dir beim ersten Zusammentreffen ein Stück seiner wirklichen Lebensgeschichte zu erzählen, und verlaß dich darauf, das hat ihm seither schon manchesmal leid gethan. Er hatte wirklich früher eine Schule in Nordengland. Nun kann man über keinen Menschen leichter etwas erfahren als über einen Schullehrer. Es giebt Stellenvermittelungsagenten für Lehrer, durch die man die Identität eines jeden feststellen kann, der einmal diesem Beruf angehört hat. Durch eine kleine Nachforschung erfuhr ich, daß eine Schule unter entsetzlichen Umständen zu Grunde gegangen, und daß ihr Eigentümer — dessen Name anders lautete — mit seiner Frau verschwunden war. Die Personalbeschreibungen passen. Als ich erfuhr, daß der Flüchtling sich ganz besonders für Schmetterlingskunde interessiert hatte, war kein Zweifel mehr möglich."

Das Dunkel lichtete sich — aber noch immer lag gar vieles im Schatten.

"Wenn die Frau wirklich seine Gattin ist," fragte ich, "wie kommt dann diese Frau Laura Lyons mit ins Spiel hinein?"

"Das ist einer von den Punkten, die durch deine Nachforschungen aufgehellt worden sind. Dein Gespräch mit der Dame hat die Situation bedeutend geklärt. Ich wußte nicht, daß eine Scheidung von ihrem Mann in Aussicht genommen war. Wenn aber dies der Fall ist, so rechnete sie ohne Zweifel darauf, daß Stapleton sie heiraten werde, da sie ihn für einen unverehelichten Mann ansah."

"Und wenn sie über ihre Täuschung aufgeklärt wird?"

"Why, then we may find the lady of service. It must be our first duty to see her—both of us—tomorrow. Don't you think, Watson, that you are away from your charge rather long? Your place should be at Baskerville Hall."

The last red streaks had faded away in the west and night had settled upon the moor. A few faint stars were gleaming in a violet sky.

"One last question, Holmes," I said as I rose. "Surely there is no need of secrecy between you and me. What is the meaning of it all? What is he after?"

Holmes's voice sank as he answered:

"It is murder, Watson—refined, cold-blooded, deliberate murder. Do not ask me for particulars. My nets are closing upon him, even as his are upon Sir Henry, and with your help he is already almost at my mercy. There is but one danger which can threaten us. It is that he should strike before we are ready to do so. Another day—two at the most—and I have my case complete, but until then guard your charge as closely as ever a fond mother watched her ailing child. Your mission today has justified itself, and yet I could almost wish that you had not left his side. Hark!"

A terrible scream—a prolonged yell of horror and anguish—burst out of the silence of the moor. That frightful cry turned the blood to ice in my veins.

"Oh, my God!" I gasped. "What is it? What does it mean?"

Holmes had sprung to his feet, and I saw his dark, athletic outline at the door of the hut, his shoulders stooping, his head thrust forward, his face peering into the darkness.

"Hush!" he whispered. "Hush!"

"Ja, dann werden wir in der Dame vielleicht ein nützliches Werkzeug für uns finden. Das erste, was wir morgen zu thun haben, ist, daß wir sie aufsuchen — und zwar wir beide zusammen . . . Glaubst du nicht, Watson, daß du schon ziemlich lange von deinem Posten fort bist? Dein Platz sollte in Baskerville Hall sein."

Die letzten roten Streifen waren am westlichen Himmel verblichen, und nächtliches Dunkel hatte sich auf das Moor herniedergesenkt. Ein paar schwache Sternpünktchen glommen am violetten Himmel auf.

"Noch eine letzte Frage, Holmes!" sagte ich, indem ich aufstand. "Ganz gewiß brauchen doch wir beide keine Geheimnisse vor einander zu haben. Was bedeutet dies alles? Was will er?"

Flüsternd antwortete Holmes mir:

"Es ist Mord, Watson — abgefeimter, kaltblütiger, hartherziger Mord! Frage mich nicht nach Einzelheiten! Mein Netz schwebt über ihm, so wie sein Netz über Sir Henry schwebt, und dank deiner Hilfe ist er bereits sozusagen ohne Gnade in meine Hand gegeben. Nur eine Gefahr kann uns noch drohen: daß er seinen Streich führt, bevor wir soweit sind. Noch einen Tag, — höchstens zwei! — und ich habe mein Material vollständig beisammen — aber bis dahin sei auf deinem Posten und halte so sorgsam Wacht wie eine Mutter bei ihrem kranken Kinde. Dein heutiges Tagewerk war durch die Umstände berechtigt, und doch möchte ich beinahe wünschen, du wärst ihm nicht von der Seite gewichen horch! was ist das?"

Ein furchtbarer Schrei — ein langer gellender Schrei voll Angst und Entsetzen drang aus der Einsamkeit des schweigenden Moors zu uns herüber. So entsetzlich war der Ton, daß das Blut in meinen Adern zu Eis erstarrte. "O, mein Gott!" stöhnte ich. "Was ist das? Was kann das bedeuten?"

Holmes war aufgesprungen, und ich sah die dunklen Umrisse seiner athletischen Gestalt sich in der Oeffnung der Hütte abzeichnen. Die Schultern gebeugt, den Kopf vorgeneigt, mit scharfen Augen in die Finsternis hineinspähend — so stand er da!

"Psst!" zischelte er. "Psst!"

The cry had been loud on account of its vehemence, but it had pealed out from somewhere far off on the shadowy plain. Now it burst upon our ears, nearer, louder, more urgent than before.

"Where is it?" Holmes whispered; and I knew from the thrill of his voice that he, the man of iron, was shaken to the soul. "Where is it, Watson?"

"There, I think." I pointed into the darkness.

"No, there!"

Again the agonized cry swept through the silent night, louder and much nearer than ever. And a new sound mingled with it, a deep, muttered rumble, musical and yet menacing, rising and falling like the low, constant murmur of the sea.

"The hound!" cried Holmes. "Come, Watson, come! Great heavens, if we are too late!"

He had started running swiftly over the moor, and I had followed at his heels. But now from somewhere among the broken ground immediately in front of us there came one last despairing yell, and then a dull, heavy thud. We halted and listened. Not another sound broke the heavy silence of the windless night.

I saw Holmes put his hand to his forehead like a man distracted. He stamped his feet upon the ground.

"He has beaten us, Watson. We are too late."

"No, no, surely not!"

"Fool that I was to hold my hand. And you, Watson, see what comes of abandoning your charge! But, by Heaven, if the worst has happened we'll avenge him!"

Der Schrei war laut zu uns herübergedrungen, weil er mit ungeheurer Heftigkeit ausgestoßen war, aber als er in einem Stöhnen erstarb, da erkannten wir, daß er in weiter Ferne irgendwo auf der dunkeln Ebene erschollen war. Dann drang ein neuer Schrei an unser Ohr — näher, lauter, dringender als der erste.

"Wo ist es?" flüsterte Holmes, und ich erkannte an dem Zittern seiner Stimme, daß er, der Mann von Stahl und Eisen, bis in die Tiefe seiner Seele erschüttert war.

"Wo ist es, Watson?"

"Dort, glaube ich!" Und ich wies in die dunkle Landschaft hinein.

"Nein, dort!"

Wieder durchbrach der Todesschrei die nächtliche Stille — wieder lauter und näher als die vorigen. Und ein neuer Laut mischte sich mit ihm, ein tiefer, grollender Ton, klangvoll und doch drohend, steigend und fallend wie das unablässige tiefe Rauschen des Meeres.

"Der Hund!" schrie Holmes. "Komm, Watson, vorwärts! Großer Gott, wenn wir zu spül kämen!"

Er war hinausgesprungen und rannte schnell über das Moor dahin. Ich folgte ihm unmittelbar auf den Fersen. Aber auf einmal kam irgendwo aus der Wirrnis der unmittelbar vor uns liegenden Schluchten und Klüfte ein letzter, verzweiflungsvoll aufgellender Schrei, und dann ein dumpfer, schwerer Schlag. Wir standen still und lauschten. Aber kein Laut durchbrach mehr das drückende Schweigen der windstillen Nacht.

Ich sah, wie Holmes sich wie ein Wahnsinniger mit der Faust vor die Stirn schlug. Er stampfte mit dem Fuße auf und rief:

"Er hat uns geschlagen, Watson! Wir sind zu spät gekommen!"

"Nein, nein, gewiß nicht!"

"Thor, der ich war, daß ich nicht zuschlug! Und du, Watson, da siehst du die Folgen davon, daß du von deinem Posten gegangen bist! Aber, beim himm tischen Gott, wenn das Schlimmste eingetreten ist, so werden wir ihn rächen."

Blindly we ran through the gloom, blundering against boulders, forcing our way through gorse bushes, panting up hills and rushing down slopes, heading always in the direction whence those dreadful sounds had come. At every rise Holmes looked eagerly round him, but the shadows were thick upon the moor, and nothing moved upon its dreary face.

"Can you see anything?"

"Nothing."

"But, hark, what is that?"

A low moan had fallen upon our ears. There it was again upon our left! On that side a ridge of rocks ended in a sheer cliff which overlooked a stone-strewn slope. On its jagged face was spread-eagled some dark, irregular object. As we ran towards it the vague outline hardened into a definite shape. It was a prostrate man face downward upon the ground, the head doubled under him at a horrible angle, the shoulders rounded and the body hunched together as if in the act of throwing a somersault. So grotesque was the attitude that I could not for the instant realize that that moan had been the passing of his soul. Not a whisper, not a rustle, rose now from the dark figure over which we stooped. Holmes laid his hand upon him and held it up again with an exclamation of horror. The gleam of the match which he struck shone upon his clotted fingers and upon the ghastly pool which widened slowly from the crushed skull of the victim. And it shone upon something else which turned our hearts sick and faint within us—the body of Sir Henry Baskerville!

Blindlings rannten wir in die Finsternis hinein; wir stießen uns an Granitblöcken, brachen uns durch Ginsterbüsche Bahn, keuchten Hügel hinauf und sprangen mit großen Sätzen in Schluchten hinunter, doch gelang es uns im großen und ganzen die Richtung einzuhalten, aus der die fürchterlichen Schreie gekommen waren. Jedesmal, wenn wir auf einer Höhe waren, warf Holmes einen schnellen Blick um sich, aber die Schatten lagen dick auf dem Moor und nichts bewegte sich auf der öden Fläche.

"Siehst du etwas?"

"Nichts."

"Aber, horch, was ist das?"

Ein leises Stöhnen war an unser Ohr gedrungen. Und noch einmal — es war zu unserer Linken! Dort lief ein Felsengrat in eine steile Wand aus, die eine mit Steinblöcken besäte Schlucht überragte. Und auf diesem Grunde lag etwas Dunkles von eigentümlicher Form. Doch als wir hinzuliefen, nahmen die unbestimmten Linien feste Gestalt an. Es war ein Mann, der, das Gesicht nach unten, auf dem Boden lag; der Kopf stak in einem fürchterlichen Winkel unter dem Leib, die Schultern waren gerundet und der ganze Körper war zusammengezogen, als ob der Mann im Begriff wäre, einen Purzelbaum zu schlagen. So gro

tesk war die ganze Haltung, daß es mir im ersten Augenblick gar nicht zum Bewußtsein kam, mit jenem letzten Seufzer das Verhauchen seiner Seele gehört zu haben. Kein Flüstern, kein Röcheln ging mehr von der dunklen Gestalt aus, über die wir uns herniederbeugten. Holmes berührte sie mit der Hand und erhob diese sofort wieder mit einem Ausruf des Entsetzens. Er rieb ein Zündholz an; der schwache Schein fiel auf seine blutbedeckten Finger und auf die grausigeBlutlache, die langsam dem zerschmetterten Schädel des Opfers entfloß. Und er siel noch auf etwas anderes, dessen Anblick uns vor Weh krank machte und uns einer Ohnmacht nahe brachte — auf die Leiche von Sir Henry Baskerville!

There was no chance of either of us forgetting that peculiar ruddy tweed suit—the very one which he had worn on the first morning that we had seen him in Baker Street. We caught the one clear glimpse of it, and then the match flickered and went out, even as the hope had gone out of our souls. Holmes groaned, and his face glimmered white through the darkness.

"The brute! The brute!" I cried with clenched hands. "Oh Holmes, I shall never forgive myself for having left him to his fate."

"I am more to blame than you, Watson. In order to have my case well rounded and complete, I have thrown away the life of my client. It is the greatest blow which has befallen me in my career. But how could I know—how could I know—that he would risk his life alone upon the moor in the face of all my warnings?"

"That we should have heard his screams—my God, those screams!—and yet have been unable to save him! Where is this brute of a hound which drove him to his death? It may be lurking among these rocks at this instant. And Stapleton, where is he? He shall answer for this deed."

"He shall. I will see to that. Uncle and nephew have been murdered—the one frightened to death by the very sight of a beast which he thought to be supernatural, the other driven to his end in his wild flight to escape from it. But now we have to prove the connection between the man and the beast. Save from what we heard, we cannot even swear to the existence of the latter, since Sir Henry has evidently died from the fall. But, by heavens, cunning as he is, the fellow shall be in my power before another day is past!"

Keiner von uns beiden konnte einen Augenblick im Zweifel sein; nur zu gut kannten wir den eigentümlich rötlichen, halbwollenen Anzug — denselben, den er an jenem ersten Morgen trug, als wir ihn in der Bakerstraße kennen lernten. Wir konnten nur den einen flüchtigen, aber untrüglichen Blick darauf werfen. Dann flackerte das Zündholz und erlosch — so wie die Hoffnung in unseren Herzen erloschen war. Holmes stöhnte, und ich sah trotz der Finsternis sein Gesicht, weil es ganz weiß geworden war.

"Die Bestie, die Bestie!" rief ich mit geballten Fäusten. "O, Holmes, niemals werde ich's mir verzeihen, daß ich Sir Henry seinem Schicksal schutzlos preisgegeben habe!"

"Ich bin mehr zu tadeln als du, Watson. Um meinen Fall recht schön abgerundet und vollständig vor mir zu haben, vergeudete ich das Leben meines Klienten! Es ist der härteste Schlag, der mich jemals während meiner ganzen Laufbahn getroffen hat. Aber wie konnte ich wissen — wie konnte ich wissen — daß er, allen meinen Warnungen zum Trotz, allein aufs Moor gehen würde, wo er sein Leben riskierte?"

"Ach, und wir hörten seine Schreie — o mein Gott, und was für Schreie — und waren doch nicht imstande, ihn zu retten. Wo ist die Bestie von Hund, die ihn in den Tod hetzte? Vielleicht liegt sie in diesem selben Augenblick zwischen den Felsen hier verborgen. Und Stapleton, wo ist er? Er soll für seine That Rechenschaft ablegen!"

"Das soll er! Dafür will ich sorgen. Onkel und Neffe sind ermordet worden. — Der eine zu Tode geängstigt durch den bloßen Anblick einer Bestie, die er für übernatürlich hielt, der andere in seiner wilden Flucht vor eben demselben Tier ins Verderben gejagt! Aber jetzt haben wir zu beweisen, daß zwischen dem Mann und dem Tier eine Verbindung besteht. Das letztere haben wir allerdings gehört, aber auf die Existenz desselben können wir vor Gericht nicht einmal schwören, denn Sir Henrys Tod ist augenscheinlich infolge seines Sturzes erfolgt. Aber, bei Gott im Himmel! so schlau der Bursche auch ist — er soll in meiner Gewalt sein, ehe vierundzwanzig Stunden vergangen sind!"

We stood with bitter hearts on either side of the mangled body, overwhelmed by this sudden and irrevocable disaster which had brought all our long and weary labours to so piteous an end. Then as the moon rose we climbed to the top of the rocks over which our poor friend had fallen, and from the summit we gazed out over the shadowy moor, half silver and half gloom. Far away, miles off, in the direction of Grimpen, a single steady yellow light was shining. It could only come from the lonely abode of the Stapletons. With a bitter curse I shook my fist at it as I gazed.

"Why should we not seize him at once?"

"Our case is not complete. The fellow is wary and cunning to the last degree. It is not what we know, but what we can prove. If we make one false move the villain may escape us yet."

"What can we do?"

"There will be plenty for us to do tomorrow. Tonight we can only perform the last offices to our poor friend."

Together we made our way down the precipitous slope and approached the body, black and clear against the silvered stones. The agony of those contorted limbs struck me with a spasm of pain and blurred my eyes with tears.

"We must send for help, Holmes! We cannot carry him all the way to the Hall. Good heavens, are you mad?"

He had uttered a cry and bent over the body. Now he was dancing and laughing and wringing my hand. Could this be my stern, self-contained friend? These were hidden fires, indeed!

Die Herzen von Bitterkeit erfüllt standen wir zu beiden Seiten des zerschmetterten Leichnams, überwältigt von diesem plötzlichen und nie wieder gut zu machenden Unglück, das all unserer langen und mühseligen Arbeit ein so plötzliches Ende bereitet hatte. Dann, als der Mond aufgegangen war, kletterten wir zum Gipfel des Felsens empor, von dessen Höhe unser armer Freund abgestürzt war; von dort aus spähten wir über das weite Moor, auf welchem silbernes Mondlicht und düstere Schatten wechselten. In meilenweiter Ferne, in der Richtung des Dorfes Grimpen leuchtete ein einzelnes gelbes Licht immer auf derselben Stelle. Es konnte nur das einsame Wohnhaus der Stapletons sein. Mit einem haßerfüllten Fluch schüttelte ich meine Fäuste nach jener Richtung.

"Warum sollten wir ihn nicht sofort festnehmen?"

"Unsere Beweise sind nicht vollständig. Der Bursche ist über alle Maßen vorsichtig und schlau. Nicht darauf kommt es an, was wir wissen, sondern darauf, was wir beweisen können. Wenn wir einen einzigen falschen Schritt thun, kann der Schurke uns vielleicht selbst jetzt noch entwischen!"

"Was können wir thun?"

"Morgen werden wir Arbeit in Hülle und Fülle haben. Heute abend können wir nur noch unserem armen Freunde die letzten Dienste erweisen."

Wir stiegen wieder den jähen Abhang hinunter und näherten uns dem Leichnam, der als dunkler Fleck sich scharf von den mondlichtübergossenen Steinen abhob. Beim Anblick dieser im Todeskampf verrenkten Glieder überwältigte mich der Schmerz und heiße Thränen schossen mir in die Augen.

"Wir müssen Hilfe heranholen, Holmes! Wir können ihn nicht den ganzen Weg bis zum Schloß allein tragen. Gott im Himmel, bist du wahnsinnig geworden?"

Er hatte einen Schrei ausgestoßen und sich über den Leichnam gebeugt. Auf einmal sprang er im Kreise herum und lachte und schüttelte meine Hand. Konnte dies mein ernster, in sich selbst verschlossener Freund sein? Ia, ja, man kann wohl von verborgenen Feuern reden!

"A beard! A beard! The man has a beard!"

"A beard?"

"It is not the baronet—it is—why, it is my neighbour, the convict!"

With feverish haste we had turned the body over, and that dripping beard was pointing up to the cold, clear moon. There could be no doubt about the beetling forehead, the sunken animal eyes. It was indeed the same face which had glared upon me in the light of the candle from over the rock—the face of Selden, the criminal.

Then in an instant it was all clear to me. I remembered how the baronet had told me that he had handed his old wardrobe to Barrymore. Barrymore had passed it on in order to help Selden in his escape. Boots, shirt, cap—it was all Sir Henry's. The tragedy was still black enough, but this man had at least deserved death by the laws of his country. I told Holmes how the matter stood, my heart bubbling over with thankfulness and joy.

"Then the clothes have been the poor devil's death," said he. "It is clear enough that the hound has been laid on from some article of Sir Henry's—the boot which was abstracted in the hotel, in all probability—and so ran this man down. There is one very singular thing, however: How came Selden, in the darkness, to know that the hound was on his trail?"

"He heard him."

"To hear a hound upon the moor would not work a hard man like this convict into such a paroxysm of terror that he would risk recapture by screaming wildly for help. By his cries he must have run a long way after he knew the animal was on his track. How did he know?"

"A greater mystery to me is why this hound, presuming that all our conjectures are correct—"

"I presume nothing."

"Ein Bart! Ein Bart! Der Mann hat einen Bart!"

"Einen Bart?"

"Es ist nicht der Baronet — es ist — ja, wahrhaftig, es ist mein Nachbar, der Sträfling!"

In fieberischer Hast hatten wir den Leichnam auf den Rücken gelegt, und der zottige Bart starrte in der That zum kalten, klaren Mond empor! Ein Zweifel war nicht möglich — die vorspringende Stirn — die eingesunkenen tierischen Augen — ja, es war dasselbe Antlitz, das mich im Lichte der Kerze hinter dem Felsen her angestarrt hatte — es war der Verbrecher Selden!

Und in einem Augenblick war mir alles klar. Ich erinnerte mich, daß der Baronet mir erzählt hatte, er hätte Barrymore seine alten Kleider überlassen. Barrymore hatte sie an Selden weitergegeben, um diesem bei seiner Flucht behilflich zu sein. Stiefel, Hemd, Mütze — alles hatte früher Sir Henry gehört. Die Tragödie war immer noch furchtbar genug, aber dieser Mann hatte doch wenigstens nach den Gesetzen seines Landes den Tod verdient. Ich setzte Holmes den Zusammenhang auseinander, und mein Herz schlug hoch in Freude und Dankbarkeit.

"Da sind Sir Henrys Kleider des armen Kerls Verhängnis geworden!" rief Holmes. "Es ist ganz klar, daß der Hund auf irgend einen von Sir Henry getragenen Gegenstand abgerichtet ist — aller Wahrscheinlichkeit nach auf den im Hotel abhanden gekommenen Schuh; so hat er denn diesen Mann zu Tode gehetzt. Ein sehr sonderbarer Umstand ist jedoch noch vorhanden: woher wußte Seiden in der Dunkelheit, daß der Hund auf seiner Spur war?"

"Er hörte ihn."

"Wenn ein hartgesottener Verbrecher wie dieser Zuchthäusler einen Hund auf dem Moor hört, so bringt ihn das nicht in einen solchen Paroxysmus des Entsetzens, daß er auf die Gefahr hin, wieder ergriffen zu werden, wild um Hilfe schreit! Nach den Schreien zu urteilen, die wir gehört haben, muß er ein weites Stück Weges gerannt sein, nachdem er gemerkt hatte, daß das Tier ihn verfolgte. Woher wußte er es?"

"Für mich ist es ein größeres Geheimnis, warum dieser Hund — vorausgesetzt, alle unsere Mutmaßungen seien richtig —"

"Ich setze nicht voraus."

"Well, then, why this hound should be loose tonight. I suppose that it does not always run loose upon the moor. Stapleton would not let it go unless he had reason to think that Sir Henry would be there."

"My difficulty is the more formidable of the two, for I think that we shall very shortly get an explanation of yours, while mine may remain forever a mystery. The question now is, what shall we do with this poor wretch's body? We cannot leave it here to the foxes and the ravens."

"I suggest that we put it in one of the huts until we can communicate with the police."

"Exactly. I have no doubt that you and I could carry it so far. Halloa, Watson, what's this? It's the man himself, by all that's wonderful and audacious! Not a word to show your suspicions—not a word, or my plans crumble to the ground."

A figure was approaching us over the moor, and I saw the dull red glow of a cigar. The moon shone upon him, and I could distinguish the dapper shape and jaunty walk of the naturalist. He stopped when he saw us, and then came on again.

"Why, Dr. Watson, that's not you, is it? You are the last man that I should have expected to see out on the moor at this time of night. But, dear me, what's this? Somebody hurt? Not—don't tell me that it is our friend Sir Henry!" He hurried past me and stooped over the dead man. I heard a sharp intake of his breath and the cigar fell from his fingers.

"Who—who's this?" he stammered.

"It is Selden, the man who escaped from Princetown."

Stapleton turned a ghastly face upon us, but by a supreme effort he had overcome his amazement and his disappointment. He looked sharply from Holmes to me.

"Nun . . . also, warum dieser Hund nachts frei auf dem Moor herumläuft? Ich vermute, daß er nicht beständig losgelassen ist. Stapleton würde die Bestie nicht freilassen, wenn er nicht Grund zu der Annahme hätte, daß Sir Henry sich auf dem Moor befindet."

"Von diesen beiden Schwierigkeiten ist die meinige bei weitem die furchtbarere — denn die deine wird sich, glaube ich, sehr bald aufklären, die meinige dagegen bleibt vielleicht für ewig ein Geheimnis . . . Die Frage ist jetzt: Was sollen wir mit dieses armen Schelms Leichnam nun anfangen? Wir können ihn nicht hier liegen lassen als Fraß für Füchse und Krähen."

„Jch schlage vor, wir schaffen ihn in eine von den Steinhütten, bis wir der Polizei Anzeige machen können."

"Sehr gut. Ich bezweifle nicht, daß wir beide zusammen ihn ganz gut so weit tragen können.. . . Hallo, Watson, was ist das? Es ist der Mann selber. . . . Das nenne ich aber wahrhaftig eine geradezu groA» artige Frechheit! Laß mit keinem Wort deinen Verdacht merken — mit keinem Wort, sonst brechen alle meine Pläne in sich zusammen!"

Eine Gestalt kam über das Moor her auf uns zu, und ich sah das düsterrote Glühen einer Cigarre. Das Mondlicht fiel auf ihn und ich konnte die schmächtige Gestalt und den flinken Schritt des Naturforschers erkennen. Ms er Uns sah, blieb er stehen; dann kam er auf uns zu Und rief:

"Wahrhaftig — Doktor Watson — das können Sie doch nicht sein! Sie sind der letzte, den ich um diese Nachtzeit draußen auf dem Moor zu sehen erwartet hätte! Aber . . . mein Gott, was ist denn dies? Jemand verunglückt? Doch nicht ... um Gottes willen, sagen Sie mir nicht, daß es Sir Henry ist!"

Er sprang an mir vorbei und beugte sich über den Toten. Ich hörte, wie er einen gepreßten Atemzug that, und die Cigarre entfiel seiner Hand.

"Wer — wer ist das?" stammelte er.

"Es ist Selden, der Zuchthäusler, der von Princetown entsprungen war."

Stapletons Antlitz, das er uns zuwandte, war totenbleich, aber mit einer gewaltigen Willensanstrengung hatte er seine Bestürzung und Enttäuschung niedergekämpft. Er sah mit einem scharfen Blick erst Holmes und dann mich an und sagte endlich:

"Dear me! What a very shocking affair! How did he die?"

"He appears to have broken his neck by falling over these rocks. My friend and I were strolling on the moor when we heard a cry."

"I heard a cry also. That was what brought me out. I was uneasy about Sir Henry."

"Why about Sir Henry in particular?" I could not help asking.

"Because I had suggested that he should come over. When he did not come I was surprised, and I naturally became alarmed for his safety when I heard cries upon the moor. By the way"—his eyes darted again from my face to Holmes's—"did you hear anything else besides a cry?"

"No," said Holmes; "did you?"

"No."

"What do you mean, then?"

"Oh, you know the stories that the peasants tell about a phantom hound, and so on. It is said to be heard at night upon the moor. I was wondering if there were any evidence of such a sound tonight."

"We heard nothing of the kind," said I.

"And what is your theory of this poor fellow's death?"

"I have no doubt that anxiety and exposure have driven him off his head. He has rushed about the moor in a crazy state and eventually fallen over here and broken his neck."

"That seems the most reasonable theory," said Stapleton, and he gave a sigh which I took to indicate his relief. "What do you think about it, Mr. Sherlock Holmes?"

My friend bowed his compliments. "You are quick at identification," said he.

"Donnerwetter! Das ist ja 'ne ganz fürchterliche Geschichte! Wie kam er zu Tode?"

"Er scheint das Genick gebrochen zu haben, indem er von dem Felsen da abstürzte. Mein Freund und ich schlenderten über das Moor, als wir einen Schrei hörten."

"Ich hörte ebenfalls einen Schrei. Und deshalb ben ging ich aus. Ich war in Besorgnis wegen Sir Henrys."

"Warum denn gerade wegen Sir Henrys?" fragte ich unwillkürlich.

"Weil ich ihm vorgeschlagen hatte, zu uns herüberzukommen. Als er nicht kam, war ich überrascht, und natürlich hatte ich seinetwegen Angst, als ich Schreie auf dem Moor hörte. Uebrigens" — und damit wanderten wieder seine stechenden Augen von meinem Gesicht zu Holmes — "hörten Sie nichts außer einem Schrei?"

"Nein," antwortete Holmes. "Horten Sie was?"
"Nein."

"Was wollen Sie denn mit Ihrer Frage bezwecken?"

"O, wissen Sie, das Landvolk erzählt sich allerlei Geschichten von einem Geisterhund «. Er soll sich nachts auf dem Moor hören lassen. Ich dachte bei mir selber, ob wohl heute nacht etwas von einem solchen Hund zu sehen oder zu hören gewesen wäre."

"Wir hörten nichts Derartiges," antwortete ich.

"Und welcher Ansicht sind Sie in bezug auf den Tod dieses armen Kerls?"

"Ich bezweifle nicht, daß Angst und Gefahr ihn um seinen Verstand gebracht hatten. Er ist in einem Anfall von Verfolgungswahnsinn über das Moor gerannt, ist schließlich hier abgestürzt und hat sich das Genick gebrochen."

"Das scheint die einleuchtendste Erklärung," sagte Stapleton mit einem Seufzer, der nach meiner Ansicht ein Seufzer der Erleichterung war. "Was ist Ihre Ansicht darüber, Herr Sherlock Holmes?"

"Ich sehe, Sie sind schnell im Erkennen!" sagte mein Freund mit einer Verbeugung.

"We have been expecting you in these parts since Dr. Watson came down. You are in time to see a tragedy."

"Yes, indeed. I have no doubt that my friend's explanation will cover the facts. I will take an unpleasant remembrance back to London with me tomorrow."

"Oh, you return tomorrow?"

"That is my intention."

"I hope your visit has cast some light upon those occurrences which have puzzled us?"

Holmes shrugged his shoulders.

"One cannot always have the success for which one hopes. An investigator needs facts and not legends or rumours. It has not been a satisfactory case."

My friend spoke in his frankest and most unconcerned manner. Stapleton still looked hard at him. Then he turned to me.

"I would suggest carrying this poor fellow to my house, but it would give my sister such a fright that I do not feel justified in doing it. I think that if we put something over his face he will be safe until morning."

And so it was arranged. Resisting Stapleton's offer of hospitality, Holmes and I set off to Baskerville Hall, leaving the naturalist to return alone. Looking back we saw the figure moving slowly away over the broad moor, and behind him that one black smudge on the silvered slope which showed where the man was lying who had come so horribly to his end.

"Wir haben seit Doktor Watsons Ankunft erwartet, daß auch Sie in diese Gegend kommen würden. Sie kommen gerade recht, um eine Tragödie zu sehen."

"Ja, da haben Sie recht. Ich bezweifle nicht, daß meines Freundes Erklärung sich mit den Thatsachen deckt. Ich werde morgen eine unangenehme Erinnerung mit mir nach London zurücknehmen."

"O, Sie fahren morgen zurück?"

"Das ist meine Absicht."

"Ich hoffe, Ihr Besuch hat einiges Licht in jene Begebenheiten hineingebracht, deren Rätselhaftigkeit uns so sehr in Sorgen gesetzt hat."

Holmes zuckte die Achseln und erwiderte:

"Man kann nicht jedesmal den erhofften Erfolg haben. Zu einer Nachforschung braucht man Thatsachen und nicht Märchen oder Gerüchte. Der Fall hat sich nicht als ein zufriedenstellender erwiesen."

Mein Freund sprach in seiner offensten und freimütigsten Weise. Stapleton sah ihn mit einem scharfen Blick an; dann wandte er sich zu mir:

"Ich würde vorschlagen, daß wir den armen Mann nach meinem Hause schafften, aber das würde meine Schwester so in Angst setzen, daß ich mich nicht dazu berechtigt glaube. Ich glaube, wenn wir ihm etwas über sein Gesicht decken, wird er bis morgen unversehrt liegen bleiben."

Dieser Vorschlag wurde ausgeführt. Stapletons Einladung, die Gastfreundschaft seines Hauses zu benutzen, lehnten wir ab, und Holmes und ich machten uns auf den Weg nach Baskerville Hall, während der Naturforscher allein nach seinem Hause zurückging. Als wir uns einmal umwandten, sahen wir seine Gestalt langsam über das weite Moor hingehen, und hinter ihm auf dem mondhellen Abhang lag der schwarze Fleck — die Todesstätte des Mannes, der ein so grausiges Ende gefunden.

Chapter 13. Fixing the Nets

"We're at close grips at last," said Holmes as we walked together across the moor. "What a nerve the fellow has! How he pulled himself together in the face of what must have been a paralyzing shock when he found that the wrong man had fallen a victim to his plot. I told you in London, Watson, and I tell you now again, that we have never had a foeman more worthy of our steel."

"I am sorry that he has seen you."

"And so was I at first. But there was no getting out of it."

"What effect do you think it will have upon his plans now that he knows you are here?"

"It may cause him to be more cautious, or it may drive him to desperate measures at once. Like most clever criminals, he may be too confident in his own cleverness and imagine that he has completely deceived us."

"Why should we not arrest him at once?"

"My dear Watson, you were born to be a man of action. Your instinct is always to do something energetic. But supposing, for argument's sake, that we had him arrested tonight, what on earth the better off should we be for that? We could prove nothing against him. There's the devilish cunning of it! If he were acting through a human agent we could get some evidence, but if we were to drag this great dog to the light of day it would not help us in putting a rope round the neck of its master."

"Surely we have a case."

"Not a shadow of one—only surmise and conjecture. We should be laughed out of court if we came with such a story and such evidence."

"There is Sir Charles's death."

Dreizehntes Kapitel.

"Endlich ringen wir also Leib an Leib!" sagte Holmes, als wir zusammen quer über das Moor gingen. "Was für Nerven der Bursche hat! Wie er sich zusammenraffte trotz dem lähmenden Schreck, den er empfunden haben muß, als er plötzlich sah, daß der verkehrte Mann seinem Anschlag zum Opfer gefallen war. Ich sagte dir in London schon, Watson, und ich sag's dir hier noch einmal: Niemals haben wir einen Gegner gehabt, der unserer Klinge würdiger war."

"Es thut mir leid, daß er dich gesehen hat."

"Mir war es anfangs ebenfalls unangenehm. Aber dagegen ließ sich nun mal nichts machen."

"Da er nun also weiß, daß du hier bist — welchen Einfluß wird das deiner Meinung nach auf seine Pläne haben?"

"Vielleicht veranlaßt es ihn zu größerer Vorsicht — vielleicht treibt es ihn aber auch sofort zu verzweifelten Maßnahmen. Wie die meisten klugen Verbrecher vertraut er möglicherweise zu sehr auf seine eigene Klugheit und bildet sich ein, daß er uns vollständig hinters Licht geführt hat."

"Warum sollen wir ihn denn nicht auf der Stelle festnehmen?"

"Mein lieber Watson, du bist ein geborener Mann der That! Dein Instinkt treibt dich stets dazu, irgend was Energisches zu thun. Aber setzen wir einmal — nur beispielsweise — den Fall, wir ließen ihn noch in dieser Nacht festnehmen — was in aller Welt würde uns das nützen? Wir könnten nichts gegen ihn beweisen! Das ist eben die teuflische Schlauheit seines Verbrechens! Wenn er sich eines Menschen als Werkzeug bediente, so könnten wir auf ein Zeugnis von diesem rechnen, aber wenn wir diesen großen Hund ans Tageslicht ziehen, so genügt das noch lange nicht, um feinem Herrn den Strick um den Hals zu legen."

"Aber es liegt doch ganz ohne Frage ein Fall vor, der reif fürs Gericht ist!"

"Keine Ahnung! Alles ist nur Voraussetzung und Mutmaßung. Wir würden vom Gericht ausgelacht werden, wenn wir mit einer solchen Geschichte und mit derartigen Beweisen zum Vorschein kämen."

"Aber Sir Charles' Tod?"

"Found dead without a mark upon him. You and I know that he died of sheer fright, and we know also what frightened him, but how are we to get twelve stolid jurymen to know it? What signs are there of a hound? Where are the marks of its fangs? Of course we know that a hound does not bite a dead body and that Sir Charles was dead before ever the brute overtook him. But we have to prove all this, and we are not in a position to do it."

"Well, then, tonight?"

"We are not much better off tonight. Again, there was no direct connection between the hound and the man's death. We never saw the hound. We heard it, but we could not prove that it was running upon this man's trail. There is a complete absence of motive. No, my dear fellow; we must reconcile ourselves to the fact that we have no case at present, and that it is worth our while to run any risk in order to establish one."

"And how do you propose to do so?"

"I have great hopes of what Mrs. Laura Lyons may do for us when the position of affairs is made clear to her. And I have my own plan as well. Sufficient for tomorrow is the evil thereof; but I hope before the day is past to have the upper hand at last."

I could draw nothing further from him, and he walked, lost in thought, as far as the Baskerville gates.

"Are you coming up?"

"Yes; I see no reason for further concealment. But one last word, Watson. Say nothing of the hound to Sir Henry. Let him think that Selden's death was as Stapleton would have us believe. He will have a better nerve for the ordeal which he will have to undergo tomorrow, when he is engaged, if I remember your report aright, to dine with these people."

"And so am I."

"Then you must excuse yourself and he must go alone. That will be easily arranged. And now, if we are too late for dinner, I think that we are both ready for our suppers."

"Tot aufgefunden ohne Zeichen von Gewaltthat an seinem Körper. Du und ich, wir wissen, daß er durch Angst starb, und wir wissen, was ihm solche Angst einjagte. Aber wie sollen wir unsere Ueberzeugung zwölf beschränkten Geschworenen beibringen? Was für Spuren sind vorhanden, die auf einen Hund deuten? Wo sind die Spuren seiner Fangzähne? Wir natürlich, wir wissen, daß ein Hund keinen Leichnam beißt, und daß Sir Charles tot war, ehe die Bestie ihn einholte. Aber wir müssen dies alles beweisen, und wir sind nicht in der Lage, dies zu thun."

"Dann aber der Vorfall von heute abend?"

"Der nützt uns auch nicht viel mehr. Wiederum war kein unmittelbarer Zusammenhang zwischen dem Hund und dem Tod des Mannes vorhanden. Wir haben den Hund niemals gesehen. Wir hörten ihn; aber wir könnten nicht beweisen, daß er den Mann verfolgte. Beweggründe des Verbrechens fehlen gänzlich. Nein, mein guter Junge — wir müssen uns mit der Thatsache aussöhnen, daß wir augenblicklich noch keine Sache haben, die fürs Gericht reif ist, und daß wir daher alles wagen müssen, um uns das Beweismaterial zu beschaffen."

"Und was gedenkst du zu diesem Zweck zu thun?"

"Ich setze große Hoffnungen darauf, daß Frau Laura Lyons uns ihren Beistand leiht, wenn der Stand der Dinge ihr klar gemacht wird. Und außerdem habe ich noch meinen eigenen Plan. Für morgen haben wir also genug Wichtiges vor; aber ich hoffe, ehe der Tag zur Rüste geht, wird der Sieg endlich mein sein!"

Ich konnte nichts weiter aus ihm herausbringen, und er wanderte, in Gedanken versunken, an Meiner: Seite bis ans Thor von Baskerville Hall.,

"Kommst du mit herauf?"

"Ia; ich sehe keinen Grund, warum ich mich noch länger verstecken sollte. Aber noch ein Wort, Watson! Sage zu Sir Henry nichts von dem Hund. Laß ihn Seldens Tod der Ursache zuschreiben, die Stapleton uns einreden wollte. Er wird stärkere Nerven haben für die Probe, die ihm morgen bevorsteht — denn wenn ich mich deines Berichtes entsinne, so soll er ja morgen bei den Leuten speisen."

"Ia; und ich ebenfalls."

"Dann mußt du dich entschuldigen, und er muß allein gehen. Das wird sich ja leicht machen lassen. Und nun — wir sind zwar um unser Mittagessen gekommen, aber das Nachtessen wollen wir uns jetzt recht schmecken lassen."

Sir Henry was more pleased than surprised to see Sherlock Holmes, for he had for some days been expecting that recent events would bring him down from London. He did raise his eyebrows, however, when he found that my friend had neither any luggage nor any explanations for its absence. Between us we soon supplied his wants, and then over a belated supper we explained to the baronet as much of our experience as it seemed desirable that he should know. But first I had the unpleasant duty of breaking the news to Barrymore and his wife. To him it may have been an unmitigated relief, but she wept bitterly in her apron. To all the world he was the man of violence, half animal and half demon; but to her he always remained the little wilful boy of her own girlhood, the child who had clung to her hand. Evil indeed is the man who has not one woman to mourn him.

"I've been moping in the house all day since Watson went off in the morning," said the baronet. "I guess I should have some credit, for I have kept my promise. If I hadn't sworn not to go about alone I might have had a more lively evening, for I had a message from Stapleton asking me over there."

"I have no doubt that you would have had a more lively evening," said Holmes drily. "By the way, I don't suppose you appreciate that we have been mourning over you as having broken your neck?"

Sir Henry opened his eyes. "How was that?"

"This poor wretch was dressed in your clothes. I fear your servant who gave them to him may get into trouble with the police."

"That is unlikely. There was no mark on any of them, as far as I know."

Sir Henry war sehr erstaunt, als er plötzlich in dunkler Nacht Sherlock Holmes sein Haus betreten sah. An und für sich überraschte ihn dessen Ankunft keineswegs, denn er hatte bereits seit einigen Tagen erwartet, daß die letzten Ereignisse ihn veranlassen würden, von London abzureisen. Nur machte er ein ziemlich der» wundertes Gesicht, als er bemerkte, daß Holmes ohne jedes Gepäck ankam und nicht einmal versuchte, diesen eigentümlichen Umstand zu erklären. Sir Henry und ich halfen meinem Freunde mit unseren Sachen aus, so daß er im Gesellschaftsanzug im Speisesaal erscheinen konnte. Während des Essens teilten wir dem Baroner von den Ereignissen des Tages so viel mit, wie uns gut schien. Vorher aber hatte ich noch die peinliche Pflicht zu erfüllen gehabt, Barrymore und seiner Frau die Nachricht von Seldens plötzlichem Tode beizubringen. Der Mann empfand dabei gewiß nichts als Erleichterung, die Frau aber weinte bitterlich in ihre Schürze hinein — für alle anderen war Selden der gesetzlose Totschläger und Mörder, aber für sie blieb er immer der lustige kleine Iunge, der mit seinen Kinderfäustchen sich an die Hand der großen Schwester angeklammert hatte.

"Ich habe mich seit Watsons zeitiger Abfahrt den ganzen Tag im Hause herumgemopst," bemerkte der Baronet, "und ich verdiene wohl ein großes Lob dafür, denn ich habe mein Versprechen gehalten. Hätte ich nicht mein Wort gegeben, daß ich nicht allein ausgehen würde, so hätte ich wohl einen interessanten Abend haben können, denn Stapleton schickte mir eine Einladung zu, ich möchte doch ein bißchen herüberkommen."

"Ich zweifle nicht im geringsten, daß Sie sogar einen sehr interessanten Abend gehabt haben würden," sagte Holmes trocken. "Doch was ich sagen wollte — Sie haben wohl keine Ahnung, daß wir Sie bereits als Leiche mit gebrochenem Genick betrauerten?"

Sir Henry riß vor Erstaunen die Augen auf und rief:

"Wieso denn?"

"Der arme Kerl hatte Ihre Kleider an. Ich fürchte, Ihr Diener, der sie ihm geschenkt hat, kann deshalb Ungelegenheiten mit der Polizei kriegen."

"Doch wohl kaum. Soviel ich weiß, war kein einziges von den Kleidungsstücken gezeichnet."

"That's lucky for him—in fact, it's lucky for all of you, since you are all on the wrong side of the law in this matter. I am not sure that as a conscientious detective my first duty is not to arrest the whole household. Watson's reports are most incriminating documents."

"But how about the case?" asked the baronet. "Have you made anything out of the tangle? I don't know that Watson and I are much the wiser since we came down."

"I think that I shall be in a position to make the situation rather more clear to you before long. It has been an exceedingly difficult and most complicated business. There are several points upon which we still want light—but it is coming all the same."

"We've had one experience, as Watson has no doubt told you. We heard the hound on the moor, so I can swear that it is not all empty superstition. I had something to do with dogs when I was out West, and I know one when I hear one. If you can muzzle that one and put him on a chain I'll be ready to swear you are the greatest detective of all time."

"I think I will muzzle him and chain him all right if you will give me your help."

"Whatever you tell me to do I will do."

"Very good; and I will ask you also to do it blindly, without always asking the reason."

"Just as you like."

"If you will do this I think the chances are that our little problem will soon be solved. I have no doubt—"

He stopped suddenly and stared fixedly up over my head into the air. The lamp beat upon his face, and so intent was it and so still that it might have been that of a clear-cut classical statue, a personification of alertness and expectation.

"What is it?" we both cried.

"Das ist ein Glück für ihn — und nicht nur für ihn allein, sondern für Sie alle; denn Sie alle haben sich bei dieser Angelegenheit gegen Recht und Gesetz vergangen. Ich weiß nicht, ob ich nicht als gewissenhafter Detektiv vor allen Dingen die Pflicht hätte, sämtliche Hausbewohner zu verhaften. Watsons Berichte sind im höchsten Grade belastend."

"Aber wie steht's denn mit unserem Fall?" fragte Sir Henry. "Haben Sie die Fäden einigermaßen entwirren können? Watson und ich sind durch unseren Aufenthalt hier nicht viel klüger geworden."

"Ich werde vermutlich binnen sehr kurzer Zeit imstande sein, Ihnen die Situation ziemlich klar zu machen. Der Fall war außerordentlich schwierig und sehr verwickelt. Auch jetzt noch sind verschiedene Punkte da, die der Aufklärung bedürfen, — indessen auch diese werden wir erhalten."

"Wie Watson Ihnen ohne Zweifel mitgeteilt hat, hatten wir zum mindesten ein sehr wichtiges Erlebnis. Wir hörten den Hund auf dem Moor; ich kann also darauf schwören, daß nicht alles leere Einbildung ist. Na, ich habe drüben im wilden Westen ziemlich viel mit Hunden zu thun gehabt und kann einen beurteilen, wenn ich ihn bellen höre. Und wenn Sie dem da einen Maulkorb und 'ne Kette anlegen können, so will ich vor aller Welt laut erklären, daß Sie der größte Detektiv aller Zeiten sind!"

"Nun, ich glaube, ich werde dem Hunde nach allen Regeln der Kunst Maulkorb und Kette anlegen können, wenn Sie mir dabei helfen wollen."

"Ich will alles thun, was Sie mir auch sagen mögen."

"Vortrefflich! Und ich möchte Sie zugleich bitten, es blindlings zu thun, ohne auch nur eine Frage zu stellen."

"Ganz, wie Sie wünschen."

"Wenn Sie das thun wollen, so haben wir, glaube ich, alle Aussicht, unser kleines Problem gelöst zu sehen. Ich zweifele keinen Augen.."

Plötzlich schwieg Holmes und starrte über mich hinweg vor sich hin. Das volle Lampenlicht fiel auf sein scharfgeschnittenes Gesicht, dessen zu höchster Aufmerksamkeit angespannte Züge an ein klassisches Bildwerk, eine Verkörperung wachsamer Erwartung erinnerten.

"Was giebt's?" riefen Sir Henry und ich wie aus einem Munde.

I could see as he looked down that he was repressing some internal emotion. His features were still composed, but his eyes shone with amused exultation.

"Excuse the admiration of a connoisseur," said he as he waved his hand towards the line of portraits which covered the opposite wall. "Watson won't allow that I know anything of art but that is mere jealousy because our views upon the subject differ. Now, these are a really very fine series of portraits."

"Well, I'm glad to hear you say so," said Sir Henry, glancing with some surprise at my friend. "I don't pretend to know much about these things, and I'd be a better judge of a horse or a steer than of a picture. I didn't know that you found time for such things."

"I know what is good when I see it, and I see it now. That's a Kneller, I'll swear, that lady in the blue silk over yonder, and the stout gentleman with the wig ought to be a Reynolds. They are all family portraits, I presume?"

"Every one."

"Do you know the names?"

"Barrymore has been coaching me in them, and I think I can say my lessons fairly well."

"Who is the gentleman with the telescope?"

"That is Rear-Admiral Baskerville, who served under Rodney in the West Indies. The man with the blue coat and the roll of paper is Sir William Baskerville, who was Chairman of Committees of the House of Commons under Pitt."

"And this Cavalier opposite to me—the one with the black velvet and the lace?"

"Ah, you have a right to know about him. That is the cause of all the mischief, the wicked Hugo, who started the Hound of the Baskervilles. We're not likely to forget him."

Ich konnte sehen, daß Holmes, als er seine Augen wieder senkte, eine innere Aufregung niederkämpfte. Seine Züge behielten ihren ruhigen Ausdruck, aber aus seinen Augen funkelte eine wilde Freude.

"Entschuldigen Sie, wenn ein Kunstliebhaber sich von seiner Bewunderung hinreißen ließ," sagte er, mit einer Handbewegung auf die an der gegenüberliegenden Wand hängende Reihe von Bildnissen hindeutend. "Watson behauptet allerdings, ich verstände von Kunst nicht das allergeringste, aber das ist die reine Eifersucht, weil meine Ansichten darüber von den seinigen abweichen. Dies hier ist aber wirklich eine ganze Sammlung von sehr schönen Bildnissen."

"So? Na, das höre ich mit Vergnügen," sagte Sir Henry, indem er meinen Freund mit einiger Ueberraschung ansah. "Ich kann mich nicht für einen großen Kenner in diesen Dingen ausgeben und verstehe jedenfalls mehr von einem Pferd oder Stier als von einem Gemälde. Ich dachte nicht, daß Sie auch für die Beschäftigung mit Kunstsachen Zeit gefunden hätten!"

"Wenn ich ein Bild sehe, so weiß ich, ob es gut ist oder nicht, und diese hier sind gut! Ich will wetten, die Dame da in der Ecke in dem blauen Seidenkleid ist ein Kneller und der dicke Herr mit der Perücke muß von Reynolds gemalt sein. Es sind wohl lauter Familienbilder?"

"Ohne Ausnahme."

"Wissen Sie die Namen der gemalten Personen?"

"Barrymore hat mich darauf eingepaukt, und ich glaube, ich kann meine Lektion ziemlich gut hersagen."

"Wer ist der alte Herr mit dem Fernrohr?"

"Das ist Kontreadmiral Baskerville, der unter Nodney in Westindien diente. Der Mann im blauen Frack mit der Papierrolle ist Sir William Baskerville, zu Pitts Zeiten eines der hervorragendsten Mitglieder des Unterhauses."

"Und der Kavalier gerade meinem Platz' gegenüber — der in dem schwarzen Sammetrock mit Spitzenkragen?"

"Ah! Ich glaube wohl, daß der Sie interessiert! Das ist der Urheber alles Unheils, der verruchte Hugo, dem die Baskervilles ihren Geisterhund verdanken. Den Mann werden wir wohl schwerlich je wieder vergessen."

I gazed with interest and some surprise upon the portrait.

"Dear me!" said Holmes, "he seems a quiet, meek-mannered man enough, but I dare say that there was a lurking devil in his eyes. I had pictured him as a more robust and ruffianly person."

"There's no doubt about the authenticity, for the name and the date, 1647, are on the back of the canvas."

Holmes said little more, but the picture of the old roysterer seemed to have a fascination for him, and his eyes were continually fixed upon it during supper. It was not until later, when Sir Henry had gone to his room, that I was able to follow the trend of his thoughts. He led me back into the banqueting-hall, his bedroom candle in his hand, and he held it up against the time-stained portrait on the wall.

"Do you see anything there?"

I looked at the broad plumed hat, the curling love-locks, the white lace collar, and the straight, severe face which was framed between them. It was not a brutal countenance, but it was prim, hard, and stern, with a firm-set, thin-lipped mouth, and a coldly intolerant eye.

"Is it like anyone you know?"

"There is something of Sir Henry about the jaw."

"Just a suggestion, perhaps. But wait an instant!" He stood upon a chair, and, holding up the light in his left hand, he curved his right arm over the broad hat and round the long ringlets.

"Good heavens!" I cried in amazement.

The face of Stapleton had sprung out of the canvas.

"Ha, you see it now. My eyes have been trained to examine faces and not their trimmings. It is the first quality of a criminal investigator that he should see through a disguise."

Ich drehte mich neugierig und ziemlich überrascht nach dem Bilde um.

"Ei sieh!" rief Holmes. "Er sieht ja ganz ruhig und sanftmütig aus, aber in den Augen scheint allerdings etwas Teuflisches zu lauern. Ich hatte mir unter Sir Hugo einen kräftigeren Mann und wilderen Burschen vorgestellt!"

"Daß das Bild ihn wirklich darstellt, unterliegt keinem Zweifel, denn die Rückseite der Leinwand trögt seinen vollen Namen und die Jahreszahl 1647."

Holmes sagte nicht viel mehr während des Essens, aber das Bild des Wüstlings schien eine merkwürdige Anziehungskraft auf ihn auszuüben, und er hielt beständig seine Augen darauf geheftet. Erst später, nachdem Sir Henry sich auf sein Zimmer begeben hatte, wurde meines Freundes Gedankengang mir klar. Er führte mich, die Kerze in der Hand haltend, noch einmal in den Speisesaal zurück und beleuchtete das vom Alter dunkel gewordene Porträt an der Wand.

"Sieh dir mal das Bild an. Fällt dir nicht etwas daran auf?"

Ich betrachtete genau den breitkrämpigen Federhut, die langen Locken, den Spitzenkragen und das dazwischen eingeschlossene, langgezogene ernste Antlitz. Der Gesichtsausdruck war nicht brutal, aber spöttisch, hart und grausam; die dünnen Lippen waren fest aufeinandergepreßt, die Augen blickten kalt und herrschsüchtig.

"Erinnert das Bild dich an einen, den du kennst?" fragte Holmes mich.

"Die Kinnlade erinnert etwas an Sir Henry."

"Hm — ein ganz kleines bißchen vielleicht. Aber warte mal einen Augenblick." Er stieg auf einen Stuhl und verdeckte mit dem gekrümmten rechten Arm den Schlapphut und die Ringellocken, während er mit der Linken die Kerze näher an das Bild hielt.

"Himmlische Güte!" rief ich erstaunt. Aus der Leinwand starrte mir Stapletons Antlitz entgegen!

"Aha, jetzt siehst du es auch! Ich habe meine Augen darauf geübt, bei einem Gesicht die Züge zu sehen und nicht das Drum und Dran. Wer Verbrechen ausspüren will, muß vor allen Dingen eine Verkleidung durchschauen können."

"But this is marvellous. It might be his portrait."

"Yes, it is an interesting instance of a throwback, which appears to be both physical and spiritual. A study of family portraits is enough to convert a man to the doctrine of reincarnation. The fellow is a Baskerville—that is evident."

"With designs upon the succession."

"Exactly. This chance of the picture has supplied us with one of our most obvious missing links. We have him, Watson, we have him, and I dare swear that before tomorrow night he will be fluttering in our net as helpless as one of his own butterflies. A pin, a cork, and a card, and we add him to the Baker Street collection!" He burst into one of his rare fits of laughter as he turned away from the picture. I have not heard him laugh often, and it has always boded ill to somebody.

I was up betimes in the morning, but Holmes was afoot earlier still, for I saw him as I dressed, coming up the drive.

"Yes, we should have a full day today," he remarked, and he rubbed his hands with the joy of action. "The nets are all in place, and the drag is about to begin. We'll know before the day is out whether we have caught our big, leanjawed pike, or whether he has got through the meshes."

"Have you been on the moor already?"

"Aber dies ist ja eine geradezu wunderbare Aehn»lichkeit! Man könnte meinen, es sei Stapletons Porträt!"

"Ia, es ist ein interessantes Beispiel der Wiederholungen, die die Natur zuweilen liebt — und in diesem Fall scheinen nicht nur die körperlichen, sondern auch die Charaktereigenschaften jenes alten Baskerville wiedererstanden zu sein. Man braucht nur eine Sammlung von Familienbildnissen zu studieren, um sich sofort zur Vererbungstheorie zu bekehren. Der Bursche ist ein Baskerville — so viel ist klar und deutlich!"

"Und hat Absichten auf die Erbschaft?"

"Natürlich. Der zufällige Anblick dieses Bildes hat mir eines der wichtigsten, in der Kette meiner Beweise noch fehlenden Glieder geliefert. Wir haben ihn, Watson, wir haben ihn — und ich kann darauf schwören, daß er vor morgen abend so hilflos in unserem Netz zappeln wird, wie einer von seinen geliebten Schmetterlingen! Eine Nadel, ein Stück Kork, ein Zettelchen — und da haben wir ihn in unserer Sammlung in der Bakerstraße!"

Mit diesen Worten wandte Holmes dem Bilde den Rücken und brach in ein Gelächter aus; ich habe ihn selten laut lachen hören — und wenn er's that, so bedeutete es für den, welchem sein Lachen galt, nichts Gutes. ...Am anderen Morgen stand ich früh auf, aber Holmes war doch noch zeitiger aufgewesen, denn als ich mich ankleidete, sah ich ihn den Fahrweg entlang auf das Schloß zukommen.

"Ja, ja, wir werden ein tüchtiges Tagewerk vor uns haben," bemerkte er und rieb sich dabei voll Entzücken über diese Aussicht die Hände.

"Die Netze sind alle aufgespannt — der letzte Akt kann beginnen. Ehe der Tag zu Ende ist, werden wir wissen, ob wir unseren großen spitzschnäuzigen Hecht gefangen haben, oder ob er uns durch die Maschen gegangen ist."

"Bist du schon draußen auf dem Moor gewesen?"

"I have sent a report from Grimpen to Princetown as to the death of Selden. I think I can promise that none of you will be troubled in the matter. And I have also communicated with my faithful Cartwright, who would certainly have pined away at the door of my hut, as a dog does at his master's grave, if I had not set his mind at rest about my safety."

"What is the next move?"

"To see Sir Henry. Ah, here he is!"

"Good-morning, Holmes," said the baronet. "You look like a general who is planning a battle with his chief of the staff."

"That is the exact situation. Watson was asking for orders."

"And so do I."

"Verygood. You are engaged, as I understand, to dine with our friends the Stapletons tonight."

"I hope that you will come also. They are very hospitable people, and I am sure that they would be very glad to see you."

"I fear that Watson and I must go to London."

"To London?"

"Yes, I think that we should be more useful there at the present juncture."

The baronet's face perceptibly lengthened.

"I hoped that you were going to see me through this business. The Hall and the moor are not very pleasant places when one is alone."

"My dear fellow, you must trust me implicitly and do exactly what I tell you. You can tell your friends that we should have been happy to have come with you, but that urgent business required us to be in town. We hope very soon to return to Devonshire. Will you remember to give them that message?"

"Ich habe von Grimpen einen Bericht über Seldens Tod nach Princetown geschickt. Ich glaube versprechen zu können, daß keiner von euch in dieser Angelegenheit behelligt werden wird. Auch habe ich meinem treuen Cartwright Bescheid gegeben; der gute Junge hätte sich sonst gewiß auf die Schwelle meiner leeren Hütte gelegt, wie ein Hund, der auf dem Grabe seines Herrn den Tod erwartet; deshalb mußte ich ihn darüber beruhigen, daß ich gesund und munter bin."

"Was haben wir jetzt zunächst zu thun?"

"Sir Henry aufzusuchen — ah, da ist er ja."

"Guten Morgen, Holmes!" rief der Baronet. "Sie sehen ja aus wie ein. General, der mit seinem Generalstabschef den Plan einer Schlacht bespricht."

"Der Vergleich ist sehr richtig. Watson wollte meine Befehle einholen."

"Ich auch."

"Sehr angenehm. Wenn ich Sie recht verstanden habe, sind Sie für heute abend bei Ihren Freunden, den Stapletons, zu Tisch geladen?"

"Ich hoffe, Sie kommen auch mit. Es sind sehr nette Leute, unö ich weiß bestimmt, daß es ihnen sehr lieb wäre, Sie ebenfalls zu sehen,"

"Ich fürchte, Watfon un,d ich müssen nach London fahren."

"Nach London?"

"Ia; ich glaube, so wie die Sachen jetzt liegen, können wir dort mehr von Nutzen sein."

Des Baronets Gesicht wurde merklich länger.

"Ich hoffte," sagte er nach einer kleinen Pause, "Sie würden mir zur Seite bleiben, bis der ganze Fall aufgeklärt ist. Baskerville Hall und das Moor sind nicht gerade ein angenehmer Aufenthalt, wenn man allein ist."

"Mein lieber junger Freund, Sie müssen mir ohne Bedenken Vertrauen schenken und genau thun, was ich Ihnen sage. Erzählen Sie nur Ihren Freunden, wir wären sehr glücklich gewesen, wenn wir hatten mitkommen können, aber eine dringliche Angelegenheit hätte unsere Anwesenheit in der Stadt erfordert. Wir hofften sehr bald nach Devonshire zurückzukehren. Wollen Sie nicht vergessen, dies auszurichten?"

"If you insist upon it."

"There is no alternative, I assure you."

I saw by the baronet's clouded brow that he was deeply hurt by what he regarded as our desertion.

"When do you desire to go?" he asked coldly.

"Immediately after breakfast. We will drive in to Coombe Tracey, but Watson will leave his things as a pledge that he will come back to you. Watson, you will send a note to Stapleton to tell him that you regret that you cannot come."

"I have a good mind to go to London with you," said the baronet. "Why should I stay here alone?"

"Because it is your post of duty. Because you gave me your word that you would do as you were told, and I tell you to stay."

"All right, then, I'll stay."

"One more direction! I wish you to drive to Merripit House. Send back your trap, however, and let them know that you intend to walk home."

"To walk across the moor?"

"Yes."

"But that is the very thing which you have so often cautioned me not to do."

"This time you may do it with safety. If I had not every confidence in your nerve and courage I would not suggest it, but it is essential that you should do it."

"Then I will do it."

"And as you value your life do not go across the moor in any direction save along the straight path which leads from Merripit House to the Grimpen Road, and is your natural way home."

"I will do just what you say."

"Very good. I should be glad to get away as soon after breakfast as possible, so as to reach London in the afternoon."

"Wenn Sie es durchaus wünschen —" "Ich versichere Ihnen, es ist unbedingt notwendig."

Ich sah an des Baronets finster zusammengezogenen Brauen, daß er unsere Abreise als Desertion ansah, und daß ihn dies tief verletzte.

"Wann gedenken Sie zu reisen?" fragte er endlich in kaltem Tone.

"Unmittelbar nach dem Frühstück. Wir fahren nach Coombe Tracey, aber Watson läßt seine Sachen hier; da haben Sie ein Pfand, daß er wiederkommt! Watson, du wirst Stapleton eine Zeile schreiben, daß du zu deinem Bedauern nicht kommen kannst."

"Ich habe große Lust, mit Ihnen nach London zu fahren," sagte der Baronet. "Warum sollte ich eigentlich hier bleiben?"

"Weil hier Ihr Posten ist! Weil Sie mir Ihr Wort gaben, Sie würden thun, was ich Ihnen sagte. Und ich sage Ihnen, Sie müssen hier bleiben."

"Also gut, ich bleibe."

"Noch eins. Ich wünsche, daß Sie nach Merripit House fahren. Schicken Sie aber Ihr Wägelchen zurück, und sagen Sie den Stapletons, daß Sie beabsichtigen, zu Fuß nach Hause zu gehen."

"Zu Fuß über das Moor?"

"Ja."

"Aber gerade davor warnten Sie mich ja so oft!"

"Diesmal können Sie es in aller Sicherheit thun. Wenn ich nicht volles Vertrauen zu Ihren Nerven und zu Ihrem Mute hätte, so würde ich Ihnen den Vorschlag nicht machen; aber es kommt alles darauf an, daß Sie zu Fuß übers Moor gehen."

"Dann will ich's thun!"

"Und wenn Ihnen Ihr Leben lieb ist — gehen Sie keinen anderen Weg als den Fußpfad, der von Merripit House nach der Grimpener Landstraße führt. Uebrigens ist das der nächste Weg nach Baskerville Hall und darum auch der natürlichste."

"Ich werde genau thun, was Sie mir sagen."

"Sehr gut! Es wäre mir angenehm, so bald wie möglich nach dem Frühstück abzufahren, damit ich am Nachmittag in London sein kann."

I was much astounded by this programme, though I remembered that Holmes had said to Stapleton on the night before that his visit would terminate next day. It had not crossed my mind however, that he would wish me to go with him, nor could I understand how we could both be absent at a moment which he himself declared to be critical. There was nothing for it, however, but implicit obedience; so we bade good-bye to our rueful friend, and a couple of hours afterwards we were at the station of Coombe Tracey and had dispatched the trap upon its return journey. A small boy was waiting upon the platform.

"Any orders, sir?"

"You will take this train to town, Cartwright. The moment you arrive you will send a wire to Sir Henry Baskerville, in my name, to say that if he finds the pocketbook which I have dropped he is to send it by registered post to Baker Street."

"Yes, sir."

"And ask at the station office if there is a message for me."

The boy returned with a telegram, which Holmes handed to me. It ran:

Wire received. Coming down with unsigned warrant. Arrive five-forty. Lestrade.

"That is in answer to mine of this morning. He is the best of the professionals, I think, and we may need his assistance. Now, Watson, I think that we cannot employ our time better than by calling upon your acquaintance, Mrs. Laura Lyons."

Ich war über Holmes Anordnungen sehr erstaunt, obwohl ich mich erinnerte, daß er am Abend vorher zu Stapleton gesagt hatte, sein Besuch würde nur bis zum Morgen dauern. Ich hatte aber nicht gedacht, daß er mich mit nach London nehmen würde, und vor allen Dingen konnte ich nicht begreifen, daß gerade in diesem Augenblick — dem kritischen, wie er selber sagte — wir uns alle beide entfernen sollten! Natürlich war aber nichts anderes zu thun, als ihm blindlings zu gehorchen; wir verabschiedeten uns also von unserem sehr verstimmten Freunde, Sir Henry, und waren ein paar Stunden spater auf dem Bahnhof von Coombe Tracey, von wo wir den Wagen nach Baskerville Hall zurückschickten. Ein kleiner Junge stand wartend auf dem Bahnhof und kam sofort auf Holmes zu, als er uns erblickte.

"Haben Sie was zu befehlen, Herr?"

"Du nimmst diesen Zug, Cartwright, und fährst nach London. Unmittelbar nach der Ankunft schickst du vom Bahnhof aus ein mit meinem Namen unterzeichnetes Telegramm an Sir Henry Baskerville: wenn er das von mir verlorene Tafchenbuch fände, so möchte er es mit der Post eingeschrieben nach meiner Wohnung in der Bakerstraße schicken."

"Jawohl, Herr!"

"Und frage hier auf dem Stationsbureau, ob nichts für mich angekommen sei."

Der Junge kam mit einem Telegramm zurück, das Holmes mir hinreichte. Es lautete:

"Telegramm erhalten. Komme mit unausgefülltem Verhaftsbefehl; treffe 4,45 ein. Lestrade."

"Das ist die Antwort auf mein Telegramm von heute früh," sagte Holmes. "Lestrade ist meiner Meinung nach der Beste von den Beamten der GeheimPolizei, und wir werden vielleicht seinen Beistand nötig haben. Und nun, Watson, können wir unsere Zeit wohl nicht besser anwenden, als wenn wir bei deiner Bekannten, Frau Laura Lyons, einen Besuch machen."

His plan of campaign was beginning to be evident. He would use the baronet in order to convince the Stapletons that we were really gone, while we should actually return at the instant when we were likely to be needed. That telegram from London, if mentioned by Sir Henry to the Stapletons, must remove the last suspicions from their minds. Already I seemed to see our nets drawing closer around that leanjawed pike.

Mrs. Laura Lyons was in her office, and Sherlock Holmes opened his interview with a frankness and directness which considerably amazed her.

"I am investigating the circumstances which attended the death of the late Sir Charles Baskerville," said he. "My friend here, Dr. Watson, has informed me of what you have communicated, and also of what you have withheld in connection with that matter."

"What have I withheld?" she asked defiantly.

"You have confessed that you asked Sir Charles to be at the gate at ten o'clock. We know that that was the place and hour of his death. You have withheld what the connection is between these events."

"There is no connection."

"In that case the coincidence must indeed be an extraordinary one. But I think that we shall succeed in establishing a connection, after all. I wish to be perfectly frank with you, Mrs. Lyons. We regard this case as one of murder, and the evidence may implicate not only your friend Mr. Stapleton but his wife as well."

The lady sprang from her chair.

"His wife!" she cried.

"The fact is no longer a secret. The person who has passed for his sister is really his wife."

Mrs. Lyons had resumed her seat. Her hands were grasping the arms of her chair, and I saw that the pink nails had turned white with the pressure of her grip.

Sein Feldzugsplan begann mir jetzt klar zu werden. Durch den Baronet wollte er die Stapletons überzeugen, daß wir abgereist wären; in Wirklichkeit dagegen würden wir im Augenblick, wo unsere Anwesenheit notwendig wäre, zur Hand sein. Wenn Sir Henry den Stapletons gegenüber das aus London erhaltene Telegramm erwähnte, so mußte ihnen das den letzten etwa noch vorhandenen Verdacht benehmen. Mir war's, als sähe ich bereits unsere Netze sich immer dichter um den spitzköpfigen Hecht zusammenschließen! …

Frau Laura Lyons war in ihrem Arbeitszimmer, und Sherlock Holmes eröffnete das Gespräch mit einer Geradheit und Freimütigkeit, die sie ganz verblüfft machte.

"Ich beschäftige mich," sagte er, "mit einer Untersuchung der Umstände, unter denen der Tod des seligen Sir Charles Baskerville erfolgt ist. Mein Freund hier, Herr Doktor Watson, hat mir mitgeteilt, welche Umstände Sie ihm erzählten, und welche Sie ihm verschwiegen haben."

"Was soll ich ihm verschwiegen haben?" fragte sie herausfordernd.

"Sie haben eingeräumt, Sir Charles gebeten zu haben, er möchte Sie um zehn Uhr an der Pforte erwarten. Wir wissen, daß er um diese Stunde und an diesem Ort den Tod fand. Sie haben verschwiegen, welche Verbindung zwischen den beiden Umständen besteht."

"Es besteht gar keine Verbindung."

"In diesem Fall muß allerdings das Zusammentreffen ein ganz außerordentliches genannt werden. Aber ich glaube, wir werden den Zusammenhang doch noch feststellen. Ich möchte ganz offen gegen Sie fein, Frau Lyons. Nach unserer Ansicht handelt es sich um einen Mord, und in die Untersuchung wird wahrscheinlich nicht nur Ihr Freund Herr Stapleton verwickelt werden, sondern vielleicht auch seine Frau."

Die Dame sprang von ihrem Stuhl auf und rief:

"Seine Frau?"

"Diese Thatsache ist kein Geheimnis mehr. Die Person, die für seine Schwester galt, ist in Wirklichkeit seine Frau."

Frau Lyons hatte sich wieder gesetzt. Ihre Hände umfaßten krampfhaft die Armlehnen des Stuhles — so krampfhaft, daß von dem Druck die rosigen Fingernägel weiß wurden.

"His wife!" she said again. "His wife! He is not a married man."

Sherlock Holmes shrugged his shoulders.

"Prove it to me! Prove it to me! And if you can do so—!"

The fierce flash of her eyes said more than any words.

"I have come prepared to do so," said Holmes, drawing several papers from his pocket. "Here is a photograph of the couple taken in York four years ago. It is indorsed 'Mr. and Mrs. Vandeleur,' but you will have no difficulty in recognizing him, and her also, if you know her by sight. Here are three written descriptions by trustworthy witnesses of Mr. and Mrs. Vandeleur, who at that time kept St. Oliver's private school. Read them and see if you can doubt the identity of these people."

She glanced at them, and then looked up at us with the set, rigid face of a desperate woman.

"Mr. Holmes," she said, "this man had offered me marriage on condition that I could get a divorce from my husband. He has lied to me, the villain, in every conceivable way. Not one word of truth has he ever told me. And why—why? I imagined that all was for my own sake. But now I see that I was never anything but a tool in his hands. Why should I preserve faith with him who never kept any with me? Why should I try to shield him from the consequences of his own wicked acts? Ask me what you like, and there is nothing which I shall hold back. One thing I swear to you, and that is that when I wrote the letter I never dreamed of any harm to the old gentleman, who had been my kindest friend."

"I entirely believe you, madam," said Sherlock Holmes. "The recital of these events must be very painful to you, and perhaps it will make it easier if I tell you what occurred, and you can check me if I make any material mistake. The sending of this letter was suggested to you by Stapleton?"

"Seine Frau!" wiederholte sie. "Seine Frau! Er war ja niemals verheiratet!"

Sherlock Holmes zuckte nur stumm die Achseln.

"Beweisen Sie's mir! Beweisen Sie's mir! Und wenn Sie das können..."

Der Blitz, der aus ihren Augen sprühte, sprach deutlicher als Worte.

"Ich war auf Ihr Verlangen gefaßt und hatte mich deshalb zu diesem Besuch vorbereitet," sagte Holmes. Dabei zog er mehrere Papiere aus der Tasche. "Hier ist eine Photographie des Paares; sie ist vor vier Iahren in Fori aufgenommen worden. Auf der Rückseite steht: ‚Herr und Frau Vandeleur', aber Sie werden ihn ohne Schwierigkeiten erkennen, und sie ebenfalls, wenn Sie sie von Ansehen kennen. Hier sind als Aussagen glaubwürdiger Zeugen die Beschreibungen des Aussehens von Herrn und Frau Vandeleur, die damals die Privatschule von St. Oliver leiteten. Lesen Sie sie und sagen Sie mir dann, ob Sie noch die Identität des Paares bezweifeln."

Sie überflog die Schriftstücke und sah uns dann mit dem starren Gesicht eines verzweifelten Weibes an.

"Herr Holmes!" rief sie endlich. "Dieser Mann hatte mir die Ehe versprochen, unter der Bedingung, daß ich meine Scheidung durchsetzen könnte. Er hat mich belogen, der Schurke — hat mich auf jede erdenkliche Weise belogen! Kein wahres Wort hat er mir gesagt. Und warum — warum? Ich bildete mir ein, alles geschehe um meinetwillen. Und nun sehe ich, daß ich immer nur ein Werkzeug in seiner Hand war. Warum sollte ich ihm Treue bewahren — er hat mich stets betrogen! Warum sollte ich von ihm die Folgen seiner verruchten Thaten abzuwenden suchen? Fragen Sie mich nach allem, was Sie zu wissen wünschen — ich werde nichts, gar nichts verschweigen. Und eins schwöre ich Ihnen: als ich jenen Brief schrieb, dachte ich nicht daran, dem alten Herrn, der stets mein großmütigster Freund gewesen war, irgend etwas zu leide thun zu wollen!"

"Davon bin ich vollkommen überzeugt, Madame," antwortete Sherlock Holmes. "Die Erzählung der ganzen Vorgänge möchte sehr peinlich für Sie sein; vielleicht ist es Ihnen angenehmer, wenn ich die verschiedenen Punkte angebe. Wenn ich dabei einen Irrtum begehe, so können Sie mich berichtigen. Die Absenkung des Briefes war Ihnen von Stapleton vorgeschlagen?"

"He dictated it."

"I presume that the reason he gave was that you would receive help from Sir Charles for the legal expenses connected with your divorce?"

"Exactly."

"And then after you had sent the letter he dissuaded you from keeping the appointment?"

"He told me that it would hurt his self-respect that any other man should find the money for such an object, and that though he was a poor man himself he would devote his last penny to removing the obstacles which divided us."

"He appears to be a very consistent character. And then you heard nothing until you read the reports of the death in the paper?"

"No."

"And he made you swear to say nothing about your appointment with Sir Charles?"

"He did. He said that the death was a very mysterious one, and that I should certainly be suspected if the facts came out. He frightened me into remaining silent."

"Quite so. But you had your suspicions?"

She hesitated and looked down.

"I knew him," she said. "But if he had kept faith with me I should always have done so with him."

"I think that on the whole you have had a fortunate escape," said Sherlock Holmes. "You have had him in your power and he knew it, and yet you are alive. You have been walking for some months very near to the edge of a precipice. We must wish you good-morning now, Mrs. Lyons, and it is probable that you will very shortly hear from us again."

"Er diktierte ihn mir."

"Als Grund gab er vermutlich an, Sir Charles würde Ihnen mit einem Darlehen beistehen, um die Gerichtskosten Ihres Scheidungsprozesses decken zu können."

"Ganz recht."

"Als Sie dann den Brief abgesandt hatten, redete er Ihnen zu, Sie sollten lieber nicht hingehen?"

"Er sagte mir, es verwunde seinen Stolz, daß ein anderer das Geld zu einem solchen Zweck hergebe; er sei zwar selber ein armer Mann, aber er wolle den letzten Schilling hergeben, um die Hindernisse zu beseitigen, die uns trennten."

"Er ist augenscheinlich ein sehr zielbewußter Charakter ... Und dann hörten Sie nichts mehr, als bis Sie den Bericht über Sir Charles' Tod in der Zeitung lasen?"

"Nein."

"Und er ließ Sie schwören, daß Sie nichts von Ihrer Verabredung mit Sir Charles sagen wollten?"

"Ia. Er sagte, der Tod sei ein sehr geheimnisvoller, und ich würde sicherlich in Verdacht geraten, wenn von der Verabredung etwas bekannt würde. Ei machte mir furchtbar bange — und ich blieb still."

"So dachte ich's mir. Aber Sie hatten einen gewissen Verdacht?"

Sie zögerte und schlug die Augen nieder. Nach einer Pause aber antwortete sie:

"Ich kannte ihn. Aber wenn er mir sein Wort gehalten hätte, so würde ich ihm das meinige nie und nimmer gebrochen haben."

"Ich glaube, Sie können von Glück sagen, daß Sie so davongekommen sind!" rief Sherlock Holmes. "Sie haben ihn in Ihrer Gewalt gehabt; er wußte das — und Sie sind trotzdem noch am Leben. Sie sind monatelang dicht am Rande des Abgrundes entlang gegangen. . . . Wir müssen nun gehen, Frau Lyons. Wahrscheinlich werden Sie binnen ganz kurzer Zeit wieder von uns hören. Guten Morgen. . . ."

"Our case becomes rounded off, and difficulty after difficulty thins away in front of us," said Holmes as we stood waiting for the arrival of the express from town. "I shall soon be in the position of being able to put into a single connected narrative one of the most singular and sensational crimes of modern times. Students of criminology will remember the analogous incidents in Godno, in Little Russia, in the year '66, and of course there are the Anderson murders in North Carolina, but this case possesses some features which are entirely its own. Even now we have no clear case against this very wily man. But I shall be very much surprised if it is not clear enough before we go to bed this night."

The London express came roaring into the station, and a small, wiry bulldog of a man had sprung from a first-class carriage. We all three shook hands, and I saw at once from the reverential way in which Lestrade gazed at my companion that he had learned a good deal since the days when they had first worked together. I could well remember the scorn which the theories of the reasoner used then to excite in the practical man.

"Anything good?" he asked.

"The biggest thing for years," said Holmes. "We have two hours before we need think of starting. I think we might employ it in getting some dinner and then, Lestrade, we will take the London fog out of your throat by giving you a breath of the pure night air of Dartmoor. Never been there? Ah, well, I don't suppose you will forget your first visit."

"Unser Fall rundet sich immer mehr ab, und eine Schwierigkeit nach der anderen verschwindet vor uns," sagte Holmes, als wir auf dem Bahnhof standen und den von London kommenden Schnellzug erwarteten. "Bald werde ich in der Lage sein, eine einfache, zusammenhängende Darstellung eines der seltsamsten und sensationellsten Verbrechen der Gegenwart zu geben. Wer sich speziell für Kriminalistik interessiert, wird sich des ähnlichen Falles erinnern, der sich im Jahre 1866 in Grodno in Klein-Rußland zutrug. Außerdem natürlich der Andersonschen Mordthaten in Nord-Carolina; aber unser Fall hier weist einige Züge auf, die in ihrer Art ganz einzig dastehen. Selbst jetzt haben wir noch keinen ganz klaren Beweis gegen diesen überaus verschlagenen Mann. Aber es sollte mich außerordentlich wundern, wenn nicht alles vollkommen aufgeklärt wäre, ehe wir heute nacht zu Bette gehen."

In diesem Augenblick kam der Londoner Schnellzug mit betäubendem Lärm herangebraust. Er hielt, und ein kleiner, handfester Mann mit einem Bulldoggengesicht sprang aus einem Abteil erster Klasse auf den Bahnsteig. Wir schüttelten uns alle drei die Hand, und ich sah sofort an der ehrerbietigen Art, wie Lestrade meinen Freund ansah, daß er seit unserem ersten Zusammenarbeiten mancherlei gelernt hatte. Ich erinnerte mich noch sehr gut des verächtlichen Spottes, womit der Mann der Praxis die Theorien des Grüblers abgethan hatte.

"Haben Sie was Gutes für mich?" fragte der Beamte.

"Den großartigsten Fall, der seit Jahren vorgekommen ist!" antwortete Holmes. "Wir haben zwei Stunden zu unserer freien Verfügung. Ich glaube, wir können sie nicht besser anwenden, als indem wir einen Bissen essen; und dann, Lestrade, sollen Sie den Londoner Nebel aus Ihrer Kehle los werden und dafür ein bißchen reine Nachtluft von Dartmoor einatmen. Sie waren noch niemals hier? Na, ich denke, Sie werden Ihren ersten Besuch schwerlich vergessen."

Chapter 14. The Hound of the Baskervilles

One of Sherlock Holmes's defects—if, indeed, one may call it a defect—was that he was exceedingly loath to communicate his full plans to any other person until the instant of their fulfilment. Partly it came no doubt from his own masterful nature, which loved to dominate and surprise those who were around him. Partly also from his professional caution, which urged him never to take any chances. The result, however, was very trying for those who were acting as his agents and assistants. I had often suffered under it, but never more so than during that long drive in the darkness. The great ordeal was in front of us; at last we were about to make our final effort, and yet Holmes had said nothing, and I could only surmise what his course of action would be. My nerves thrilled with anticipation when at last the cold wind upon our faces and the dark, void spaces on either side of the narrow road told me that we were back upon the moor once again. Every stride of the horses and every turn of the wheels was taking us nearer to our supreme adventure.

Our conversation was hampered by the presence of the driver of the hired wagonette, so that we were forced to talk of trivial matters when our nerves were tense with emotion and anticipation. It was a relief to me, after that unnatural restraint, when we at last passed Frankland's house and knew that we were drawing near to the Hall and to the scene of action. We did not drive up to the door but got down near the gate of the avenue. The wagonette was paid off and ordered to return to Coombe Tracey forthwith, while we started to walk to Merripit House.

"Are you armed, Lestrade?"

The little detective smiled. "As long as I have my trousers I have a hip-pocket, and as long as I have my hip-pocket I have something in it."

Vierzehntes Kapitel.

Zu Sherlock Holmes' Fehlern — vorausgesetzt, daß es überhaupt ein Fehler genannt werden kann — gehörte es, daß er eine große Abneigung dagegen hatte, von seinen Plänen etwas mitzuteilen, bevor der Augenblick der Ausführung dazu da war. Zum Teil beruhte dies unzweifelhaft auf der Ueberlegenheit seiner Natur: er liebte es, sich als Herrn und Meister zu zeigen und seine Umgebung zu überraschen. Zum anderen Teil aber lag es in der ihm angeborenen und in seinem Beruf noch mehr ausgebildeten Vorsicht; er wollte nichts auf unvorhergesehene Zufälle ankommen lassen. Sei dem wie ihm wolle — das Ergebnis war eine harte Geduldsprobe für seine Helfer und Mitarbeiter. Ich hatte schon oft darunter gelitten, aber niemals so sehr wie während unserer langen Fahrt in der Dunkelheit. Der große Schlag stand unmittelbar bevor, endlich sollte die Entscheidung fallen — und doch hatte Holmes noch kein Wort gesagt, und ich konnte mich nur in Vermutungen über das von uns einzuschlagende Verfahren ergehen. Meine Nerven waren fast bis zur Unerträglichkeit angespannt, als ich rechts und links von unserem schmalen Landweg düstere weite Flächen bemerkte und an dem mir ins Gesicht schlagenden kalten Wind erkannte, daß wir wieder auf dem Moor angelangt waren. Ieder Sprung der Pferde, jede Umdrehung der Räder brachte uns dem Ende unseres Abenteuers näher.

Da der Kutscher auf dem Bock unseres Mietwagens jedes Wort hören konnte, so mußten wir uns in unserem Gespräch großen Zwang anthun und durften uns nur über gleichgültige Gegenstände unterhalten; das fiel uns in unserer begreiflichen Aufregung nicht leicht. Ich atmete daher erleichtert auf, als wir bei Franklands Haus vorbeikamen; endlich näherten wir uns Baskerville Hall und damit dem Schauplatz der Handlung. Wir fuhren nicht beim Haupteingang vor, sondern ließen den Wagen in der Allee halten und stiegen aus. Der Kutscher wurde abgelohnt, und wir machten uns zu Fuß auf den Weg nach Merripit House.

"Sind Sie bewaffnet, Lestrade?"

Lächelnd antwortete der Detektiv: "So lange ich meine Hosen anhabe, habe ich eine Hüfttasche, und so lange ich meine Hüfttasche habe, ist auch was drin."

"Good! My friend and I are also ready for emergencies."

"You're mighty close about this affair, Mr. Holmes. What's the game now?"

"A waiting game."

"My word, it does not seem a very cheerful place," said the detective with a shiver, glancing round him at the gloomy slopes of the hill and at the huge lake of fog which lay over the Grimpen Mire. "I see the lights of a house ahead of us."

"That is Merripit House and the end of our journey. I must request you to walk on tiptoe and not to talk above a whisper."

We moved cautiously along the track as if we were bound for the house, but Holmes halted us when we were about two hundred yards from it.

"This will do," said he. "These rocks upon the right make an admirable screen."

"We are to wait here?"

"Yes, we shall make our little ambush here. Get into this hollow, Lestrade. You have been inside the house, have you not, Watson? Can you tell the position of the rooms? What are those latticed windows at this end?"

"I think they are the kitchen windows."

"And the one beyond, which shines so brightly?"

"That is certainly the dining-room."

"The blinds are up. You know the lie of the land best. Creep forward quietly and see what they are doing—but for heaven's sake don't let them know that they are watched!"

I tiptoed down the path and stooped behind the low wall which surrounded the stunted orchard. Creeping in its shadow I reached a point whence I could look straight through the uncurtained window.

"Gut! Mein Freund und ich haben uns ebenfalls für alle Eventualitäten vorgesehen."

"Sie sind sehr verschlossen, Herr Holmes. Mit was für 'ner Art von Spiel haben wir's denn eigentlich zu thun?"

"Mit 'nem Geduldsspiel."

"Wahrhaftig, das scheint hier keine sehr nette Gegend zu sein!" bemerkte der Detektiv, indem er fröstelnd seinen Ueberrock dichter zuzog und dabei einen Blick auf die düstere Hügelkette warf und auf den riesigen Nebelsee, der über dem Grimpener Moor lag. "Gerade vor uns sehe ich die Lichter eines Hauses."

"Das ist Merripit House, das Ziel unserer Wanderung. Ich muß Sie jetzt ersuchen, auf den Fußspitzen zu gehen und im Flüsterton zu sprechen, wenn Sie etwas zu sagen haben."

Borsichtig gingen wir den Fußweg entlang auf das Haus zu, aber als wir noch ungefähr zweihundert Schritte davon entfernt waren, ließ Holmes uns Halt machen und sagte:

"Weiter brauchen wir nicht zu gehen. Die Felsen hier zur Rechten geben ein ausgezeichnetes Versteck ab."

"Müssen wir hier warten?"

"Ia, hier wollen wir uns in Hinterhalt legen. Gehen Sie in diese Höhlung hinein, Lestrade! Du warst drinnen im Hause, nicht wahr, Watson? Kannst du die Lage der verschiedenen Zimmer angeben? Was sind das für Gitterfenster an unserem Ende hier?"

"Ich glaube, es sind die Küchenfenster."

"Und das Fenster weiter weg, aus dem der helle Lichtschein herausfällt?"

"Das gehört ganz bestimmt zum Speisezimmer."

"Die Vorhänge sind zurückgezogen. Du weißt am besten hier Bescheid. Krieche sachte heran und sieh mal zu, was drinnen vorgeht — aber laß sie um Gottes willen nicht merken, daß sie beobachtet werden!"

Ich ging auf den Zehen den Fußpfad entlang und duckte mich dann hinter die niedrige Mauer, die den verwahrlosten Obstgarten umgab. An dieser hinkriechend, kam ich zu einer Stelle, wo ich ungehindert in das gardinenlose Fenster hineinsehen konnte.

There were only two men in the room, Sir Henry and Stapleton. They sat with their profiles towards me on either side of the round table. Both of them were smoking cigars, and coffee and wine were in front of them. Stapleton was talking with animation, but the baronet looked pale and distrait. Perhaps the thought of that lonely walk across the ill-omened moor was weighing heavily upon his mind.

As I watched them Stapleton rose and left the room, while Sir Henry filled his glass again and leaned back in his chair, puffing at his cigar. I heard the creak of a door and the crisp sound of boots upon gravel. The steps passed along the path on the other side of the wall under which I crouched. Looking over, I saw the naturalist pause at the door of an out-house in the corner of the orchard. A key turned in a lock, and as he passed in there was a curious scuffling noise from within. He was only a minute or so inside, and then I heard the key turn once more and he passed me and reentered the house. I saw him rejoin his guest, and I crept quietly back to where my companions were waiting to tell them what I had seen.

"You say, Watson, that the lady is not there?" Holmes asked when I had finished my report.

"No."

"Where can she be, then, since there is no light in any other room except the kitchen?"

"I cannot think where she is."

I have said that over the great Grimpen Mire there hung a dense, white fog. It was drifting slowly in our direction and banked itself up like a wall on that side of us, low but thick and well defined. The moon shone on it, and it looked like a great shimmering ice-field, with the heads of the distant tors as rocks borne upon its surface. Holmes's face was turned towards it, and he muttered impatiently as he watched its sluggish drift.

In dem Zimmer befanden sich nur Sir Henry und Stapleton. Sie saßen an dem runden Tisch einander so gegenüber, daß ich ihre Gesichter von der Seite sehen konnte. Beide rauchten; vor ihnen auf dem Tisch standen Kaffeetassen und Weingläser. Stapleton sprach lebhaft, aber der Baronet sah bleich und zerstreut aus. Vielleicht lag der Gedanke an den ihm bevorstehenden Gang über das einsame, übelberufene Moor ihm schwer auf der Seele.

Nachdem ich sie eine Weile beobachtet hatte, stand Stapleton auf und verließ das Zimmer; Sir Henry schänkte sich sein Glas voll, lehnte sich in seinen Stuhl zurück und blies den Cigarrendampf in dicken Wolken von sich. Ich hörte eine Thür knarren; dann knirschten Schritte auf dem Kies an der anderen Seite der Mauer, hinter der ich mich zusammengekauert hatte. Als sie bei mir vorbei waren, blickte ich vorsichtig über die Mauer hinweg und sah den Naturforscher vor der Thür eines Nebengebäudes stehen, das sich in der Ecke des Baumgartens befand. Er öffnete die Thür mit einem Schlüssel, und als er eingetreten war, hörte ich ein eigentümlich raschelndes Geräusch in dem Gebäude. Er verweilte höchstens ein paar Minuten, dann hörte ich den Schlüssel sich abermals im Schloß drehen, die knirschenden Schritte kamen wieder bei mir vorüber, und Stapleton betrat sein Haus. Ich sah noch, wie er im Zimmer erschien, wo Sir Henry auf ihn wartete, dann kroch ich vorsichtig nach dem Versteck meiner Freunde zurück und berichtete, was ich gesehen hatte.

"Und sage, Watson, die Dame saß nicht bei ihnen?" fragte Holmes, als ich mit meiner Erzählung fertig war.

"Nein."

"Wo kann sie denn nur sein! Es ist ja in keinem anderen Raum Licht als nur im Speisezimmer und in der Küche!"

"Ich habe keine Ahnung!"

Ueber dem großen Grimpener Sumpf lagerte, wie ich vorhin bereits erwähnte, ein dichter, weißer Nebel. Er walzte sich langsam auf uns zu und stand jetzt in einiger Entfernung wie eine niedrige, scharf abgeschnittene Wand vor uns. Der Mond beschien sie, und sie glich einer weiten schimmernden Eisfläche; die Felsspitzen, die daraus hervorragten, sahen aus wie riesige Granitblöcke, die von diesem Eis getragen wurden. Holmes beobachtete unverwandt diese Nebelfläche, und ich hörte ihn unwillig brummen, als sie allmählich sich immer näher an uns heranschob.

"It's moving towards us, Watson."

"Is that serious?"

"Very serious, indeed—the one thing upon earth which could have disarranged my plans. He can't be very long, now. It is already ten o'clock. Our success and even his life may depend upon his coming out before the fog is over the path."

The night was clear and fine above us. The stars shone cold and bright, while a half-moon bathed the whole scene in a soft, uncertain light. Before us lay the dark bulk of the house, its serrated roof and bristling chimneys hard outlined against the silver-spangled sky. Broad bars of golden light from the lower windows stretched across the orchard and the moor. One of them was suddenly shut off. The servants had left the kitchen. There only remained the lamp in the dining-room where the two men, the murderous host and the unconscious guest, still chatted over their cigars.

Every minute that white woolly plain which covered one-half of the moor was drifting closer and closer to the house. Already the first thin wisps of it were curling across the golden square of the lighted window. The farther wall of the orchard was already invisible, and the trees were standing out of a swirl of white vapour. As we watched it the fog-wreaths came crawling round both corners of the house and rolled slowly into one dense bank on which the upper floor and the roof floated like a strange ship upon a shadowy sea. Holmes struck his hand passionately upon the rock in front of us and stamped his feet in his impatience.

"If he isn't out in a quarter of an hour the path will be covered. In half an hour we won't be able to see our hands in front of us."

"Shall we move farther back upon higher ground?"

"Yes, I think it would be as well."

"Es kommt auf uns zu, Watson!"

"Ist das von irgendwelcher Bedeutung?"

"Von sehr großer Bedeutung sogar! Es ist die einzige Möglichkeit, die auf meine Pläne irgendwelchen Einfluß haben könnte! Er kann jetzt nicht lange mehr bleiben, denn es ist bereits zehn Uhr. Unser Erfolg und vielleicht sogar sein Leben hängt möglicherweise davon ab, daß er das Haus verläßt, ehe der Nebel den Weg bedeckt."

Der Nachthimmel stand in klarer Schönheit über uns; die Sterne funkelten in der Kälte mit hellem Schein, und der Halbmond übergoß die Landschaft mit einem sanften ungewissen Lichte. Vor uns lag die dunkle Masse des Hauses, das Giebeldach und die hohen Kamine scharf vom silberbestreuten Nachthimmel sich abhebend. Breite Lichtstreifen ergossen sich goldig aus den Fenstern des Erdgeschosses über den Garten und das Moor. Mit einemmale verschwand einer von diesen Streifen — die Dienstboten hatten die Küche verlassen. Nur noch das Speisezimmer blieb hell; dort saßen die beiden Männer, der mordsmnende Wirt und der ahnungslose Gast, und plauderten bei Wein und Cigarren.

Mit jeder Minute schob die weiße, wolkige Fläche, die bereits die Hälfte des Moores bedeckte, sich näher und näher an das Haus heran. Schon kräuselten sich die ersten feinen Ausläufer des Nebels vor dem goldenen Viereck des erleuchteten Fensters. Die rückseitige Mauer des Baumgartens war bereits unsichtbar, und die Bäume erhoben sich aus einem brodelnden weißen Dampf in die Luft. Und schon wälzten sich Nebelstreifen um die Ecke des Hauses herum und vereinigten sich allmählich zu einer dichten, glatt abgeschnittenen Wolke, über welcher das obere Stockwerk und das Dach des Hauses wie ein Gespensterschiff auf seltsamem Meere schwamm. Holmes schlug aufgeregt mit der Faust auf den Felsen, hinter welchem wir uns versteckt hatten und stampfte vor Ungeduld mit dem Fuß.

"Wenn er nicht binnen einer Viertelstunde draußen ist, so wird der Fußweg bedeckt sein. In einer halben Stunde können wir keine Hand mehr vor Augen sehen."

"Sollen wir uns nicht ein Stück Weges zurückziehen? Hinter uns steigt der Grund an."

"Ja, das wird wohl das beste sein."

So as the fog-bank flowed onward we fell back before it until we were half a mile from the house, and still that dense white sea, with the moon silvering its upper edge, swept slowly and inexorably on.

"We are going too far," said Holmes. "We dare not take the chance of his being overtaken before he can reach us. At all costs we must hold our ground where we are." He dropped on his knees and clapped his ear to the ground. "Thank God, I think that I hear him coming."

A sound of quick steps broke the silence of the moor. Crouching among the stones we stared intently at the silver-tipped bank in front of us. The steps grew louder, and through the fog, as through a curtain, there stepped the man whom we were awaiting. He looked round him in surprise as he emerged into the clear, starlit night. Then he came swiftly along the path, passed close to where we lay, and went on up the long slope behind us. As he walked he glanced continually over either shoulder, like a man who is ill at ease.

"Hist!" cried Holmes, and I heard the sharp click of a cocking pistol. "Look out! It's coming!"

There was a thin, crisp, continuous patter from somewhere in the heart of that crawling bank. The cloud was within fifty yards of where we lay, and we glared at it, all three, uncertain what horror was about to break from the heart of it. I was at Holmes's elbow, and I glanced for an instant at his face. It was pale and exultant, his eyes shining brightly in the moonlight. But suddenly they started forward in a rigid, fixed stare, and his lips parted in amazement. At the same instant Lestrade gave a yell of terror and threw himself face downward upon the ground. I sprang to my feet, my inert hand grasping my pistol, my mind paralyzed by the dreadful shape which had sprung out upon us from the shadows of the fog.

Wir gingen also, vor der Nebelbank allmählich zurückweichend, weiter aufs Moor hinaus, bis wir etwa tausend Schritte vom Hause entfernt waren — und immer noch kroch die weiße Masse mit der mondbeglänzten Oberfläche näher an uns heran, unerbittlich immer näher!

"Wir gehen zu weit!" sagte Holmes. "Wir dürfen es nicht darauf ankommen lassen, daß er eingeholt wird, bevor er an unseren Versteck heran ist. Hier, wo wir jetzt sind, müssen wir auf alle Fälle bleiben." Er ließ sich auf die Knie nieder und hielt das eine Ohr an den Erdboden. "Gott sei Dank! Ich glaube, ich höre ihn kommen!"

Wirklich wurden jetzt schnelle Schritte in der Stille des Moors hörbar. Uns an die Felsblöcke anschmiegend, beobachteten wir mit gespanntester Erwartung die schimmernde Nebelbank, die vor uns lag. Und jetzt trat, wie wenn er einen Vorhang zerteilte, aus dem weißen Nebel heraus der Mann, auf den wir warteten. Er blickte sich überrascht um, als er Plötzlich die klare, sternenbeglänzte Nachtlandschaft vor sich sah. Dann eilte er schnellen Schrittes auf dem Pfad dahin, an unserem Versteck vorbei, und den Hügel hinauf, der sich sanft ansteigend hinter uns erstreckte. Während er vorwärts eilte, sah er beständig bald über die eine, bald über die andere Schulter nach hinten. Augenscheinlich war ihm unbehaglich zu Mute.

"Sst!" rief plötzlich Holmes, und ich hörte ein scharfes Knacken; er hatte den Hahn seines Revolvers gespannt. "Aufgepaßt! Es kommt!"

Mitten in der heranschleichenden Nebelmasse hörten wir ein scharfes, schnelles Getrappel. Die Wolke lag fünfzig Schritte vor uns und wir starrten alle drei auf die weiße Fläche. Was für ein Greuel würde aus ihr hervorbrechen? Ich lag an Holmes' Ellbogen und warf einen schnellen Blick auf sein Gesicht. Er war bleich, aber offenbar frohlockte er innerlich; seine Augen funkelten hell im Mondenschein, Plötzlich aber stierte er entsetzt vorwärts und seine Lippen öffneten sich in maßlosem Erstaunen. Im selben Augenblick stieß Lestrade einen Schrei des Entsetzens aus und fiel mit dem Gesicht auf die Erde. Ich sprang auf; meine zitternde Hand umklammerte den Revolver, aber ich konnte nicht schießen, mein Geist war gelähmt von dem Anblick des grausigen Geschöpfes, das aus dem Nebel hervorgesprungen kam.

A hound it was, an enormous coal-black hound, but not such a hound as mortal eyes have ever seen. Fire burst from its open mouth, its eyes glowed with a smouldering glare, its muzzle and hackles and dewlap were outlined in flickering flame. Never in the delirious dream of a disordered brain could anything more savage, more appalling, more hellish be conceived than that dark form and savage face which broke upon us out of the wall of fog.

With long bounds the huge black creature was leaping down the track, following hard upon the footsteps of our friend. So paralyzed were we by the apparition that we allowed him to pass before we had recovered our nerve. Then Holmes and I both fired together, and the creature gave a hideous howl, which showed that one at least had hit him. He did not pause, however, but bounded onward. Far away on the path we saw Sir Henry looking back, his face white in the moonlight, his hands raised in horror, glaring helplessly at the frightful thing which was hunting him down.

But that cry of pain from the hound had blown all our fears to the winds. If he was vulnerable he was mortal, and if we could wound him we could kill him. Never have I seen a man run as Holmes ran that night. I am reckoned fleet of foot, but he outpaced me as much as I outpaced the little professional. In front of us as we flew up the track we heard scream after scream from Sir Henry and the deep roar of the hound. I was in time to see the beast spring upon its victim, hurl him to the ground, and worry at his throat. But the next instant Holmes had emptied five barrels of his revolver into the creature's flank. With a last howl of agony and a vicious snap in the air, it rolled upon its back, four feet pawing furiously, and then fell limp upon its side. I stooped, panting, and pressed my pistol to the dreadful, shimmering head, but it was useless to press the trigger. The giant hound was dead.

Es war ein Hund, ein riesiger kohlschwarzer Hund, aber ein Hund, wie keines Menschen Augen ihn jemals gesehen haben. Feuer sprühte aus dem offenen Rachen hervor, die Augen glühten, Lefzen und Wampe waren von hellem Glast umloht. Ein Wahnsinniger könnte in seinen Fieberträumen kein wilderes, grausigeres Ungeheuer sich vorstellen; wie ein Geschöpf der Hölle brach die schwarze Bestie aus dem weißen Dampf hervor.

In langen Sätzen sprang der riesige schwarze Hund den schmalen Weg entlang; die Nase dicht über dem Erdboden haltend, folgte er den Fußspuren unseres Freundes. Wir waren durch diese Erscheinung wie gelähmt, und ehe wir unsere Besinnung wiedererlangt hatten, war die Bestie schon an unserem Versteck vorübergesprungen. Dann feuerten Holmes und ich gleichzeitig, und ein schauerliches Geheul bewies uns, daß wenigstens einer von uns getroffen haben mußte. Doch ließ der Hund sich durch die Verwundung nicht aufhalten, sondern jagte mit unverminderter Schnelligkeit weiter. In ziemlich weiter Entfernung sahen wir Sir Henry auf dem Wege stehen; er sah mit kreideweißem Antlitz, dessen Blässe durch den voll darauffallenden Mondschein noch mehr hervorgehoben wurde, sich um; die Hände hatte er voller Entsetzen emporgeworfen und hilflos starrte er auf das grausige Ungeheuer, das auf ihn losgesprungen kam.

Aber das Schmerzgeheul des Hundes benahm uns alle Furcht. Wenn er verwundbar war, so war er ein Erdengeschöpf, und wenn wir ihn verwunden konnten, so konnten wir ihn auch töten. Niemals habe ich einen Menschen rennen sehen, wie Sherlock Holmes in diesem entscheidenden Augenblick rannte. Ich gelte für einen schnellen Laufer, aber ich blieb weit hinter meinem Freunde zurück, und in gleicher Entfernung hinter mir folgte erst der kleine Londoner Detektiv. Vor uns hörten wir Schrei auf Schrei, die gellenden Angstrufe des Baronets und dazwischen das tiefe Gebell des Hundes. Ich sah, wie die Bestie auf ihr Opfer lossprang, Sir Henry zu Boden warf und ihm an die Kehle fuhr. Im nächsten Augenblick aber hatte Holmes fünf Kugeln seines Revolvers dem Tier in die Flanke gejagt. Mit einem letzten Todesgeheul und noch einmal wild um sich beißend rollte der Hund auf den Rücken; die vier Beine fuhren noch ein paarmal durch die Luft, dann fiel er auf die Seite und lag regungslos da. Keuchend sprang ich cm das Tier heran und hielt den Lauf meines Revolvers an den fürchterlichen feuerumlohten Kopf; aber ich brauchte nicht mehr abzudrücken. Der Riesenhund war tot.

Sir Henry lay insensible where he had fallen. We tore away his collar, and Holmes breathed a prayer of gratitude when we saw that there was no sign of a wound and that the rescue had been in time. Already our friend's eyelids shivered and he made a feeble effort to move. Lestrade thrust his brandy-flask between the baronet's teeth, and two frightened eyes were looking up at us.

"My God!" he whispered. "What was it? What, in heaven's name, was it?"

"It's dead, whatever it is," said Holmes. "We've laid the family ghost once and forever."

In mere size and strength it was a terrible creature which was lying stretched before us. It was not a pure bloodhound and it was not a pure mastiff; but it appeared to be a combination of the two—gaunt, savage, and as large as a small lioness. Even now in the stillness of death, the huge jaws seemed to be dripping with a bluish flame and the small, deep-set, cruel eyes were ringed with fire. I placed my hand upon the glowing muzzle, and as I held them up my own fingers smouldered and gleamed in the darkness.

"Phosphorus," I said.

"A cunning preparation of it," said Holmes, sniffing at the dead animal. "There is no smell which might have interfered with his power of scent. We owe you a deep apology, Sir Henry, for having exposed you to this fright. I was prepared for a hound, but not for such a creature as this. And the fog gave us little time to receive him."

"You have saved my life."

"Having first endangered it. Are you strong enough to stand?"

Sir Henry lag bewußtlos auf der Stelle, wo er umgesunken war. Wir rissen ihm den Kragen auf, und Holmes gab ein Stoßgebet der Dankbarkeit von sich, als wir sahen, daß keine Wunde vorhanden, und daß unsere Hilfe noch zur rechten Zeit gekommen war. Bald bewegten sich zuckend die Augenlider unseres Freundes, und er machte einen schwachen Versuch, sich zu bewegen. Lestrade schob dem Baronet seine Branntweinflasche zwischen die Zähne — und dann sahen zwei angstliche Augen uns an.

"Mein Gott!" flüsterte Sir Henry. "Was war das? Um des Himmels willen — was war es?"

"Was es auch gewesen sein mag, es ist tot," ant wortete Holmes. "Wir haben dem Familiengespenst für ewige Zeiten den Garaus gemacht!"

Das Tier, das da zu unseren Füßen hingestreckt lag, war schon durch seine Größe und Stärke eine fürchterliche Bestie. Es war kein reinrassiger Bluthund und auch keine reine Dogge, sondern schien aus einer Kreuzung hervorgegangen zu sein — ein zottiges, dürres Geschöpf von der Größe einer kleinen Löwin. Noch jetzt, wo es tot war, schien von den gewaltigen Kinnladen ein bläuliches Feuer zu triefen, und die tiefliegenden, grausamen kleinen Augen waren von Flammenringen umgeben. Und als ich mit meinen Händen das furchtbare Maul auseinanderriß, da schimmerten auch meine Finger feurig in der Dunkelheit.

"Phosphor!" rief ich.

"Ia, ein Phosphorpräparat — und ein sehr geschickt hergerichtetes!" sagte Holmes, der sich niedergebeugt hatte und den Kopf des toten Tieres beroch. "Es ist eine geruchlose Lösung, durch die der Spürsinn des Tieres nicht beeinträchtigt werden konnte. — Wir müssen Sie von ganzem Herzen um Verzeihung bitten, Sir Henry, daß wir Sie der Gefahr eines so furchtbaren Schrecks ausgesetzt haben. Ich war auf einen Hund gefaßt — aber nicht auf eine Bestie wie diese hier. Und infolge des Nebels hatten wir nur einen ganz geringen Augenblick Zeit, um sie mit mehreren Schüssen zu empfangen."

"Sie haben mir das Leben gerettet!"

"Nachdem ich es erst in Gefahr gebracht hatte Sind Sie kräftig genug, um sich auf Ihren Füßen halten zu können?"

"Give me another mouthful of that brandy and I shall be ready for anything. So! Now, if you will help me up. What do you propose to do?"

"To leave you here. You are not fit for further adventures tonight. If you will wait, one or other of us will go back with you to the Hall."

He tried to stagger to his feet; but he was still ghastly pale and trembling in every limb. We helped him to a rock, where he sat shivering with his face buried in his hands.

"We must leave you now," said Holmes. "The rest of our work must be done, and every moment is of importance. We have our case, and now we only want our man.

"It's a thousand to one against our finding him at the house," he continued as we retraced our steps swiftly down the path. "Those shots must have told him that the game was up."

"We were some distance off, and this fog may have deadened them."

"He followed the hound to call him off—of that you may be certain. No, no, he's gone by this time! But we'll search the house and make sure."

The front door was open, so we rushed in and hurried from room to room to the amazement of a doddering old manservant, who met us in the passage. There was no light save in the dining-room, but Holmes caught up the lamp and left no corner of the house unexplored. No sign could we see of the man whom we were chasing. On the upper floor, however, one of the bedroom doors was locked.

"There's someone in here," cried Lestrade. "I can hear a movement. Open this door!"

A faint moaning and rustling came from within. Holmes struck the door just over the lock with the flat of his foot and it flew open. Pistol in hand, we all three rushed into the room.

"Lassen Sie mich noch einen Schluck Branntwein zu mir nehmen, und ich bin zu allem bereit. — So! Wollen Sie mir jetzt, bitte, aufhelfen? Was gedenken Sie jetzt zunächst zu thun?"

"Sie hier zu lassen. Sie sind nicht imstande, in dieser Nacht noch mehr Abenteuer durchzumachen. Wenn Sie auf unsere Rückkunft warten wollen, so kann einer von uns Sie nach dem Schloß bringen."

Sir Henry versuchte sich aufrecht zu halten; aber er war noch immer leichenblaß und zitterte an allen Gliedern. Wir führten ihn zu einem Granitblock; auf diesen setzte er sich und vergrub zusammenschauernd das Gesicht in seine Hände.

"Wir müssen Sie jetzt hier allein lassen," sagte Holmes. "Es bleibt uns noch anderes zu thun, und jeder Augenblick ist von Wichtigkeit. Das Verbrechen ist völlig aufgeklärt— jetzt brauchen wir nur noch den Verbrecher!"

"Es ist tausend gegen eins zu wetten, daß wir ihn nicht in seinem Hause finden," fuhr Holmes fort, als wir schnell den Fußweg entlang auf Merripit House zueilten. "Die Schüsse müssen ihm gesagt haben, daß er die Partie verloren hat."

"Wir waren ein ziemliches Stück vom Hause entfernt, und der Nebel hat vielleicht den Schall gedämpft," bemerkte Lestrade.

"Er folgte dem Hund auf dem Fuße, um ihn sofort abzurufen — darauf können Sie sich verlassen! Nein, nein — er ist jetzt längst fort. Aber wir wollen zur Sicherheit das Haus durchsuchen."

Die Hausthür stand offen; wir stürmten daher hinein und eilten von Zimmer zu Zimmer, zum größten Erstaunen des vor Angst an allen Gliedern bebenden alten Dieners, der uns im Flur entgegenkam. Nur im Speisezimmer brannte Licht, aber Holmes nahm die Lampe vom Tisch und ließ keinen Winkel des Hauses undurchsucht. Nirgends war von dem Manne, den wir verfolgten, auch nur das geringste Zeichen zu sehen. Im obersten Stock jedoch war die Thür zu einem der Zimmer verschlossen.

"Es ist jemand drinnen!" rief Lestrade. "Ich höre etwas sich bewegen. Machen Sie die Thür auf!"

Wir hörten drinnen ein schwaches Stöhnen und ein Rauschen wie von Kleidern. Holmes sprengte die Thür mit einem Fußtritt, und mit dem Revolver in der Hand stürzten wir alle drei ins Zimmer.

But there was no sign within it of that desperate and defiant villain whom we expected to see. Instead we were faced by an object so strange and so unexpected that we stood for a moment staring at it in amazement.

The room had been fashioned into a small museum, and the walls were lined by a number of glass-topped cases full of that collection of butterflies and moths the formation of which had been the relaxation of this complex and dangerous man. In the centre of this room there was an upright beam, which had been placed at some period as a support for the old worm-eaten baulk of timber which spanned the roof. To this post a figure was tied, so swathed and muffled in the sheets which had been used to secure it that one could not for the moment tell whether it was that of a man or a woman. One towel passed round the throat and was secured at the back of the pillar. Another covered the lower part of the face, and over it two dark eyes—eyes full of grief and shame and a dreadful questioning—stared back at us. In a minute we had torn off the gag, unswathed the bonds, and Mrs. Stapleton sank upon the floor in front of us. As her beautiful head fell upon her chest I saw the clear red weal of a whiplash across her neck.

"The brute!" cried Holmes. "Here, Lestrade, your brandy-bottle! Put her in the chair! She has fainted from ill-usage and exhaustion."

She opened her eyes again.

"Is he safe?" she asked. "Has he escaped?"

"He cannot escape us, madam."

"No, no, I did not mean my husband. Sir Henry? Is he safe?"

"Yes."

"And the hound?"

"It is dead."

She gave a long sigh of satisfaction.

"Thank God! Thank God! Oh, this villain! See how he has treated me!"

Aber wir fanden keine Spur von dem verzweifelten Schurken, den wir zu sehen erwarteten. Statt dessen aber hatten wir einen so seltsamen und unerwarteten Anblick, daß wir zuerst sprachlos und wie an den Fleck gebannt dastanden.

Das Zimmer war zu einer Art von kleinem Museum hergerichtet; an den Wänden hingen eine Anzahl Glaskasten, deren Anfüllung mit Schmetterlingen und Käfern der gefährlichste Verbrecher der Gegenwart zu seiner Erholung betrieben hatte. Mitten im Raum stand ein Holzpfeiler, der den alten wurmzerfressenen Deckbalken stützen mußte. An diesen Pfeiler war eine menschliche Gestalt festgebunden, aber ob es ein Mann oder ein Weib war, konnten wir für den Augenblick nicht sagen, denn diese Gestalt war vollständig von Bett- und Handtüchern vermummt. Ein Handtuch war um die Kehle geschlungen und hinter dem Pfosten zusammengeknotet; ein zweites bedeckte den unteren Teil des Gesichtes und über diesem starrten zwei dunkle Augen uns entgegen — Augen voll Schmerz und Scham und Angst. In einem Augenblick hatten wir den Knebel hinweggerissen, die Bande gelöst — und Beryl Stapleton sank vor uns ohnmächtig auf den Fußboden nieder. Ihr schönes Haupt neigte sich auf ihre Brust, und da sah ich auf ihrem Halse klar und scharf die rote Strieme vom Hiebe einer Reitpeitsche.

"Der rohe Schuft!" rief Holmes. "Hier, Lestrade, geben Sie schnell Ihre Whiskyflasche! Helfen Sie mir, sie auf einen Stuhl setzen. Die erlittenen Mißhandlungen und die Erschöpfung haben sie ohnmächtig gemacht."

Nach einer kurzen Weile schlug sie die Augen wieder auf und fragte:

"Ist er gerettet? Hat er sich in Sicherheit bringen können?"

"Er kann uns nicht entkommen."

"Nein, nein — ich meinte nicht meinen Mann! Aber Sir Henry — ist er in Sicherheit?"

"Ia."

"Und der Hund?"

"Der ist tot."

"Gott sei Dank! Gott sei Dank!" rief sie nach einem tiefen Seufzer der Erleichterung. "O dieser Schurke! Sehen Sie, wie er mich behandelt hat!"

She shot her arms out from her sleeves, and we saw with horror that they were all mottled with bruises. "But this is nothing—nothing! It is my mind and soul that he has tortured and defiled. I could endure it all, ill-usage, solitude, a life of deception, everything, as long as I could still cling to the hope that I had his love, but now I know that in this also I have been his dupe and his tool." She broke into passionate sobbing as she spoke.

"You bear him no good will, madam," said Holmes. "Tell us then where we shall find him. If you have ever aided him in evil, help us now and so atone."

"There is but one place where he can have fled," she answered. "There is an old tin mine on an island in the heart of the mire. It was there that he kept his hound and there also he had made preparations so that he might have a refuge. That is where he would fly."

The fog-bank lay like white wool against the window. Holmes held the lamp towards it.

"See," said he. "No one could find his way into the Grimpen Mire tonight."

She laughed and clapped her hands. Her eyes and teeth gleamed with fierce merriment.

"He may find his way in, but never out," she cried. "How can he see the guiding wands tonight? We planted them together, he and I, to mark the pathway through the mire. Oh, if I could only have plucked them out today. Then indeed you would have had him at your mercy!"

It was evident to us that all pursuit was in vain until the fog had lifted. Meanwhile we left Lestrade in possession of the house while Holmes and I went back with the baronet to Baskerville Hall. The story of the Stapletons could no longer be withheld from him, but he took the blow bravely when he learned the truth about the woman whom he had loved.

Sie streifte ihre Aermel zurück, und wir sahen voll Entsetzen, daß beide Arme mit blutigen Striemen bedeckt waren. "Aber das ist nichts — gar nichts!" fuhr sie fort. "Wie hat er erst meine Seele gequält und gefoltert! Und das alles habe ich ertragen können — Mißhandlungen, Einsamkeit, ein Leben voller Enttäuschung, alles! — so lange ich mich noch an die Hoffnung anklammern durfte, daß seine Liebe mir gehörte. Aber jetzt weiß ich, daß er auch hierin mich hintergangen hat, daß ich nur sein Werkzeug war!" Bei diesen Worten brach sie in ein leidenschaftliches Schluchzen aus.

"Sie sind ihm nicht freundlich gesinnt, gnädige Frau!" sagte Holmes. "Nun, so sagen Sie nns, wo wir ihn finden werden. Wenn Sie ihm je bei seinem bösen Werk beigestanden haben, so helfen Sie dafür jetzt uns, und machen Sie damit alles wett."

"Es giebt nur einen Platz, wohin er geflohen sein kann," antwortete sie. "Auf einer Insel mitten im großen Sumpf ist eine alte Zinngrube. Dort hielt er seinen Hund und dort hatte er auch allerhand Vorkehrungen getroffen, um für alle Fälle eine Zuflucht zu haben. Dorthin muß er geflohen sein."

Der Nebel lag dick wie weiße Wolle an den Fensterscheiben. Holmes streckte die Lampe nach dem Fenster aus und sagte:

"Sehen Sie! Niemand könnte in dieser Nacht einen Weg durch den Grimpener Sumpf finden."

Sie schlug lachend die Hände zusammen; ihre weißen Zähne blitzten und ihre Augen funkelten in wilder Freude, als sie rief:

"Dm Weg hinein findet er vielleicht, aber nie und nimmer den Weg heraus! Wie kann er heute nacht die Stecken finden, die wir beide, er und ich, zusammen einpflanzten, um den schmalen Fußpfad durch oen Morast zu bezeichnen! O, hätte ich sie nur heute herausreißen können! Dann allerdings hätte er rettungslos in Ihre Hände fallen müssen."

Wir sahen ein, daß an eine Verfolgung nicht zu denken war, so lange der Nebel über dem Moor lag. Wir ließen daher Lestrade in Merripit House zurück und Holmes und ich gingen mit dem Baronet nach Baskerville Hall. Wir konnten ihm die Wahrheit über die Stapletons nicht länger verschweigen, aber er benahm sich tapfer wie ein Mann, als er erfuhr, daß das Weib, das er geliebt, die Gattin eines Mörders war.

But the shock of the night's adventures had shattered his nerves, and before morning he lay delirious in a high fever under the care of Dr. Mortimer. The two of them were destined to travel together round the world before Sir Henry had become once more the hale, hearty man that he had been before he became master of that ill-omened estate.

And now I come rapidly to the conclusion of this singular narrative, in which I have tried to make the reader share those dark fears and vague surmises which clouded our lives so long and ended in so tragic a manner. On the morning after the death of the hound the fog had lifted and we were guided by Mrs. Stapleton to the point where they had found a pathway through the bog. It helped us to realize the horror of this woman's life when we saw the eagerness and joy with which she laid us on her husband's track. We left her standing upon the thin peninsula of firm, peaty soil which tapered out into the widespread bog. From the end of it a small wand planted here and there showed where the path zigzagged from tuft to tuft of rushes among those green-scummed pits and foul quagmires which barred the way to the stranger. Rank reeds and lush, slimy water-plants sent an odour of decay and a heavy miasmatic vapour onto our faces, while a false step plunged us more than once thigh-deep into the dark, quivering mire, which shook for yards in soft undulations around our feet. Its tenacious grip plucked at our heels as we walked, and when we sank into it it was as if some malignant hand was tugging us down into those obscene depths, so grim and purposeful was the clutch in which it held us. Once only we saw a trace that someone had passed that perilous way before us. From amid a tuft of cotton grass which bore it up out of the slime some dark thing was projecting. Holmes sank to his waist as he stepped from the path to seize it, and had we not been there to drag him out he could never have set his foot upon firm land again. He held an old black boot in the air. "Meyers, Toronto," was printed on the leather inside.

"It is worth a mud bath," said he. "It is our friend Sir Henry's missing boot."

"Thrown there by Stapleton in his flight."

"Exactly. He retained it in his hand after using it to set the hound upon the track. He fled when he knew the game was up, still clutching it. And he hurled it away at this point of his flight. We know at least that he came so far in safety."

Die Abenteuer dieser Nacht waren jedoch zu viel für seine Nerven gewesen, und ehe der Morgen anbrach, lag er im Delirium eines hohen Fiebers und wir mußten ihn der Pflege des Dr. Mortimer anvertrauen.

Und nun komme ich schnell zum Schluß dieser gewiß nicht alltäglichen Geschichte.

Die Morgensonne des nächsten Tages hatte den dichten Nebel aufgesogen und Frau Stapleton führte uns nach der Stelle, wo der vom Naturforscher entdeckte schmale Fußweg durch den Sumpf begann. Was für ein Höllenleben die Frau an der Seite des Verbrechers geführt haben mußte, das erkannten wir an der freudigen Bereitwilligkeit, womit sie uns auf ihres Gatten Spur brachte. Sie brachte uns bis an den letzten Ausläufer festen Bodens, der sich in Gestalt einer schmalen Halbinsel in den Sumpf hinein erstreckte; von dieser Stelle aus gingen wir allein weiter. Von Zeit zu Zeit bezeichnete ein dünnes Stöckchen die ZickzackWindungen des Pfades. Nur ein einzigesmal bemerkten wir eine Spur, daß vor uns ein Mensch den gefährlichen Weg gegangen war. Auf einem Büschel Riedgras, der das Untersinken verhindert hatte, lag ein dunkler Gegenstand. Holmes sank bis an den Leib in den Morast, als er, um sich des Gegenstandes zu bemächtigen, abseits des Weges trat; und wären wir nicht da gewesen, so hätte sein Fuß niemals wieder festen Grund betreten. Er hielt einen alten schwarzen Schuh empor. Auf dem Innenleder desselben fanden wir den Stempel: Meyers, Toronto, Canada.

"Der Fund ist schon ein Moorbad wert!" rief Holmes. "Es ist der abhanden gekommene Schuh unseres Freundes Sir Henry."

"Und Stapleton hat ihn auf seiner Flucht an dieser Stelle weggeworfen!"

"Ganz recht. Er behielt ihn in der Hand, nachdem er ihn benutzt hatte, den Hund auf die Fährte zu bringen. Auf der Flucht, als er wußte, daß das Spiel verloren war, hielt er unbewußt den Schuh noch immer in der Hand. Und an dieser Stelle warf er ihn von sich. Wir wissen also wenigstens so viel, daß er bis hierher gekommen ist."

But more than that we were never destined to know, though there was much which we might surmise. There was no chance of finding footsteps in the mire, for the rising mud oozed swiftly in upon them, but as we at last reached firmer ground beyond the morass we all looked eagerly for them. But no slightest sign of them ever met our eyes. If the earth told a true story, then Stapleton never reached that island of refuge towards which he struggled through the fog upon that last night. Somewhere in the heart of the great Grimpen Mire, down in the foul slime of the huge morass which had sucked him in, this cold and cruel-hearted man is forever buried.

Many traces we found of him in the bog-girt island where he had hid his savage ally. A huge driving-wheel and a shaft half-filled with rubbish showed the position of an abandoned mine. Beside it were the crumbling remains of the cottages of the miners, driven away no doubt by the foul reek of the surrounding swamp. In one of these a staple and chain with a quantity of gnawed bones showed where the animal had been confined. A skeleton with a tangle of brown hair adhering to it lay among the debris. This paste in the tin is no doubt the luminous mixture with which the creature was daubed.

"And now", said Holmes, "I do not know that anything essential has been left unexplained."

Aber mehr sollten wir über Stapletons Schicksal überhaupt nicht erfahren; wir waren nur auf Vermutungen angewiesen Gewißheit erlangten wir nicht. Wir konnten nicht erwarten, Fußspuren, im Sumpf zu finden, denn jede Höhlung wurde sofort von dem aus der Tiefe aufsteigenden Morastwasser ausgefüllt und war in wenigen Augenblicken wieder der Oberfläche gleichgemacht. Aber als wir endlich auf festeren Grund kamen, sahen wir uns alle drei eifrig suchend und erwartungsvoll nach Spuren um. Wir fanden keine. Wenn der spurenlose Erdboden uns die Wahrheit sagte, so hat Stapleton niemals die Rettungsinsel im Sumpf erreicht, nach der er sich durch Nacht und Nebel hinzutasten versuchte. Irgendwo mitten im großen Grimpener Sumpf, tief in den Morast hinuntergezogen, liegt für immer der Mann mit dem kältesten Mörderherzen begraben.

Daß er auf dem morastumgürteten Eiland oft geweilt haben mußte, ergab sich aus mancherlei Anzeichen. Von der verlassenen Zinngrube war noch ein großes Triebrad und ein halbzugeschütteter Schacht übrig; daneben standen verfallende Mauerreste von den Hütten der Bergleute, die ohne Zweifel von den Fieberdünsten des Sumpfes vertrieben worden waren. In einer dieser Hütten hatte das wilde Tier gehaust, das Stapleton zu seinem Verbündeten ausersehen hatte; wir fanden seine Kette und einen großen Haufen abgenagter Knochen. In einer Ecke lag eine Dose, die eine leuchtende Masse enthielt — ohne Zweifel das Phosphorpräparat, das dem schlauen Schurken dazu gedient hatte, aus seinem Hund einen Höllenhund zu machen.

"Und nun," sagte Holmes, "wo wir alle Ecken und Winkel durchsucht haben, können wir sagen, daß der Fall kaum noch ein unaufgeklärtes Geheimnis enthält."

"Hmmm," I replied, "We know much of Stapleton's personality, but we can only speculate at everything else. Was he really a Baskerville? I suppose no one will ever know, and without that, the motive of the crime can never leave the realm of mere speculation.

"Oh no my dear Watson. The motivation is clear: Stapleton was indeed a Baskerville. I have had the advantage of two conversations with Mrs. Stapleton and the case has now been so entirely cleared up that I am not aware that there is anything which has remained a secret to us. He was a son of that Rodger Baskerville, the younger brother of Sir Charles, who fled with a sinister reputation to South America, where he was said to have died unmarried. He did, as a matter of fact, marry, and had one child, this fellow, whose real name is the same as his father's. He married Beryl Garcia, one of the beauties of Costa Rica, and, having purloined a considerable sum of public money, he changed his name to Vandeleur and fled to England, where he established a school in the east of Yorkshire. His reason for attempting this special line of business was that he had struck up an acquaintance with a consumptive tutor upon the voyage home, and that he had used this man's ability to make the undertaking a success. Fraser, the tutor, died however, and the school which had begun well sank from disrepute into infamy. The Vandeleurs found it convenient to change their name to Stapleton, and he brought the remains of his fortune, his schemes for the future and his taste for entomology to the south of England.

The fellow had evidently made inquiry and found that only two lives intervened between him and a valuable estate. When he went to Devonshire his plans were, I believe, exceedingly hazy, but that he meant mischief from the first is evident from the way in which he took his wife with him in the character of his sister. The idea of using her as a decoy was clearly already in his mind, though he may not have been certain how the details of his plot were to be arranged. He meant in the end to have the estate, and he was ready to use any tool or run any risk for that end. His first act was to establish himself as near to his ancestral home as he could, and his second was to cultivate a friendship with Sir Charles Baskerville and with the neighbours. The baronet himself told him about the family hound, and so prepared the way for his own death.

"Hm," antwortete ich, "immerhin haben wir über Stapletons Persönlichkeit doch nur Vermutungen. War er wirklich ein Baskerville? Das wird wohl kein Mensch je erfahren, und damit bleibt auch der Beweggrund des Verbrechens für immer im Bereich der bloßen Mutmaßungen."

"O nein, mein lieber Watson. Der Beweggrund ist völlig klar: Stapleton war ein Baskerville. Du weißt, ich hatte heute früh eine kleine Unterredung mit seiner armen Frau, und wenige Fragen genügten, um in dieser Hinsicht alles aufzuklaren. Er war ein Sohn des jüngeren Bruders von Sir Charles, Rodger Baskerville, der infolge anrüchiger Geschichten nach Südamerika hatte fliehen müssen. Es hieß, er sei dort unverheiratet gestorben. Das war aber ein Irrtum. Er hatte geheiratet, und dieser Ehe entstammte ein Sohn, der, wie sein Vater, Rodger hieß. Es ist unser Verbrecher. Dieser heiratete eines der schönsten Mädchen von Costarica, Beryl Garcia. Nachdem er eine bedeutende Summe Geldes veruntreut hatte, floh er mit seiner Frau nach England, wo er unter dem Namen Vandeleur eine Schule in Forkshire hielt. Bald fand er es aber angezeigt, seinen Namen abermals zu ändern, und er kam als Stapleton mit den Resten seines Vermögens und mit seinen Zukunftsplänen nach Südengland.

"Offenbar hatte er sich nach den Verhältnissen seiner Familie erkundigt und natürlich bald heraus» gefunden, daß nur zwei Männer zwischen ihm und einer großen Erbschaft standen; vielleicht hat er sogar im Anfang von dem Vorhandensein des jetzigen Baronets gar nichts gewußt, sondern geglaubt, er habe es nur mit Sir Charles zu thun. Als er nach Devonshire kam, waren überhaupt seine Pläne, glaube ich, noch außerordentlich unbestimmt. Aber daß er von Anfang an auf Böses sann, geht daraus hervor, daß er seine Frau für seine Schwester ausgab. Offenbar gedachte er sie als Lockvogel zu benutzen, wenn er auch noch nicht wußte, in welcher Weise dies geschehen könnte. Zunächst ließ er sich möglichst nahe bei dem Hause seiner Väter nieder, alsdann trug er Sorge, mit Sir Charles und den anderen Nachbarn in ein freundschaftliches Verhältnis zu treten. Der Baronet erzählte ihm von dem Familien hund und sprach sich damit selber das Todesurteil.

"He had already on his insect hunts learned to penetrate the Grimpen Mire, and so had found a safe hiding-place for the creature. Here he kennelled it and waited his chance… but this would not come.

"Having conceived the idea he proceeded to carry it out with considerable finesse. He had hoped that his wife might lure Sir Charles to his ruin, but here she proved unexpectedly independent. He therefore put pressure upon Mrs. Lyons to write the letter, its purpose you already know. Both of the women concerned in the case, Mrs. Stapleton and Mrs. Laura Lyons, were left with a strong suspicion against Stapleton. Mrs. Stapleton knew that he had designs upon the old man, and also of the existence of the hound. Mrs. Lyons knew neither of these things, but had been impressed by the death occurring at the time of an uncancelled appointment which was only known to him. However, both of them were under his influence, and he had nothing to fear from them. The first half of his task was successfully accomplished but the more difficult still remained.

"It is possible that Stapleton did not know of the existence of an heir in Canada. In any case he would very soon learn it from his friend Dr. Mortimer, and he was told by the latter all details about the arrival of Henry Baskerville. Stapleton's first idea was that this young stranger from Canada might possibly be done to death in London without coming down to Devonshire at all. He distrusted his wife ever since she had refused to help him in laying a trap for the old man, and he dared not leave her long out of his sight for fear he should lose his influence over her. It was for this reason that he took her to London with him. They lodged, I find, at the Mexborough Private Hotel, in Craven Street, which was actually one of those called upon by my agent in search of evidence. Here he kept his wife imprisoned in her room while he, disguised in a beard, followed Dr. Mortimer to Baker Street and afterwards to the station and to the Northumberland Hotel.

"Nachdem Stapleton einmal seinen bestimmten Plan gefaßt hatte, führte er ihn mit außerordentlicher Schlauheit durch. Auf den zur Bereicherung seiner Schmetterlingssammlung unternommenen Streifzügen hatte er das Moor in allen Richtungen kennen gelernt; er hatte den Weg nach dieser alten Zinngrube gefunden und hatte damit das unumgänglich nötige Versteck für seinen grimmigen Hund, den er sich in London gekauft und in dunkler Nacht von einer entfernten Bahnstation hierher gebracht hatte. Er wartete nun seine Gelegenheit ab. Aber diese wollte nicht kommen.

"Er hatte gehofft, feine Frau würde bereit sein, Sir Charles ins Verderben zu locken, aber hier stieß er auf einen unerwarteten Widerstand. Wie er schließlich durch Benutzung seiner Freundin, Frau Laura Lyons, seinen Zweck erreichte, wissen Sie bereits. Aber beide Frauen, die er in sein Spiel gezogen hatte, Frau Stapleton und Frau Lyons, hatten einen bösen Verdacht gegen ihn gefaßt. Seine Frau kannte seine Zukunftspläne und wußte außerdem um die Anwesenheit des Hundes. Frau Lyons wußte von diesen beiden Umstanden nichts, aber es hatte einen starken Eindruck auf sie gemacht, daß der Baronet gerade zu der Stunde gestorben war, wo sie eine Zusammenkunft mit ihm haben sollte, und daß sie auf Stapletons ausdrücklichen Wunsch dieser Zusammenkunft hatte fern bleiben müssen. Indessen beide Frauen standen unter dem Einfluß seines starken Willens, und er hatte von ihnen nichts zu fürchten. Die erste Hälfte seiner Aufgabe war erfüllt, aber der schwierigere zweite Teil blieb noch zu thun.

"Wenn Stapleton von dem Vorhandensein des in Kanada lebenden Erben nichts gewußt hatte, so mußte er es jedenfalls sehr bald vom Doktor Mortimer erfahren, und von diesem hörte er denn auch jede Einzelheit über die bevorstehende Ankunft Sir Henrys. Zunächst dachte er nun, der junge Fremde aus Kanada könnte vielleicht in London ins Jenseits befördert werden, ehe er überhaupt nach Devonshire käme. Gegen seine Frau hegte er Mißtrauen, seitdem sie sich geweigert hatte, ihm in seinem Anschlag gegen den alten Baronet beizustehen; er wagte deshalb nicht, sie für längere Zeit aus den Augen zu lassen, weil er seinen Einfluß auf sie zu verlieren fürchtete. Deshalb nahm er sie mit nach London. Sie wohnten dort im Mexborough-Hotel in Craven Street — einem von den Gasthöfen, , deren Papierkörbe ich durch Cartwright durchsuchen ließ. Wie du weißt, war die Nachforschung vergeblich. Hier schloß er seine Frau in ihr Zimmer ein, während er selbst, unter der Verkleidung eines falschen Bartes, dem Dr. Mortimer auf seinen Gängen nach meiner Wohnung und später nach dem Bahnhof und dem Northumberland-Hotel unbemerkt folgte.

"His wife had some inkling of his plans; but she had such a fear of her husband—a fear founded upon brutal ill-treatment—that she dare not write to warn the man whom she knew to be in danger. If the letter should fall into Stapleton's hands her own life would not be safe. Eventually, as we know, she adopted the expedient of cutting out the words which would form the message, and addressing the letter in a disguised hand. It reached the baronet, and gave him the first warning of his danger.

"We had an example of his readiness of resource that morning when he got away from us so successfully. From that moment he understood that I had taken over the case in London, and that therefore there was no chance for him there. He returned to Dartmoor and awaited the arrival of the baronet."

"One moment!" said I. "You have, no doubt, described the sequence of events correctly, but there is one point which you have left unexplained. What became of the hound when its master was in London?"

"I have given some attention to this matter and it is undoubtedly of importance. There can be no question that Stapleton had a confidant, though it is unlikely that he ever placed himself in his power by sharing all his plans with him. There was an old manservant at Merripit House, whose name was Anthony. His connection with the Stapletons can be traced for several years, as far back as the schoolmastering days, so that he must have been aware that his master and mistress were really husband and wife. This man has disappeared and has escaped from the country. It is suggestive that Anthony is not a common name in England, while Antonio is so in all Spanish or Spanish-American countries. The man, like Mrs. Stapleton herself, spoke good English, but with a curious lisping accent. I have myself seen this old man cross the Grimpen Mire by the path which Stapleton had marked out. It is very probable, therefore, that in the absence of his master it was he who cared for the hound, though he may never have known the purpose for which the beast was used.

"Seine Frau hatte eine ziemlich bestimmte Ahnung, mit welchen Plänen er sich trüge, aber sie hatte zugleich auch — und zwar infolge brutaler Mißhandlungen — eine solche Angst vor ihrem Mann, daß sie es nicht wagte, dem in Gefahr fchwebenden, ahnungslosen Baronet ein Warnungszeichen zu geben. Wäre der Brief in Stapletons Hände gefallen, so wäre sie selber ihres Lebens nicht mehr sicher gewesen. Schließlich fiel ihr, wie wir wissen, ein Aushilfsmittel ein: sie schnitt die Worte ihrer Warnung aus einer Zeitung aus und adressierte den Brief mit verstellter Handschrift. Der Baronet erhielt ihn und damit zugleich die erste Warnung vor der Gefahr.

"Von Stapletons Gewandtheit erhielten wir selber an jenem Morgen einen Begriff, als er uns so plötzlich entkam. Er wußte von dem Augenblick an, daß ich den Fall in meine Hände genommen hätte, daß also in London sich schwerlich für ihn eine Gelegenheit ergeben würde, seine Mordpläne zur Ausführung zu bringen. Er kehrte daher nach Devonshire zurück und wartete des Baronets Ankunft ab."

"Einen Augenblick, bitte!" rief ich. "Du hast ohne Zweifel die Reihenfolge der Ereignisse richtig angegeben, aber es bleibt noch ein Punkt unaufgeklärt: Was wurde aus dem Hund, während der Herr in London war?"

"Ich habe mich selbst ernstlich mit diesem ohne Frage wichtigen Punkt beschäftigt. Es unterliegt für mich keinem Zweifel, daß Stapleton einen Vertrauten hatte, obwohl er ihn wahrscheinlich nicht so weit ins Geheimnis zog, daß seine eigene Sicherheit dadurch gefährdet werden konnte. In Merripit House war ein alter Diener, Namens Anton. Er ist mit den Stapletons hierhergekommen und soll schon früher bei ihnen gewesen sein. Dann müßte er aber auch gewußt haben, daß die Stapletons nicht Bruder und Schwester, sondern Mann und Frau waren. Der Mann ist heute nacht verschwunden und nicht wiedergekommen. Auffällig ist auch sein Name: Anton heißen in England nur wenig Leute, dagegen ist Antonio in Spanien und im spanischen Amerika ein sehr gewöhnlicher Name. Er sprach, wie auch Frau Stapleton, gut englisch, aber mit einem etwas lispelnden Accent. Ich selbst habe den alten Mann über den Grimpener Morast gehen sehen; er benutzte diesen von Stapleton kenntlich gemachten Pfad. Höchstwahrscheinlich also hat er in Abwesenheit seines Herrn den Hund gefüttert, obwohl er vielleicht den Zweck, zu welchem die Bestie gehalten wurde, nicht gekannt hat.

"I, myself, suspected Stapleton from the very beginning. It may possibly recur to your memory that when I examined the paper upon which the printed words were fastened I made a close inspection for the water-mark. In doing so I held it within a few inches of my eyes, and was conscious of a faint smell of the scent known as white jessamine. There are seventy-five perfumes, which it is very necessary that a criminal expert should be able to distinguish from each other, and cases have more than once within my own experience depended upon their prompt recognition. The scent suggested the presence of a lady, and already my thoughts began to turn towards the Stapletons. Thus I had made certain of the hound, and had guessed at the criminal before ever we went to the west country.

What I did at this point, I could not do if I were with you, thus I deceived everybody, yourself included, It only remains to indicate the part which the woman had played throughout. There can be no doubt that Stapleton exercised an influence over her which may have been love or may have been fear, or very possibly both, since they are by no means incompatible emotions. It was, at least, absolutely effective. At his command she consented to pass as his sister, though he found the limits of his power over her when he endeavoured to make her the direct accessory to murder. She was ready to warn Sir Henry so far as she could without implicating her husband, and again and again she tried to do so. Stapleton himself seems to have been capable of jealousy, and when he saw the baronet paying court to the lady, even though it was part of his own plan, still he could not help interrupting with a passionate outburst which revealed the fiery soul which his self-contained manner so cleverly concealed. By encouraging the intimacy he made it certain that Sir Henry would frequently come to Merripit House and that he would sooner or later get the opportunity which he desired.

"Ich selbst hatte vom ersten Anfang an auf Stapleton Verdacht. Und das kam so: Vielleicht erinnerst du dich, daß ich das Papier des Warnungsbriefes genau untersuchte, um eine Wassermarke zu entdecken. Als ich es nun für ein paar Zoll weit von meinen Augen entfernt hielt, bemerkte ich den schwachen Duft eines Parfüms. Es war weißer Jasmin. Es giebt fünfundsiebzig verschiedene Parfüms, und wer sich berufsmäßig mit der Entdeckung von Verbrechen beschäftigt, der muß sie alle von einander unterscheiden können; mehr als einmal ist es mir passiert, ein scheinbar unerklärliches Rätsel mit Hilfe des Geruchssinnes sofort zu lösen. Das Parfüm brachte mich darauf, daß eine Dame im Spiele sein müßte und so war es ganz natürlich, daß ich meine Aufmerksamkeit dem Ehepaar Stapleton zuwandte. Ich wußte also, daß ein Hund benutzt war und ich hatte erraten, wer der Verbrecher war, ehe ich London, verlassen hatte.

"Was ich hier that, während du mich zu Hause in der Bakerstraße wähntest, das ist dir ja bekannt. Es bleibt nur noch die Rolle naher zu bestimmen, die die Dame gespielt hat. Ohne Zweifel übte Stapleton eine ungeheure Macht über sie aus. Beruhte diese auf Liebe, beruhte sie auf Furcht? Das weiß ich nicht. Vielleicht war es beides; denn diese beiden Gefühle sind durchaus nicht unvereinbar miteinander. Jedenfalls war die Macht vorhanden und wirksam. Auf seinen Befehl willigte sie ein, für seine Schwester zu gelten; nur als er sie zu unmittelbarer Mitwirkung an einem Mord heranziehen wollte, da fand er die Grenzen seiner Macht. Sie versuchte Sir Henry zu warnen, so weit es geschehen konnte, ohne ihren Gatten zu gefährden; sie versuchte es nicht nur das einemal, sondern wiederholt. Stapleton selbst scheint eifersüchtig gewesen zu sein; denn als er sah, wie der Baronet der Dame den Hof machte, da brach seine Leidenschaft wild hervor, obwohl doch Sir Henrys Liebe zu den Faktoren des Mordplanes gehörte. Indem er später das Verhältnis gut hieß, erlangte er die Gewißheit, daß Sir Henry häufig nach Merripit House zum Besuch kommen, und daß er selbst dadurch früher oder später die Gelegenheit erhalten würde, auf die er es abgesehen hatte.

"On the day of the crisis, however, his wife turned suddenly against him. She had learned something of the death of the convict, and she knew that the hound was being kept in the outhouse on the evening that Sir Henry was coming to dinner. She taxed her husband with his intended crime, and a furious scene followed in which he showed her for the first time that she had a rival in his love. Her fidelity turned in an instant to bitter hatred, and he saw that she would betray him. He tied her up, therefore, that she might have no chance of warning Sir Henry, and he hoped, no doubt, that when the whole countryside put down the baronet's death to the curse of his family, as they certainly would do, he could win his wife back to accept an accomplished fact and to keep silent upon what she knew. In this I fancy that in any case he made a miscalculation, and that, if we had not been there, his doom would none the less have been sealed. A woman of Spanish blood does not condone such an injury so lightly. And now, my dear Watson, without referring to my notes, I cannot give you a more detailed account of this curious case."

"He could not hope to frighten Sir Henry to death with his bogie hound, as he had with the old heart-diseased Baronet?"

"No, not that way. The beast was savage and half-starved. If its appearance did not frighten its victim to death, at least it would paralyze the resistance which might be offered. Besides, the effect on Sir Henry's nerves was difficult enough. Dr. Mortimer told me it was a wonder that he made through the night and that he initially feared the worst. It will be months, but he will recover fully. To help rid himelf of those horrible impressions, he has decided to take a voyage around the world, and Dr. Mortimer will accompany him.

"There remains only one difficulty. If Stapleton came into the succession, how could he explain the fact that he, the heir, had been living unannounced under another name so close to the property? How could he claim it without causing suspicion and inquiry?"

"Am Entscheidungstage jedoch erklärte seine Frau sich plötzlich gegen ihn. Sie hatte etwas von dem Tode des entsprungenen Sträflings gehört und sie erfuhr, daß an demselben Tage, wo Sir Henry zu Tisch kommen sollte, der Hund in das Nebengebäude von Merripit House gebracht worden war. Sie sagte ihrem Manne das beabsichtigte Verbrechen gerade auf den Kopf zu, und es folgte ein heftiger Auftritt, wobei Stapleton in seiner Wut ihr verriet, daß sie eine Nebenbuhlerin hatte. Augenblicklich schlug ihre treue Liebe in bittern Haß um, und er sah, daß sie ihn verraten würde. Deshalb fesselte und knebelte er sie, damit sie nicht imstande wäre, den Baron zu warnen. Ohne Zweifel hoffte er, wenn die ganze Gegend den Tod des Baronets dem Familienfluch zuschreiben würde — und daran brauchte er nicht zu zweifeln — so würde sie sich ihm wieder zuwenden, mit der vollendeten Thatsache sich abfinden und über das, was sie wußte, Stillschweigen bewahren. Hierin hatte er sich allerdings meiner Meinung nach auf jeden Fall verrechnet; er wäre verloren gewesen, selbst wenn wir nicht dazwischen gekommen wären. Ein Weib, in deren Adern spanisches Blut glüht, vergiebt nicht so leicht eine so grausame Beschimpfung . . . Und das wäre wohl alles, was über den Fall zu sagen ist."

"Aber Stapleton konnte doch nicht erwarten, daß der junge, kräftige Sir Henry aus reiner Angst vor dem Hunde sterben würde, wie es ihm bei dem alten, herzkranken Baronet geglückt war?"

"Nein, das nicht. Aber die Bestie war blutgierig und halb verhungert. Und der Anblick des wilden Tieres mit dem feurigen Schlund mußte jedenfalls dazu beitragen, die Widerstandskraft zu lähmen. Uebrigens war ja die Wirkung auf Sir Henrys Nerven schwer genug. Doktor Mortimer sagte mir, es sei ein wahres Wunder, daß Sir Henry die Nacht so gut überstanden habe. Er habe anfangs Schlimmeres befürchtet. Es würden Monate nötig sein, um ihm die volle Gesundheit wiederzugeben. Sir Henry hat, um die grauenhaften Eindrücke los zu werden, beschlossen, eine Reise um die Welt zu machen, und Doktor Mortimer wird ihn begleiten."

"Noch eins. Wenn Stapleton die Erbschaft antrat — wie konnte er's glaubhaft machen, daß er, der Erbe, jahrelang unter angenommenem Namen hier in unmittelbarer Nähe seines Eigentums gelebt hatte? Mußte das nicht Verdacht erregen und dadurch Nachforschungen veranlassen?"

"It is a formidable difficulty, and I fear that you ask too much when you expect me to solve it. The past and the present are within the field of my inquiry, but what a man may do in the future is a hard question to answer. Mrs. Stapleton has heard her husband discuss the problem on several occasions. There were three possible courses. He might claim the property from South America, establish his identity before the British authorities there and so obtain the fortune without ever coming to England at all, or he might adopt an elaborate disguise during the short time that he need be in London; or, again, he might furnish an accomplice with the proofs and papers, putting him in as heir, and retaining a claim upon some proportion of his income. We cannot doubt from what we know of him that he would have found some way out of the difficulty. Because, my dear Watson, I said it once in London, and I say it again now, that never yet have we helped to hunt down a more dangerous man than he who is lying yonder".

And he swept his long arm towards the huge mottled expanse of green-splotched fog which stretched away until it merged into the russet slopes of the moor.

"Diese Schwierigkeit ist allerdings sehr beträchtlich und ich fürchte, ich kann sie dir nicht erklären. Vergangenheit und Gegenwart sind das Gebiet meiner Berufsthätigkeit — aber was jemand in Zukunft thun werde, diese Frage läßt sich schwer beantworten. Frau Stapleton — die ich natürlich darüber befragt habe — hat ihren Mann zu verschiedenen Malen diese Frage diskutieren hören. Es waren drei Möglichkeiten vorhanden: Er konnte seine Ansprüche von Südamerika aus geltend machen, seine Identität vor einem britischen Konsul nachweisen und auf diese Weise sich in Besitz des Vermögens setzen, ohne überhaupt nach England zu kommen. Oder er konnte für die kurze Zeit, die er zur Erledigung des Geschäftes in London hätte sein müssen, sich einer geschickten Verkleidung bedienen. Oder er konnte einem Helfershelfer die nötigen Dokumente und Papiere ausliefern; dieser hätte die Erbschaft angetreten und ihm natürlich den größeren Teil des Einkommens überlassen müssen. Nach dem, was wir von ihm gesehen haben, können wir wohl annehmen, daß er schon einen Ausweg aus der Schwierigkeit gefunden haben würde. Denn, mein lieber Watson, ich sagte es schon in London mein lieber Watson, und wiederhole es hier: Niemals haben wir einen gefährlicheren Verbrecher zu verfolgen gehabt als den Mann, der jetzt hier unter der trügerischen grünen Decke des Sumpfes liegt."

Und damit deutete Sherlock Holmes' langer Arm auf die Miasmen aushauchende weite Fläche des Morastes, der sich in der Ferne in dem melancholischen Braun des Heidemoors verlor.

Visit
www.StudyPubs.com
For More

German Dual Language Readers

Available in Kindle, Nook, & other eBook formats as well!

"A CHRISTMAS CAROL" Charles Dickens
"LITTLE RED RIDING HOOD"
"SHERLOCK HOLMES"

Follow Us on *Twitter*!
Find Us on *FaceBook!*
To Learn About **Newly Released**
German Dual Language Readers!

www.ingramcontent.com/pod-product-compliance
Lightning Source LLC
Chambersburg PA
CBHW070733170426
43200CB00007B/517